走出思想的边界

knowledge-power

读行者

孔子与论语

钱穆 作品

岳麓書社 · 长沙
博集天卷 CS-BOOKY

图书在版编目（CIP）数据

孔子与论语 / 钱穆著 . -- 长沙：岳麓书社，2020.11（2025.7 重印）

ISBN 978-7-5538-1370-7

Ⅰ . ①孔… Ⅱ . ①钱… Ⅲ . ①孔丘（前 551- 前 479）—哲学思想—研究②《论语》—研究 Ⅳ . ① B222.25

中国版本图书馆 CIP 数据核字（2020）第 182270 号

KONGZI YU LUNYU
孔子与论语

著　　者：钱　穆
责任编辑：丁　利
监　　制：秦　青
特约编辑：列　夫
版权支持：辛　艳　张雪珂
营销支持：kk
封面设计：姜　姜
版式设计：李　洁
内文排版：谢　彬
岳麓书社出版
地址：湖南省长沙市爱民路 47 号
直销电话：0731-88804152　88885616
邮编：410006
2020 年 11 月第 1 版　2025 年 7 月第 2 次印刷
开本：875×1230　1/32
印张：12.5
字数：300 千字
书号：ISBN 978-7-5538-1370-7
定价：58.00 元
承印：三河市鑫金马印装有限公司

若有质量问题，请致电质量监督电话：010-59096394
团购电话：010-59320018

序言

余少失庭训，赖母兄抚养诱掖，弱冠为乡里小学师，即知读孔孟书。为诸生讲句法文体，草为《论语文解》，投上海 商务印书馆印行，获赠书券百元，得购扫叶山房等石印古籍逾二十种。所窥渐广，所识渐进。时为民国七年，新文化运动，方甚嚣尘上。窃就日常所潜研默体者绳之，每怪其持论之偏激，立言之轻狂。益自奋励，不为所动。民十一转教中学，先在厦门 集美学校一年，转无锡 第三师范。校规，每一国文教师分班负责，随年级自一年递升至四年；一班毕业，周而复始。每年有特定课程一门，曰“文字学”“论语”“孟子”“国学概论”。余按年编为讲义，自《文字学大义》《论语》《孟子要略》《国学概论》，四年得书四种。惟《文字学大义》以篇幅单薄，留待增广，今已失去。其他三种，络续出版。时有中学同学郭君，游学东瀛，与余同事；其案头多日文书，余借读得蟹江义丸《孔子研究》一书，始知《史记·孔子世家》所载孔子生平历年行事多疏误；自宋迄清，迭有纠弹。余在《论语要略》中先撰有《孔子传略》一章，《孟子要略》中续草《孟子传略》。时国人治先秦诸子之风方炽，余益广搜群籍，详加考订，扩大为《先秦诸子系年》。民十九赴北平，在燕京、北大、清华、师大诸大学授课。默念卫扬孔道，牵涉至广，兹事体大，不能专限于先秦 孔 孟之当时。抑且读书愈多，乃知所了解于孔 孟之遗训者乃益浅。因遂不敢妄有论著。数年中，草成《近三百年学术史》。避日寇，至滇南，独居宜良山中，草成《国史大纲》。转成都，病中读《朱子语类》全部，益窥由宋 明理学上探孔 孟之门径曲折。至香港，创办新亚书院，乃又时时为诸生讲《论语》。赴美讲学，以羁旅余闲，草为《论语新解》。辞去新亚职务，移居来台，草为《朱子新学案》。又值批孔之声骤起，新近又草为《孔子传》。并汇集港 台两地二十年来所为散文，凡以孔子与《论语》为题者，得十六篇，成为此编。回念自民初始知读孔 孟书，迄今已逾六十年，而余年亦已八十矣。先则遭遇“打倒孔家店”之狂潮，今又嗅及“批孔扬秦”之氛。国事日非，学风日窳。即言反孔一端，论其意义境界，亦复堕退不可以道里计。然而知读孔孟书者，亦已日益凋零。仰瞻孔 孟遗训，邈如浮云天半，可望而不可即，抑且去我而日远。念兹身世，真不知感慨之何从也。

一九七四年七月七日钱穆识于台北 士林 外双溪之素书楼。

补 记

余有意汇集此编，搜寻箧中存稿，忽睹有在第三师范 孔子诞辰演讲一篇，距今已五十年矣。演讲中阐述近代个人主义、集体主义之相冲突，在孔子思想中如何融会合一。所言虽浅，私幸与最近意见无大相违。即抽出纳入一纸袋中。默念此稿决非从大陆携出，不知何人相赠？以冠斯编，亦为个人研治孔学一纪念。乃此纸袋，忽又辗转失去，不知插放何处，屡检不获。只有俟他日再见，于此编重版时补入。[1]又续获两稿，乃抗战胜利后重返昆明，在五华学院所撰；亦忽忽垂三十年矣。敝帚自珍，取以补附此编之后。钱穆又识。

---

[1] 编者按：此稿今已检得，名《孔子略史及其学说之地位》，乃民国十七年作者在苏州中学之演讲稿。现收入本书为篇首，以完作者遗愿。

目　录

孔子略史及其学说之地位

一

今天我们晓得是孔子的生日。何以是他的生日呢？因为《公羊传》上记载：“鲁襄公二十一年十一月庚子孔子生。”《穀梁传》上记载：“鲁襄公二十一年十月庚子孔子生。”这两部书，记载孔子生的年代和日子都相同，而月份不同。我们用历法推算，知道十一月没有庚子，所以是《公羊传》差了一个月。

此外《史记》的《孔子世家》，载孔子生于鲁襄公二十二年，又和《穀梁传》差了一年。据历法推算，鲁襄公二十一年的十月庚子，是十月二十一日。鲁襄公二十二年的十月庚子，是十月二十七日，经过后人的详细讨论，觉得《史记》上的年代要对些，所以决定孔子生在鲁襄公二十二年的十月庚子，即十月二十七日。

但是周朝的十月，是夏历的八月。现在所用的阴历，就是夏历。今天是阴历八月二十七日，所以今天是孔子的生日。鲁襄公二十二年，距今二千四百七十五年，所以今天是孔子第二千四百七十六年的生日。我们并且可以知道孔子之生，后释迦六年。

二

除《论语》外，记载孔子事实的，最古有一部《孔子家语》。可惜这部书已失传。现行本，是三国时魏之王肃所伪托，所以有许多不可凭信。比较可靠的，就是《史记》上的《孔子世家》。此外还有清朝崔述所编的《洙泗考信录》一部书，比较起来，要算最详实了。再有我编的前二年级的《论语讲义》第二章[1]，亦可供参考。

孔子十三岁的时候，当释迦牟尼十九岁，正是出家修道的一年。孔子说："吾十有五而志于学。"又说："吾少也贱，故多能鄙事。"这是他早年的情形。孔子二十四岁，当释迦三十岁成道说教的一年。孔子到二十七岁时，郯子到鲁国来，孔子向他问官制。当时孔子的名誉，已经渐渐高起来了。到三十四岁，鲁国大夫孟僖子叮嘱他两个儿子到孔子处学礼，并说："孔丘是圣人之后，将来必是个达者。"

孔子三十五岁，鲁昭公欲诛季氏，不克，鲁国大乱，孔子就到齐国去。过了六七年，再回到鲁国，仍旧是三家弄权，陪臣执政，乱得很厉害。孔子就修整《诗》、《书》、礼、乐，讲教育的事业。如子路、颜渊、子贡、闵子骞一辈人，多是那时来从学的。

孔子五十二岁，鲁定公用他做司寇。夹谷之会，齐侯想用兵劫

[1] 编者按：即今《四书释义》一书中之《论语要略》。第二章为"孔子之事迹"。

鲁侯，被孔子斥退，并且归还鲁国 汶阳的田土。当时孔子和他的弟子子路，见三家强梁，政出多门，便主“堕三都”，那时孔子五十四岁，后来堕掉季孙、叔孙的两个都城，孟孙氏就不肯堕了，孔子也就离开鲁国。

孔子五十五岁，到卫。这时候卫国的国君是灵公，也不能用孔子。五十七岁，去卫，路中经过宋国，遭受许多危难。五十九岁，到陈。到六十三岁那一年，吴伐陈，孔子去陈至蔡，在路上饿了七天。他在蔡地遇到楚国的叶公。他那年又回到卫国。后来再回到鲁国，已是六十八岁了，鲁君仍旧不能用他，于是再做讲学的功夫。那时子游、子夏、子张、曾参一辈少年，也都来从他求学。至七十三岁夏四月己丑孔子卒，就是周敬王四十一年，鲁哀公十六年，西历纪元前四百七十九年。

释迦年八十岁而死，比孔子迟一年。孔子死后四七九年而耶稣生，死后一一〇〇年穆罕默德做了回教王。我们都知道全世界有四大人物得人信仰；那四人，就是上面所说的释氏、耶氏、穆氏和孔子。但是四个人中间，除掉孔子，其他都是宗教家，以神道设教，把出世的天国博人信仰。孔子是只讲现实世界做人的道理而得人信仰的。并且耶氏、穆氏，比较年代都后一些。释迦虽和孔子同时，可是他的宗教，在印度久已名存实亡。印度人还只是信仰他们的婆罗门。所以照现世而论，从古大人物，得人类信仰最博大而永久的，就是孔子。

三

别派的人多欢喜走到极端，孔子确是一个调和派。现在把他分析讲在下面：

（一）知识和情感的调和

宗教的精神，在能感动我们内部的情感。孔子学说所以得人信仰，和宗教一般，也因为他能感动我们内部情感的缘故。可是孔子是学问家，到底和宗教家不同。所以他的学说，并不专重情感一面。而孔子死后十年，希腊出了一个大哲人，叫做苏格拉底，也是一个纯粹的学问家，所以他说："道德就是知识。"可见他偏重知识的精神了。

讲到欧洲思想，大约分做两派。一派是希腊思想，一派是希伯来思想；便是苏格拉底的哲学和耶稣的宗教。孔子便把这两派包括在一起。德国的康德，是欧洲近世的新哲学家，他首创"认识"，讲"十二范畴"。他论道德，便说"最高命令"。他也是偏重知识一面的。古代的苏格拉底和现代的康德，便可代表欧洲的学问家。他们都偏重知识，而忘了情感，和宗教家却处一个反对的地位。

孔子的知识，固然博大精深，然而也讲情感。他的弟子子贡问他道："夫子是圣人了罢？"孔子说："圣人我是不敢当的，我不过学不厌，教不倦罢了。"子贡听了，便说道："学不厌，便是智。教不倦，便是仁。仁且智，夫子还不是圣人吗！"我们要知道，"智"便是知识，"仁"便是情感。孔子的大圣，是知识和情感的调和化合。

不像欧洲的哲学家，只讲知识，不讲情感。他们的宗教又专讲情感，不顾知识。于是宗教、科学，惹起了无穷的纠纷。

西洋讲哲学的人，固然也有重情感的。如法国的卢骚，德国的尼采，俄国的托尔斯泰，多很讲情感。在近世思想上，占有绝大的势力。然而卢氏自著《忏悔录》一书，就足以表白他全部的生活之不安宁。他到末了还发狂而死。尼采后来也有神经病，所有的思想，是在枕头上写出来的，怎能十分可靠呢！人家说他因为自己犯了终身的弱病，却狂呼强者的道德。托氏一生，思想上，生活上，也经过许多忏悔，许多不安宁，到了结果，也只有自己寻死。这都是徒有充分的情感，没有充分的知识去驾驭，所以终究没有过到适当的生活。

孔子便不是这样，他以知识调和情感。所以他一生很平稳。孔子并不是不讲知识，不过和西洋人讲知识不同，却又不是昏昏的，或是冷冷的，这是孔子过人处。西洋人的知识，是硬的，有头脑而没有心肠。中国人的知识，是软的，有头脑而兼有心肠。把野兽来比喻，西洋人是狼，中国人是狗。狗是可驯服的，狼是凶而无情的。西洋人是狮子，中国人是象。象是和善的，狮子是横暴的。

孔子是提倡“温良恭俭让”的人，所以能够把知识和情感调和，把宗教和学问调和。

（二）调和现在与未来的两个世界

我们讲到世界，有现在和未来的两个。宗教家是专门讲未来世界的，所以耶稣和上帝住在一个世界，释迦的世界是天堂涅槃。他们所讲的道，只是劝人出世。这是孔子绝对不讲的。

看子路问“事鬼神”，孔子回答他说：

未能事人，焉能事鬼？

问“死”，曰：

未知生，焉知死？

可以知道孔子的世界，便是人类世界。他又说：

吾非斯人之徒与而谁与！

那末人类的世界，便是他的天堂涅槃。他所讲的孝、弟、忠、信、礼、乐等等，就是叫人类到极乐世界的条件。极乐世界，只在我们温暖的心里。

所以宗教是要把人类脱离了现在的世界，带到未来世界去。孔子是要把未来世界，表现在现在的社会里。这是孔子的第二种调和。

（三）社会主义与个人主义之调和

我先前讲过的尼采，便是个人主义的代表；托尔斯泰便是社会主义的代表。讲社会主义的，未免抹杀了个人；讲个人主义的，又不肯顾全到社会。这是欧洲现代思想的极端，没有调和的余地。他们为此，思想上遭受许多的痛苦。可是在孔子的学说里面，便把这两点调和了。

孔子教人忠、恕、孝、弟，乃是“为人”的社会主义。但忠、恕、孝、弟，只是我们自己本有的情感。我只是行我所安，行我所好，绝不是由外面的义务和强迫；这不是“为我”的个人主义了么?孔子只讲忠、恕、孝、弟，便见个人和社会绝无冲突。

耶稣说：“那个信仰我，那个便可到天堂。”为父的信仰我，为父的便到了天堂。为儿子的信仰我，为儿子的便到了天堂。他是把我们各个人的相互关系分开的，只有个人和上帝的关系。

孔子就不同了。孔子的学说，只是为父的止于“慈”，为子的止于“孝”，为兄的止于“爱”，为弟的止于“敬”。孔子只讲人与人的关系。他把全社会的伦理组织起来，而一以人类本有之情感为主便不需要一个上帝，个人和社会也没有裂痕。这是孔子的学说。

上面三种极大的问题，孔子都能调和，这种思想，何等的伟大啊!

四

孔子自生以后，到今天已经有了二千四百七十六年的历史。看看似乎很简单，然而仔细去研究，实在有无穷的价值。近来中国人以为孔子学说是陈腐的，没有大的用处。大家要研究时髦的西洋哲学。那里知道外国人倒也要研究孔子。现在德国人研究中国学术，有孔、老两派。信仰孔子的一派人，是社会青年团。他们遇到开会的时候，每先读《论语》数章，敬如《圣经》。他们信仰有如此热诚，我国自己反而轻慢他，这岂不是不仁不智么？所以我们应当崇拜孔子，使他的学说发扬光大。这是我所希望于大家的。

（民国十七年苏州中学 孔子诞辰讲词，原载《苏中校刊》十一期。）

大哉孔子

一

孔子乃中国一圣人。“圣”之一字，为中国传统文化中一特有名称。人格修养，达于某种境界，某种标准，则尊为“圣”。中国文化主要在讲究如何做人。以今语说之，可谓中国人做人道理是“大群主义”的，与西方社会之崇奉“个人主义”大不同。个人主义乃求在大群中完成其个人，大群主义则主以个人来完成此大群。故一主“分”，一主“合”。一重“争”，一重“和”。大群和合之最先一步则为“家”，其更大象征则为“国”，尽其量则曰“天下”。中国文化之主要目标，处家则求“家齐”，处国则求“国治”，处天下则求“天下平”。其一切工夫，则从各个人之“修身”做起。修身指人之品德言。具此品德始能成此事业。其事业最明显之表现则为政治。人能具此品德，成此事业，始为“圣”。

中国自古已多圣人，如尧、舜、禹、汤、文、武是也。故中国至西周时代，兼包黄河、长江两流域，已完成一和合大群，表现出一民族文化和平统一之大国。当时称之曰诸夏。夏之外尚有夷。其时中国则尚未达成一“平天下”之境界，然距此境界已不远。

下逮孔子时，周德已衰。孔子之所慕，则为周公。周公虽未登王位，然实际完成西周一代和平统一之大业者，则皆周公之功。孔子之志，则在此。孔子虽未在政治上得意，然其品德之修养，则犹有超乎自古圣人之上者。故其弟子称之曰：“孔子贤于尧 舜远矣。”又曰：“自生民以来，未有如孔子也。”后人承此意，尊孔子曰“至圣”。孔子以下，遂皆不得称圣人。如颜子、孟子，亦仅称“亚圣”。

二

然孔子未尝自居为圣。《孟子》记之曰：

> 昔者子贡问于孔子曰：“夫子圣矣乎？”孔子曰：“圣则我不能，我学不厌而教不倦也。”
>
> 子贡曰：“学不厌，智也。教不倦，仁也。仁且智，夫子既圣矣。”

孔子常以“仁智”教人。孔子所谓“仁”，即犹本文所说之大群主义。惟其志在大群，故其所需之知识亦自与专为个人谋者有不同。欲修养其品德，即有待于种种知识，种种学问；而孔子则仅自居为一学者。孔子志在学古圣人，故曰：

述而不作，信而好古。

又曰：

甚矣，吾衰也，久矣，吾不复梦见周公。

盖古圣人有其业，而孔子则仅能阐其道。故孔子不欲以圣自居。孔子又曰：

焉知来者之不如今。

当我身不能行此道，果此道传于后世，则后世必有能行之者。故孔子具此志而学，又推此心而教。孔子亦自居为一教者。中国大群主义之人文传统遂不专限表现在政治上，更重要乃表现在教育上。此一大群主义之人文大道，遂广泛普遍流传于全社会，则自孔子始。孔子之功，乃尤大于周公。故后人又尊孔子曰“先师”。

中国人常称“天地君亲师”。人生天地间，必求其能群。群道行于上，有国，斯有君。君者，群也。非其人之能群，又乌得为之君？群道行乎下，有家，斯有亲。“哀哀父母，生我劬劳。”不知亲父母，又何群之有！故中国人在家知“孝”，在国知“忠”，此皆人群大道。而传其道者则为师。故师与君亲乃得并列而为三。古书有之曰：

作之君，作之师。

又曰：

能为师者然后能为长。能为长者然后能为君。

师亦有“众”义。使其人无道，不得为人师，又乌得长其群而为之君？故就中国文化言，师犹当在君之上。中国人群大道之创建，先有君，而继之师；此诚中国文化传统之演进得以卓绝人寰之一大表现与大成功。自孔子以下历代国君，莫不知尊孔子。君位相承曰“治统”，三四百年无不变。孔子之教曰“道统”，则两千五百年来无有变。“道统”在“治统”之上，斯又中国大群主义之文化大统之所寄也。

三

自孔子以后，中国乃有四民社会，农、工、商之上有士。为“士”则学孔子。此乃中国之学统，亦即道统之所寄。士希贤，贤希圣，圣希天。有一乡之士，有一国之士，有天下之士。以友天下之士为未足，乃上友古之人。孔子乃古之至圣先师，尊师孔子，亦上友古人之极则矣。自孔子以下，全部中国史即莫不以“士”为中心。然天下之士则代不数人。范希文生北宋时，当唐末五代道统将绝之际。范希文为秀才时，即以天下为己任，曰：

先天下之忧而忧，后天下之乐而乐。

孔道又昌，国运又隆。顾炎武生明 清之际，其言曰：

> 国家兴亡，肉食者谋之。天下兴亡，匹夫有责。

自有炎武，而中国民族之文化大统仍得延续不绝。如希文，如炎武，皆所谓“天下之士”也。一国之士，则史不绝书。一乡之士，其名字或不见于史乘。然而中国民族之犹得为一中国民族，至于今不衰。举世各民族，其历史之悠久，疆土之广阔，人口之繁盛皆无堪伦比。何以致此？则曰：惟孔子。

四

近代或以孔子比之释迦牟尼、耶稣与穆罕默德，则又非是。释迦说教，诸天皆来听，则释迦尚在诸天之上。耶稣为上帝之独生子，为举世能代上帝发言之唯一人。孔子尚不敢以圣自居，更何论自居为一大教主。孔子惟以学古为人，而即以其所学教。故其告弟子曰：

> 我无行而不与二三子者，是丘也。

又曰：

> 有朋自远方来。

则孔子之视其诸弟子，亦如一友朋。孔子之卒，其弟子丧之如父母而无服，庐墓三年而散。时子贡为诸弟子之首，故再留三年。其时来学者，皆自称“弟子”，亦称“门人”。谓得进其家门之内，如家中之子弟。则孔子亦如其家中之父兄矣。

为一自然人，则必知有父母。为一文化人，则必知有师长。孔子乃中国民族文化中一先知先觉，为中国此下民族文化一远祖，如是而已。此又大群主义之人生大道始有之。则又何得以超世之大教主相拟！

抑且生逢乱世，信释迦，尚可一人盘坐证涅槃。信耶稣、穆罕默德，尚可死后灵魂上天堂。信孔子，则孔子自言：“道之不行，吾知之矣。”是又何所望？孔子又曰：

> 士志于道，而耻恶衣恶食者，未足与议也。

是信孔子而为一士，既无教会组织，又无信徒供养。孔子自言之，曰：

> 饭疏食，饮水，曲肱而枕之，乐亦在其中矣。

赞其大弟子颜回则曰：

> 一箪食，一瓢饮，居陋巷，人不堪其忧，回也不改其乐，贤哉回也。

后世尊奉孔子者，遂以“寻孔 颜乐处所乐何事”为一大课题。又曰“安贫乐道”。以此较之佛、耶、回三大教，其困难又远过之倍蓰而无算。故凡为中国社会中之一士，尊奉孔子，不啻为半个和尚，抑且可谓是一双料和尚，因其不忧一己身家之生计，而更以大群天下为虑。遁世而无闷，独立而不惧。而中国社会乃亦能善养此一辈士，历两千五百年而不衰益盛。则中国文化之伟大优深，亦可由此窥入，而约略得其依稀仿佛之所在矣。

五

孔子一生之言论行事，所思所教，其弟子皆各有所记，历三四代，汇为《论语》一书。自汉代始，《论语》即为中国识字人一人人必读书。北宋初，赵普有言：彼曾以半部《论语》佐宋祖得天下，又将以半部《论语》佐宋祖治天下。赵普在中国士林中，卑卑无足数；然其当五代之季，而犹能发此言，则中国人对《论语》一书之重视，既可知。而《论语》一书之值重视，亦可知。故欲尊孔子，约而求其要，则惟《论语》二十篇。扩而论其详，则自秦以下，一部《二十五史》，中国之所以为中国，中国民族之所以为中国民族者，乃莫不与孔子有关。我惟有曰“大哉孔子”。实甚憾于无言以加之矣。

六

孔子生在中国，已远在两千五百年之前。而孔子之前，牺 农以来，中国之为中国，亦已有两千五百年之久。自有中国人，乃始有孔子。自有孔子，而中国人之得为中国人者，乃益见其安定而昌荣，日进而无疆。而今则时异世易，民国以来，中国人之在此世界大潮流之冲荡横逆中，已无自信之心，亦无自拔之力。七十年来全国人心几乎一仗西化，认为国家民族前途惟此一线堪赖堪望。而孔子其人，《论语》其书，乃终不免为国人所鄙弃与忽忘。一部《孝经》，何能御黄巾？《论语》二十篇，亦何能抵原子弹，乃及国际之经济侵略？试问今日台湾一千七百万人，曾读《论语》者有几？然则今日而言尊孔，亦徒尊其名而已。孔子之品格修养，与夫其得尊为中国之“至圣”之所以然，又谁欤知之？孔子之道之高明宽厚，博大而精微，其得以随时乘化，而尊为百世之“先师”之所以然，又谁欤知之？然则居今日而犹尊孔子之名，诚亦为不可多得一大事矣。

孟子曰：“圣而不可知之谓神。”即孔子之在前代，亦何能尽为人知，然则当前吾国人纵使尽弃故常，回返孔子以前之牺 农皇古，果能凭空拔起，崭然创建一新中国？孔子曰：“焉知来者之不如今。”中国人之为中国人，已历五千年于前，焉知其不再历五千年于后。而孔子其人，既崛起于前，又焉知孔子其道，不再复兴于后？要之，孔子乃一中国人，孔子所学亦学其以前之中国古人而已。今中国人能自振拔，使后世犹有中国人，则正孔子之所欲学。孔子其人，与其道，终亦必应有再兴起再光昌之一日。言念及此，诚不禁其私人之馨香祷祝，鼓舞向往，于无竭无穷之一境矣。孔子有神，尚其鉴之。

一九七九年九月二十八日孔子第二千五百三十年诞辰钱穆写于台北 外双溪 素书楼。

孔子诞辰讲辞大纲

一

今天我们国人都说要求变求新。但须知，天地间也有不能变的。就人类论，“我”不能变，也不该变。自有人类以至于无穷的将来，不知会有几亿兆京垓的亿兆京垓人，但其中只有一个“我”，不能有两个“我”。那真有何等意义！何等价值！此之谓“天命”。

天命在人类中有一我，此不可变。我之生，有父有母；我之生父生母，同是有一无二，此亦不可变。傥我有兄弟姊妹，同此生父生母，此亦不可变。中国人知此不可变，乃有一套孝弟之道。孝弟之道，乃是我做人、做我的第一番道理，那亦是不该变的。

我有了父母，又有子女，又是不可变。父母之上有父母，子女之下有子女，推而上，推而下，遂有家族，又有外戚。中国历史上只称王室有外戚，其实我们家家有外戚。家族与外戚相联合，积之久，那就家成了国。国之最先即成于家，家之最先则成于我。傥我变了，则家亦变了，国亦变了，天下亦变了。故我一变，则天下全变，那将全不是这会事。好在人人尽是我，你变，他不变，不害事。谁变谁吃亏便了。人与人之最先结合，则有夫妇。夫妇可变，但亦最好不变。白头偕老，那是最理想最幸福的夫妇。不变总比变更好些。有了国与天下，便有君臣与朋友。君臣、朋友更可变，但能不变，也比变更好。此夫妇、君臣、朋友三伦，中国人称为“人伦”。人伦以“忠信”为主。父子、兄弟两伦，中国人称为“天伦”。天伦以“孝弟”为主。五伦以“我”为主，故一切人群相聚，也全以“我”为主。

《论语》书中称我为“己”。孔子曰：

> 古之学者为己，今之学者为人。

如何般来尽我孝弟忠信之道，此即“为己”之学。其实“为己”之学，也即是“为人”之学。只是不懂道理的人，都错认为我之为人是为别人的。实则我之为人，是全为自己的。我之夫妇好合，像是为对方，实是为自己。我之孝弟忠信，像是为对方，实是为自己。现在人都在争个人主义与社会主义之谁是谁非。其实没有社会，又那里会有个人？没有个人，又那里会有社会？“天”“人”尚要合一，“群”“己”自亦合一，只其中心则在“我”。那是穷天地亘万世而不变的。

二

但亦有一必变的，不能不变，亦不该不变的，这就是时间的

“时”。如天有昼夜，始成一日。人有生死，始有一生。又自婴孩期、幼童期、成年期、中年期、老年期，我之生命时时在变，刻刻在变，不能停留。一个人的小生命如此，集为群，成了大生命，如家、如国、如天下，亦如此。所以做人该变，该随著时代变。孟子曰：

孔子圣之时者也。

即是说，孔子做人是最能变，最善变的。

“变”与“不变”相结合，始成了一个我，始成了我的家，我的国，我的天下。全把我做中心，那不是太自私了吗？其实不是的。人人是一我，人人有我的家、我的国、我的天下，而全结合成一体，那是大公无私的。其实是各个我的“小私”，结合而成为此“大公”的。此道理中，并无公私之分。那又是万古不变的。既无公私之分，又无新旧之别，只是此一“道”，那是“天人合一”的。

三

现代吾中国人，多好言“事业”。但从前中国人，则主要在言“性情”。事业多变，性情则不宜变。如富人要讲孝弟、忠信之道，贫人也该讲。贵人要讲，贱人也该讲。事业有高低，性情则分好坏。富可敌国，贵为天子，不孝、不弟、不忠、不信，则为一坏人。并不该算他是一人。仅能糊口，贩夫走卒，能孝弟，能忠信，则为一好人。孟子曰：

人皆可以为尧舜。

不是说人人能富能贵，只是说人人都能做得一好人。

现代国人又好言“智识”。从前国人则主要在言“品格”。小学、中学、大学、出国留学、硕士、博士，都从智识上分。但智识高，可以品格低。品格高，亦可以智识低。品格低是一小人，品格高则为君子、贤人、圣人。陆象山说：

尧舜以前曾读何书来。

则不识字不读书人，仍得为圣人。至少可以做一高品格底人。人人有一颗良心，那怕做不得一好人。

现代国人又好言“权力”，或言“力量”。有了智识，有了事业，便可有权力或力量。但从前中国人则言“德”不言“力”。德便是人的性情和品格，便是一良心。匹夫匹妇，可以无事业、无知识、无力量，但可有他的性情和品格和德。德和品格和性情，都仍是“天赋”的，即是“天命”的，是与生俱来的。人人平等，人人自由，人人尽可得。而事业和知识和力量，则是“人为”的。必有条件，有竞争。你得了，我便失之。大家有所得，但仍大家有一比较。我有百亿财富，他有千亿，他仍比我富，力量仍比我大。我再比过了他，他又不如我。永不平等，亦永不自由。还是有外面许多条件存在的。中国人四五千年来，老是这样一个中国人。今天比不上人，愧悔羞耻了，要把自己一变，变成一外国人。讲究事业，讲究智识，讲究力量，不再讲性情、品格、德行了。但在短时期内，纵然是一百年两百年，如何便能学得像人？而把自己的一套却丢了忘了，我不成为一“我”。因“我”要求变求新，不知要变成怎样，才算是一“我”。我在变，我的夫妇、父子、家庭也在变，其他更不说了。我总觉和人有不平等，我又觉在我有不自由。求变求新，还有许多不能变、不能新。变了新了，但还是仍要变、仍要新。那我的一生又如何得了！

四

但回头是岸。傥我们肯乐天知命，安心做一中国人，则种种道理都平放在我前面，都易做，都能做。孔子是我们的至圣先师。孔子依照著他以前中国两千五百年积累下来的那一番道理做成了一孔子。孔子以后两千五百年的中国人，又都依照孔子来做成了一中国人。至今全世界只有中国人能拥有五千年历史，又拥有十亿人口。谁比得？又要来怕谁？

今我孔学会开会，邀我来做一次演讲。我愧无很多智识，又愧对国家民族无事业贡献，更具何力量能来提倡孔道。只盼我们每一人能反己求之，各由自我，一心向前，应该各有一条路在我们各人面前的。我只能说从孔子以下我们中国人两千五百年来相传的那几句老话，请诸位原谅。

孔子诞辰纪念辞

一

全世界人类共出有三大教主：一释迦，印度人。一耶稣，犹太人。一穆罕默德，阿剌伯人。三大教主皆亚洲人，此亦一奇。

孔子，中国人。其生前既不自尊为教主，其身后亦无教会传道组织。故中国儒家并非一宗教。但孔子地位实堪与释迦、耶稣、穆罕默德三人相比，或犹超而上之。

三大宗教皆主出世，重在教人如何为死后作准备。孔子则主教人如何在世好好做一人。

三大宗教之信徒，当其生前，已必与人异，否则即不得为其教之信徒。孔子之教，在其生前如何好好做一人，此道人人相同，无教内、教外之别。

三大教主各以其教主身分来教人，孔子则以一学者身分来教人。故孔子毕生“学不厌，教不倦”。换言之，教主与信徒地位有不同；而孔子与来学者则同样在学，无地位之不同。

此则孔学与世界三大宗教之不同处。

二

孔子如何教？即在教来学者各就其自己之本性以为学，以各长养完成其本身自己理想可能之一人。

孔子分人性为三类，一曰“狷”，一曰“狂”，一曰“中行”。狷者有所不为，偏消极后退。狂者进取，偏积极向前。中行则有不为，有所为，执其两端用其中，此之谓中行。

上述三类外，又有“乡愿”。“生斯世，为斯世也善，斯可已”。此类人不肯有个性，只众人如是，我亦如是。那又何必再加以教？又如何再加以教？故孔子“有教无类”，而曰：

> 过我门不入我室，我不憾焉者，其惟乡愿乎！

则乡愿始斥于孔子之教外。

释迦近于狷，有所不为，实足代表印度之民族性。耶稣、穆罕默德近于狂，实足代表犹太人与阿剌伯人之民族性。惟耶教不行于犹太，而独畅行于欧洲。欧洲人性更近狂，喜进取。耶稣说：“上帝事由我管，凯撒事凯撒管。”果使信其教者皆不管凯撒事，则一部欧洲史，势当另写，决不有如现代之欧洲史。耶稣又说：“富人入天国，如骆驼钻针孔。”则后代欧洲，既决不会有帝国主义，亦决不会有资本主义。其实欧洲人对耶稣最所信仰，乃在其“十字架”精神，一意向前，到死不回头。民族性之难得转易有如此。

三

孔子实亦代表了中国之民族性。孔子不仅把他自己来教人，乃是把他所学于古人者来教人。

孟子曰："人必有所不为，而后可以有为。"舜为大孝，父顽、母嚚、弟傲，一家皆欲置舜于死地，但舜决不愿远离父母，一人独自去谋生；遂成了舜之大孝。此即有所不为，乃以成其有为之一证。

鲧治水失其道，洪水泛滥，成大灾难。舜殛鲧于羽山，使其子禹继父业治水。舜之殛鲧，乃正道，乃大道。禹不以此怨舜，亦不随其父至殛处侍养，乃受舜命治水，以干父蛊。此非不孝。其子方生，禹在门外闻其啼声，乃三过其家而不入。此亦非禹之不慈。实则禹亦有所不为，以成其有为也。

洪水既平，使后世尚有中国人生生不绝，禹之大功大德，实尚超舜之上。尧则更不论。但后世中国人更多称尧 舜。因尧 舜之处境为人，比较平易。舜处在野，不如尧之为天子，更可学。禹则处境特殊，又拥有特殊才能，建特殊功业，非人人可学。中国人则更求其人人可学者，而禹乃转居其次。

尧、舜、禹、汤、文、武，皆为一国之君，或为天子，为天下之共主，岂人人能学？周公独为臣，不为君，较易学。故孔子毕生为学，乃以周公为目标。墨翟继起，一反孔子，主张"兼爱"，举禹为目标。是孔子举其易，而墨翟举其难。此即墨翟之不如孔子处。

墨家有传道组织，故墨翟颇近一教主。近代国人，颇有以墨翟与耶稣并举者。但耶稣自称乃上帝独生子，墨翟则亦举古人大禹为教，非其一人自创教。此亦可代表中国之国民性。

孟子又于尧、舜、禹、汤、文、武、周公之外，别举三圣人。一为伊尹之“任”，一为伯夷之“清”，一为柳下惠之“和”。伊尹之任，则是一狂者。伯夷之清，则是一狷者。柳下惠之和，则在狂与狷之外，又自成一格，但不得即谓之中行。

柳下惠三仕为令尹，无喜色。三已之，无愠色。要他进便进，要他退便退。但与乡愿不同。乡愿只一意追随他人，无一己之个性与品格。在他心里，有外无内，有人无己，那就说不上一“和”字。柳下惠则自有其己，惟与伊尹、伯夷不同。故在任与清之外，又特见为一和。

至如孔子，则亦任、亦清、亦和，随其时宜而变其意态。故孟子称孔子为“圣之时”。此因孔子有一套既深且博的学问，遂成其大中至正之盛德，与道同化。而孔子自己之个性，与其特有之品格，反而不易把捉，不易认识了。故伊尹、伯夷、柳下惠乃各以其己性教。而孔子则以其学、其德教。反使人学孔子，一若转易于学伊尹、伯夷与柳下惠。孔子乃成为中国此下之“至圣先师”。

四

孔子及门，最善学孔子者为颜渊。孔子称之曰：

一箪食，一瓢饮，在陋巷，人不堪其忧，回也不改其乐，贤哉回也。

又曰：

用之则行，舍之则藏，惟吾与尔有是夫。

庄周继孔子、墨翟而起，兼反儒、墨，但于颜渊亦时加称道。宋儒周濂溪有言：

志伊尹之所志，学颜子之所学。

果非学颜子之学，亦无以志伊尹之志。欲“志伊尹之志”，则必先“学颜子之学”。后世以孔 颜并称，尤见孔子之道之高深而博厚。

颜渊生与圣师同时，圣师在前，颜渊一意向学，务自退藏，绝不稍露其一己之光芒。然不仅孔子特加称赏，即一时同学，亦群加推敬无微辞。故颜渊一生，始终只是一学生身分。但中国五千年历史，亦只有颜渊乃成为惟一杰出一学生。

孟子便与颜渊不同。其时则圣师逝世已久，反对者群起，孟子则曰：

乃吾所愿，则学孔子也。

未能亲炙，则求为私淑。其见梁惠王，见齐宣王，亦如孔子之周游列国，以求行道于天下。但终亦以不得用退老。后世兼称孔 颜，又兼称孔 孟。孟子与颜子，乃得同居“亚圣”之地位。

但宋儒又谓“孟子粗，颜子细”。若专论好学，则私淑终不如亲炙之易臻于深微之地位矣。故中国人虽尊师教，更重自学，教统终不如学统之为要。求于教统，则有一孔子已足。求于学统，则非时时有颜子、孟子其人者出，此学统即不易成。其去孔子益远，则其为私淑当更难。故求知孔子，不仅当知两千五百年前之孔子，亦当知两千五百年来之孔子。此两千五百年来之孔子，则惟当于中国儒家之学统中求之。中国虽文化深厚，而独无一自产生之宗教；此其所以然，诚值吾国人之作深长思矣。

五

今吾国人则群慕西化。此亦吾国民性一种虚心好学之表现。但因此而轻视古人，因而集中于孔子一人身上，打倒孔家店、批孔反孔呼声，成为一代之时髦。此则有仍值吾国人之作深入讨论者。墨翟反孔，乃推尊大禹。庄周反孔、反墨，乃推重黄帝与老子。黄帝、老子，其人其事，都出庄周虚构，在此不详论。但庄周亦仅另推一批中国古代人物来反孔、墨。此亦仍如孔子之“迷而不作，信而好古”。亦可谓墨与庄亦同是孔子学脉，同足以代表吾中国人之国民性。

佛教东来，中国历代高僧亦仅于释迦群加推敬，阐扬其教义。至于孔子之教，与中国社会传统文化，则皆置之不论不议之列。果使佛法昌明，则孔道与中国文化自会转变，自归消失。果使欧洲人真信耶稣，则耶稣明言“凯撒事凯撒管”，又未有教其信徒以兵力传播信仰之遗训，则何须有不断之十字军东征？又何须有新教旧教之兵争？即佛教，自隋 唐，天台、禅、华严三宗迭起，亦渐中国化。宋代理学家乃继之而兴。是则孔子之“述而不作，信而好古”，即以本国民族性传统文化为教，不再自辟新义，自创新说，自成一宗教。斯诚大仁大智之结晶，而其势力影响则转超诸大宗教之上，固非偶然矣。

六

近代国人，竞慕西化，群奉自由、平等、独立三口号为人生之三大原则。实则惟中国社会乃最自由、最平等、最独立之社会。即如孔子离鲁去卫，并有群弟子结队成行。其在外周游十四年而反鲁，来去自由。此下战国诸子百家周游列国无不然。如孟子“后车数十，从者数百人，传食诸侯”，此是何等自由！试问现世界国际游历，又谁何人能获得此自由？

再言平等。孔子先曾去齐，当时乃一平民身分，然获齐国君卿之礼遇。及其去卫、去陈，亦皆以平民身分，而同得卫、陈君卿之礼遇。不仅孔子一人为然，战国时更多其例。范雎以一流亡客，而秦皇长跪其前以乞言。或谓此乃战国时事。则秦 汉以下，可证中国社会君臣上下平等之事项，何止数千百条，难于列举。先之如汉文帝之接见贾谊，后之如宋代王荆公、程伊川为经筵讲官，皆主己坐而讲，为君者立而听；其君亦勉从之。要之，中国社会自有其平等观，则即此亦可证。

又如独立。孔子言“富贵不可求”，因富贵皆不得由一己独立求之。如求富，设一工厂，开一公司，岂一人之事？如求贵，民主竞选，又岂一人之事？中国人则惟求为君子，为圣贤，皆可独立为之。故主为己之学，即主一己之独立。

于自由、平等、独立三者之上，中国人尚有高一层进一步之指示，如孔子之教其子伯鱼学《诗》、学礼是也。今国人乃以中国人立教不及于自由、平等、独立，以归罪于中国之古人，则复何辞为解！

今日又值孔子诞辰，试问当何以阐扬孔子之遗教？两千五百年来，阐之扬之，不乏其人，不乏其事，不乏其见于文字著作者。别辟新义，别创新格，何以传道而授业？此则有待于大贤君子。本文上拈诸端，庶于近代批孔反孔、轻孔蔑孔之风，聊资解惑之一助。放言高论，则非所敢。

一九八六年美洲第五届祭孔大典献辞

一

中国历史绵亘五千年。远自上古庖牺氏、神农氏以来，已历两千五百年，乃有孔子出生；又迄今两千五百年。孔子适居其中心。实为吾中华民族文化五千年相传一最高代表人物，承先启后，有其极为杰出莫可比量之重要性。

中国文化人物中之最居重要性，站在最高阶层者为圣人。孔子以前之圣人，皆居天子地位，即政治上之最高阶层者，如尧、舜、禹、汤、文、武皆是。惟文王子武王弟周公，亦居最高地位，而实未为天子；乃居臣位，非君位。孔子生平奉周公为标准，即身不占政治上之最高地位，而实居人品中之最高阶层。而后世则奉孔子为中国圣人中之最高位。故其弟子言："夫子贤于尧 舜远矣。"

孟子则在孔子以前未居天子高位者中，又举出三圣人：伊尹为"圣之任"，伯夷为"圣之清"，柳下惠为"圣之和"。而孔子则为"圣之时"，乃兼任、清、和三德，而随时更迭表现其三德。则其地位显又高出伊尹、伯夷、柳下惠之上。

后代中国人奉孔子为“至圣先师”。自孔子后，惟尊孟子为“亚圣”，而其他人物则全不再获圣人之称。此见后代中国人尊崇孔子，以为乃上下古今五千年来一至高无上、莫可伦比之大圣人。

孔子平生言论行事，具载于其及门弟子所编集之《论语》一书中。自孔子弟子曾子传其学于孔子之孙子思，孟子乃受学于子思之门人，上距孔子已五传逾百年以上。孟子已在战国时，诸子学群兴，墨翟、杨朱之传尤盛，两家之言盈天下，而孟子则曰：“乃吾所愿，则学孔子也。”又曰：“能言距杨、墨者，皆圣人之徒也。”但当孟子时，《论语》一书尚未正式编纂成书，故《孟子》七篇中，乃不见《论语》之书名。《论语》之正式行世，当更出孟子之后。

战国百家中，惟道家晚起，犹在杨、墨之后。庄子与孟子略同时，但《孟子》书中尚未见有庄子。而《老子》书犹后出。但庄 老道家陈义高深，略可与儒家孔 孟相伯仲。自西汉罢黜百家，表彰《五经》，而儒家乃特出百家之上。孔子作《春秋》，列《五经》中。其《论语》一书，则为其时一部小学必读书。

西汉《五经》博士中，《礼经》博士传有《小戴礼记》一书，其中有《大学》《中庸》两篇。考其成书年代，皆当在秦始皇帝时。两篇中尤以《中庸》一篇，显见已多参杂有道家思想。在魏 晋 南北朝时，印度佛教传入，《中庸》一篇备受重视。隋 唐时，佛教中国化，天台、华严、禅三宗，皆于《中庸》一篇有阐述。《大学》一篇则自宋代理学家兴起，二程与朱子更常加称引。《大学》《中庸》遂与《论语》《孟子》共有“四书”之称。朱子有《论孟集注》《学庸章句》之作。元代考试制度，遂以《四书》更驾于《五经》之上，定为考试之重要经典。如是八百年迄今，《四书》乃为中国人人必读书。阐论孔学，不得不兼及《四书》，不当专据《论语》一书而止。

其实论孔学，不当仅止于《四书》。即战国 秦 汉以来两千五百年，凡治孔学者，其言论行事，皆当和会融通，一以贯之，始足以发明孔学之全体真相。并不当偏在《四书》，更不当偏在《论语》。惟提纲扼要则《论语》为主，《孟子》《学》《庸》为副，始足以把握孔学之精要。

二

居今世姑以《大学》为言。《大学》有“三纲领”“八条目”，八条目之后四条为修身、齐家、治国、平天下。此为治孔子之道者所必言。但以今日论，群以欧洲西方学为本，而西方学中实缺“天下”一观念。依中国语论，若言“形上哲学”，当言“宇宙”。言“自然哲学”，当言“世界”。论“人生哲学”，则当言“天下”。而西方人观念，凡属人事，则仅以“国家”为限。至康德始言“国际”，近代则有百五十国以上列入国际联盟，而尚有在此联盟之外者。但在“国际”一观念之上，并无“天下”一观念。中国则自古有封建诸侯，但诸侯之上有天子，如唐尧、虞舜、夏、商、周三代皆是。故中国自古为一封建制度，而封建之上，实尚有一天子，仍属大一统局面；与近人所想之封建列国并立大不同。故孔子虽据当时鲁国史官所载作《春秋》，而曰：“《春秋》，天子之事也。”列国之上，尚有中央周天子一高位。孔子又曰："如有用我者，我其为东周乎！"是在孔子理想中，虽不能向上追复西周之旧，而仍必为东周，仍当有一天子在上。与今日之所谓国际联盟，有其大不同处。

近代人惟因缺一"天下"观，遂使列国相争，迄无宁日。最近自第一、第二两次世界大战以来，又继之以美、苏相争。甚至核子战争如在眼前，不论胜败，数百万以上之人生，顷刻间即可葬送于核子弹轰炸之下。稍有人道观念，又何忍出此。孟子言："天下定于一。谁能一之？不嗜杀人者能一之。"傥谓核子武器大量杀人可以一天下，则诚出中国人想像之外矣。傥果谓大量杀人可以一天下，则人生之意义价值又何在？若谓大量杀人不足以一天下，则又何必为此核子武器之争？此皆无说可通者。

抑且西方人不仅在国之上无"天下"观，亦且于国之下无"家庭"观。西方人之家，仅当中国家之前一半。子女长大成婚，即各自别成一家，与父母家分离，不再和合。中国则重孝道，为子女者决不离父母而独立。中国家庭又分"内""外"，夫妇成婚，女家则称外家，女婿对岳父母有半子之称。如三代时，姬、姜两族，常如一家。故中国由家成国，以至于天下，始终是一贯相承，无大分别。而其主要中心，则在己之一身。

人之一己，必分男女两性。此乃自然，中国人则谓之"天命"。男女相结合为夫妇，则乃人伦之始；由夫妇而有父子、兄弟，乃至于国与天下君臣、朋友两伦，皆从天生己之分为男女来。即是说"人伦"乃从"天道"来。孔子特提出一"仁"字为人生大道，《论语》一书主要即在讨论此一"仁"字。而"仁"字乃为西方人所无有，特难以西方一字相译。孔子弟子有子说：“孝弟为仁之本。”孝弟之道，实即仁道，即人与人相处之道之本源所在。使人与人不能以仁道相处，则惟有仗法律作种种防止。西方人重法律，即从其不知有仁道始。

三

今言教育，西方自希腊时已有之。亚里士多德言：“我爱吾师，我尤爱真理。”仍为一种个人主义。重自发现、自创造，不重师传。但不知人生真理，尤贵在人之相爱。其他真理，皆从此人之相爱之一心，即相爱之性情来。岂有在人类性情相爱之上，别有真理？试观其他有生物，相互间，岂不各有一番相爱之表显？是此生物相爱之真理，并不专限于人类。如此则今日所发明之核子武器之大群杀害，已远越乎人类相爱之真情以外，岂可亦认其为是一真理？当知核子武器杀人乃物理，非人道，即非人生真理。

西方人亦言人类爱情。罗马时代开始有宗教，犹太人耶稣，以上帝独生子教人爱上帝。但“凯撒事凯撒管”，人类相互间事耶稣不管，于是耶稣乃上十字架。故此下之教徒，乃以耶稣之十字架表示其宗教精神。则今日之核子武器，岂得谓是十字架之更进步的创造？岂真是凯撒之道之更为进步乎？

西方近代高等教育，亦始自教会。除宣传教义外，尚有两专门。一为律师，教人为罪人申冤，为罪人抱不平。一为医学，教人为人治病。皆有一分人类相爱之义。但今日发明了核子武器，则律师与医生皆所不能救，不知又当学如何作对付？

其次宗教以外之教育，则始于德国之国民教育。人生惟当为一“国民”，上帝以外，一切事惟当管理于凯撒，其他乃无教育中心可言。则西方人之真理中，亦可谓并无“人对人”之真理可言。如中国人之修身、齐家，皆非西方人之教育内容。而平天下则更所不论。

中国无宗教，而极重教育。教育中最高最大之教师则为孔子。故孔子为中国之“至圣先师”。孔子教人主在“仁”，仁即人生之大道，即人与人相亲相爱之道。亦可谓乃人类相互间之一番同情心。欲发抒此一番人类相互间之同情心，最先则本源于婴孩之对其父母兄姐，故曰“孝弟为仁之本”。其次长大成人，乃移此一番情感来对国、对天下，故曰“移孝作忠”。

四

中国人言忠，其道在尽己以对人。而言忠道则又必言“恕”，“己所不欲，勿施于人”为恕道。在美国，远在南北战争时，有一将军，退休后寓居纽约附近，独身不娶，性情怪癖。家中仆人皆遭谩骂，中途离去。有中国 山东籍一华工丁龙，亦投身到将军家为仆，亦以遭谩骂而离去。后此将军家遭火灾，丁龙闻讯，自来相助。告将军：我原籍中国 山东省，古圣人孔子乃我同乡，教人忠恕之道，己所勿欲毋施于人。今将军遭苦难，一人独居难堪，余特来追随相助。将军闻言大惊异，谓不知君乃能读古圣人书。丁龙言：余不识字，不能读书，乃幼时闻父训知此。将军谓汝父能读圣人书，亦大佳。丁龙又谓：余父亦不识字，亦不能读书，乃闻之祖父、曾祖父以上；亦皆不能识字，不能读书，乃上代之家传知有此。此将军闻言大加嘉许，乃相交如朋友。积有年，丁龙患病将不起，告将军谓：得将军历年资养，衣食居住皆得安足。今病不起，将军历年所给薪资，余皆积存。此间无深交，老家无亲属，愿归还将军，聊报积年爱顾之情。丁龙死，此将军乃将其遗存，并增巨款，赠纽约 哥伦比亚大学设一讲座，专以研究中国文化为务。但此讲座历任人选皆美国人，不闻聘中国人任之。中国人留学美国，或在哥伦比亚大学，或在其他大学者，学成归国，亦从不谈及丁龙事。余于一九六〇年亲赴美国，乃始知有丁龙其人其事。每以与台湾之吴凤并举。吴凤虽读书识字，亦非一学者。然此两人皆真有得于孔子之遗教，足为后人百世之师。此乃中国民族传统文化所得之佳果。纪念孔子，求知孔子之道，能如吴凤、丁龙其人，斯亦可矣。而岂必以专门读书，成一学者乃为贵！

吴凤者，乃晚清 同 光时，在台湾，为平地人与山地人通商一通事。其时山地民族好杀人，每年必以一人头为祭。吴凤任通事，得山地民族之好感，劝勿再杀人。每年即以所积存之人头，择一为祭。如是有年，人头已尽。山地人又欲下山杀人，以告吴凤。吴凤尽力劝阻，山地人不听。吴凤乃告以某晨某处山路上有一骑马者过，可杀之以祭。山地人从其言。乃知所杀即吴凤。大悔憾，此后乃止杀人之俗。如吴凤之以身劝杀，此即孔子之所谓“杀身成仁”，亦可谓曲尽其忠于对人之所能至矣。今台湾之山地民族与平地居民和好如一家，则皆吴凤往年之功。至今有吴凤庙，受人崇拜。

中国人言“非吾族类，其心必异”，此乃言其相互积习之心。又言“中国而夷狄则夷狄之，夷狄而中国则中国之”，此则言其修养道义之心，即人类之文化心。今逢美西旧金山举办祭孔大典，诸君远在美国，余则羁老在台，皆远离大陆本土。然孔子亦欲居九夷。故中国人言“天下一家”，亦皆从其文化言。其文化之大本，则出自人之各己之一心。其心变，斯文化亦随而变。中国人之所谓“道一风同”，其所望则在此心之道之常存而不变。风之随时而必变，仍以能不变其心之所存为贵。愿吾当今国人其相互共勉之。

（一九八六年十月应美 旧金山华侨邀稿而作）

孔子诞辰劝人读《论语》并及《论语》之读法

一

《论语》应该是一部中国人人人必读的书。不仅中国，将来此书，应成为一部世界人类的人人必读书。

读《论语》并不难，一个高级中文中学的学生，平直读其大义，应可通十分之四乃至十分之五。

读《论语》可分章读，通一章即有一章之用。遇不懂处暂时跳过，俟读了一遍再读第二遍，从前不懂的逐渐可懂。如是反覆读过十遍八遍以上，一个普通人，应可通其十分之六七。如是也就够了。

任何人，倘能每天抽出几分钟时间，不论枕上、厕上、舟车上，任何处，可拿出《论语》，读其一章或二章。整部《论语》，共四百九十八章；但有重复的。有甚多是一句一章，两句一章的。再把读不懂的暂时跳过，至少每年可读《论语》一遍。自二十岁起到六十岁，应可读《论语》四十遍。

若其人生活，和书本文字隔离不太远，能在每星期抽出一小时工夫，应可读《论语》一篇。整部《论语》共二十篇，一年以五十一星期计，两年应可读《论语》五遍。自二十到六十，应可读《论语》一百遍。

若使中国人，只要有读中学的程度，每人到六十岁，都读过《论语》四十遍到一百遍，那都成圣人之徒，那时的社会也会彻底变样子。

因此，我认为：今天的中国读书人，应负两大责任。一是自己读《论语》，一是劝人读《论语》。

二

上面一段话，我是为每一个识字读书人而说。下面将为有志深读精读《论语》的人说，所说则仍有关于如何读《论语》的方法问题。

读《论语》兼须读注。《论语》注有三部可读：一是魏 何晏《集解》，一是宋 朱熹《集注》，一是清 刘宝楠《正义》。普通读《论语》，都读朱子《注》。若要深读精读，读了朱《注》，最好能读何晏所集的古注，然后再读刘宝楠编撰的清儒注。不读何、刘两家注，不知朱《注》错误处，亦将不知朱《注》之精善处。

最先应分开读，先读朱《注》，再读何、刘两家。其次应合读，每一章同时兼读何、朱、刘三书，分别比较，自然精义显露。

三

清儒曾说：考据、义理、辞章三者不可偏废。读《论语》亦该从此三方面用心。或疑读《论语》应重义理，何必注意到考据、辞章。以下我将举少数几条例来解释此疑。

第一，读《论语》不可忽略了考据。如：

> 子曰："人而无信，不知其可也。大车无輗，小车无軏，其何以行之哉？"

读这一章，便须有考据名物的工夫。古代的大车、小车，体制如何分别？"輗"和"軏"是车上什么零件？若这些不明白，只说孔子认为人不可无信，但为何人不可以无信，不懂孔子这番譬喻，究竟没有懂得孔子真义所在。好在此等，在旧注中都已交代明白，如读朱《注》嫌其简略，便应读古注和清儒注。务求对此项名物知道清楚了，本章涵义也就清楚。万不宜先横一意见，说这些是考据名物，不值得注意。

又如：

> 子曰："禘自既灌而往者，吾不欲观之矣。"
>
> 或问禘之说。子曰："不知也。知其说者之于天下也，其如示诸斯乎！"指其掌。

这两章，孔子论及禘礼，那是有关制度方面的事。“禘”究是个什么礼？“灌”是此礼中如何一个项目？为何孔子看禘礼到灌以下便不愿再看？那必有一番道理。孔子弟子们，正为有不明白孔子心中这一番道理的，所以紧接有下一章，有人问孔子关于禘的说法。但孔子又闪开不肯说，说：“我也不知呀！”下面又接着说：“知道了这番道理，治天下便像运诸掌。”可见这番道理，在孔子心中，并不小看，而且极重视。现在我们只能说，孔子讲政治极重礼治主义。但孔子主张礼治之内容及其意义，我们无法说。若只牵引《荀子》及《小戴礼》等书来说，那只是说明《荀子》和《小戴礼》，没有说明孔子自己的意见。

若要考据禘礼，那不像大车小车、輗和軏般简单。古人对此，聚讼纷纭，莫衷一是。似乎非专治考据，无法来解决此难题。其实也并不然。前人引经据典，提出的说法，最多也不过四五种；我们只要肯细心耐心，把此四五种异同之说，平心研讨，自然也可明白一大概。坏是坏在我们先有一存心，说这些是考据，和义理不相关。其实这两章的考据不明，则义理终亦无法明。

四

现在再说，读《论语》不可忽略了辞章。

我此处所说的辞章，包括字义、句法、章法等，即纯文学观点下之所谓辞章亦包括在内。如：

子曰："晏平仲善与人交，久而敬之。"

此章似乎甚为明白易解；但中间发生了问题，问题发生在"之"字上。究是晏子敬人呢？还是人敬晏子呢？"之"字解法不同，下面引伸出的义理可以甚不同。古注是解的人敬晏子，朱子解作晏子敬人。现在我们且莫辨这两番义理谁是谁好，我们且先问孔子自己究如何说。这不是一义理问题，而是一辞章问题。即是在句法上，此"之"字究应指晏子或他人？就句法论，自然这"之"字该指的他人。但又另有问题发生，即《论语》的本子有不同，有一本却明作："晏平仲善与人交，久而人敬之。"下句多了一"人"字。若下句原来真有一"人"字，自然又是古注对。此处便又牵涉到考据学上的校勘问题了。

牵涉到校勘，便要问这两个不同之本，究竟那一个本更有价值些？郑玄本是不多一"人"字的，皇侃《义疏》本是多一"人"字的。但皇侃本在其他处也多与相传《论语》有不同字句，而颇多不可信；则此处多一"人"字，也不值得过信。至于其他本多一"人"字的还多，但皆承袭皇本，更就无足轻重。因多一"人"字始见是人敬晏子，则少一"人"字，自当解作晏子敬人。而多一"人"字之本又不值信据，则此问题也自然解决了。朱子注《论语》，岂有不参考古注异本的？但朱子只依郑玄本，知在此等处，已用过别择工夫。

五

又如：

> 子见南子，子路不说，夫子矢之曰：“予所否者，天厌之，天厌之。”

这一章的问题，较之上引一章，复杂而重大得多了。从来读《论语》的，对此章不知发生过几多疑辨。直到民国初年新文化运动掀起“打倒孔家店”的浪潮，有人把此章编了“子见南子”的话剧，在孔子家乡曲阜某中学演出，引起了全国报章喧传注意。可见读《论语》，不能不注意到此章。讨论孔子为人，亦不能不注意到此章。但研究此章，断不能不先从字义句法上入手，这即是辞章之学了。

孔子做了此事，他弟子心感不悦，孔子没有好好陈说他所以要做此事之理由，却对天发誓，那岂不奇怪吗？所以从来注家，都对此章“矢”字作别解，不说是发誓。独朱子《注》明白说：“矢，誓也。”朱子何以作此断定？因下文是古人常用的誓辞。朱《注》又说：“所，誓辞也。如云‘所不与崔庆者’之类。”可见此处朱子也用了考据工夫。其实朱子此注，如改为“凡上用‘所’字、下用‘者’字之句，是古人之誓辞”，就更清楚了。其后清儒阎若璩在《四书释地》中把关于此种语法之例都详举了。近人《马氏文通》也曾详举一番，可证明朱《注》之确实可信。

朱子既根据这一判定，下面“予所否者，天厌之，天厌之”三句，解作“若我所行不合于礼，不由其道，则天将厌弃我。”这一解法，也确实可信了。许多对“矢”字作曲解的，对下面“否”字也另作曲解，那都不值得讨论了。

照字义语法讲，朱《注》既是确切不移，但仍然不能使人明白这全章之意义。南子是一位有淫行的女人，孔子见之，却说合礼由道，这是什么意义呢？朱子在此处，特别添进一句，说：“古者仕于其国，有见其小君之礼。”此一条又是考据。若我们明白了这一层，“子见南子”这一件事，也无足多疑了。

《论语》中像此之例还多。如阳货欲见孔子，孔子不见。阳货馈孔子豚，孔子便不得不去见阳货。朱子注此章亦引据古礼，说：“大夫有赐于士，不得受于其家，则往拜其门。”经朱子加进了这一番考据，情事跃然，如在目前了。现在孔子在卫国受禄，卫君的夫人要见他，照礼他不得不往见。近代社交，也尽有像此类的情节。那有什么可疑的呢？

清儒说：“训诂明而后义理明，考据明而后义理明。”朱《注》此章，真做到了。清儒对此章之训诂考据，则反有不如朱子的。

但这里仍有问题。清儒是肯认真读书的。朱子所说那条古礼，究竟根据何书呢？清儒毛奇龄曾遍翻古籍，却不见朱子所说的那一条。于是再翻朱子的书，原来朱子也曾自己说是“于礼无所见”；因说朱子是杜撰。但这里至少可见朱子也曾为此事而遍翻古礼，才说“于礼无所见”。朱子也知要明白这一章的情节，不得不乞灵于考据，于是才遍查古籍的。但古籍中虽无“仕于其国必见其小君”之一条，也并无“仕于其国必不得见其小君”之一条。如卫封人欲见孔子，说了一番话，孔子也就见他了。南子欲见孔子，也说了一番话，这番话《史记》曾载下，说：“四方之君子，辱欲与寡君为兄弟者，必见寡小君，寡小君愿见。”是南子欲见孔子之请辞，十分郑重，而又恳切。《史记》又说：“孔子辞谢，不得已而见之。”是孔子辞而不获始去见。《史记》又记其相见时之礼节云：“孔子入门，北面稽首，夫人在絺帷中再拜，环佩玉声璆然。”我想朱子根据《史记》此一段记载，说“古者仕于其国，有见其小君之礼”，不能说他完全是杜撰。清儒硬要说无此礼，反见是拘碍不通了。古代的礼文，那能逐条保存，尽流传到后世？而且社会上的礼节，又那里是件件要写下正式条文的呢？可见我们读书，需要考据，但考据也解决不了一切的问题。又考据也有高明与不高明之别。朱子此条，在我认为是极高明的了。近人认宋儒轻视考据，或不懂考据，那都是门户偏见。

但这里仍有问题。若果如朱子解法，孔子何不直截了当把此番话告诉子路，却要急得对天发誓呢？朱《注》对此层，仍未交代明白；所以清儒仍不免要多生曲解。此处让我依据朱《注》再来补充说一番。

说到这里，便该注意到本章中“子路不说”之“不说”两字上。今且问：子路不悦，是不悦在心中，还是不悦在脸上，还是把心中不悦向孔子直说了？依照本章上下文的文理和神情，子路定是把他心中的不悦向孔子直说了。子路如何说法，《论语》记者没有记下来，但一定牵涉到南子淫行，是可想而知了。而且南子原本不是一位正式夫人，如何叫孔子去受委屈？这些话，都是无可否认的。孔子若针对子路话作答，则只有像朱《注》般说：“我只依礼不该拒绝不去见，至于她的一切，那是她的事，我何能管得这许多？”在此又有人提出古礼，说：“礼，在其国，不非其大夫。”现在南子是君夫人，地位更在大夫之上。她请见孔子，辞令又很郑重有礼。孔子不愿针对子路话作答，因为这样便太直率了。于是说：“我若错了，天自会厌弃我。”这样说来，孔子之以天自誓，并不是愤激语，反见是委婉语。细寻本章文理，如此说，并非说不通，而且在文章神情上，岂不更好吗？就行事言，孟子说：“仲尼不为已甚。”就应对言，孔子说：“不学《诗》，无以言。”孔子此处对子路的誓辞，却反而有诗意了。

以上这段话，是我根据朱《注》，再依或人之说，而自加以阐发；自谓于考据、辞章、义理三方面都能兼顾到，说得通。但不知如此说来，究说到《论语》本章之真义与否？总之，要研寻《论语》义理，不能不兼顾考据、辞章。举此为例，也可说明此意了。

六

现在再继续举一章说之：

> 子贡曰：“我不欲人之加诸我也，吾亦欲无加诸人。”子曰：“赐也！非尔所及也。”

朱子注：

子贡言：我所不欲人加于我之事，我亦不欲以此加之于人。此仁者之事，不待勉强，故夫子以为非子贡所及。

朱子在圈下注中又引程子说，谓：

我不欲人之加诸我，吾亦欲无加诸人，仁也。施诸己而不愿，亦勿施于人，恕也。恕则子贡或能勉之，仁则非所及矣。

朱子又自加发挥，说：

愚谓无者自然而然，勿者禁止之谓，此所以为仁、恕之别。

大家说程 朱善言义理，但此章解释却似近勉强。朱子说："无者自然而然，勿者禁止之辞。"其实本章明言欲无加诸人，所重在"欲"字，"欲"即非自然而然。欲无加诸人之"无"字，亦非自然而无，乃是亦欲不加诸人。因此此章程 朱把仁、恕分说，实不可靠。

古注孔安国说："非尔所及，言不能止人使不加非义于己。"此解乃为得之。何以说孔安国说得之？仍须从本章的句法上去研求。本章句法是平行对列的，我不欲人把非礼加我，我亦欲不把非礼加人。

下句有一“亦”字，显然是两句分开作两件事说的。若说“己所不欲，勿施于人”，此等句法是直承偏注，只是说一句话，一件事。细究两处文法，自见不同。若把握住此点，朱《注》“子贡言我所不欲人加于我之事”这一句也错了，只应说“我不欲人加于我，我也欲我不把来加于人。”朱《注》“我所不欲人加于我之事”，此语只可移作“己所不欲”四字之注解。朱《注》“之事”二字，即“所不欲”之“所”字，但厘章则句法不同。孔安国看准了，故说：“别人要加非义于你，你何能禁止呀！”孔子所谓“非尔所及”，只承上一句，不关下一句。

我举此例，仍只要说明欲通《论语》之义理，必须先通《论语》之文法。若文法不通，所讲的义理，只是你自己的，不和《论语》本文相关。

七

此下我想再举一例。

> 子曰：“饭疏食，饮水，曲肱而枕之，乐亦在其中矣。不义而富且贵，于我如浮云。”

我常爱诵此章，认为大有诗意，可当作一首散文诗读。此章之深富诗意，尤其在末尾那一掉，“不义而富且贵，于我如浮云”十一字。其实在“于我如浮云”那五字，尤在“如浮云”那三字。若省去此一掉，或在掉尾中换去“如浮云”三字，只说：“于我有什么相干呀！”那便绝无诗意可言了。但我们读《论语》，固可欣赏其文辞，主要还在研寻其义理。难道《论语》记者无端在本章添此一掉尾，也像后世辞章之士之所为吗？因此我们在此掉尾之十一字中，仍该深求其义理所在。

若在此十一字中深求其义理所在，则“不义而”三字，便见吃紧了。“素富贵行乎富贵”，富贵并非要不得。孔子又曾说：

富与贵，是人之所欲也；不以其道得之，不处也。

不以其道而得富贵，还不是“不义而富且贵”吗？今且问：你若不行不义，那有不义的富贵逼人而来？富贵逼人而来，是可有的。不义的富贵，则待我们行了不义才会来。倘我绝不行不义，那“不义而富且贵”之事，绝不会干扰到我身上，那真如天上浮云，和我绝不相干了。因此，我们若没有本章下半节“于我如浮云”这一番心胸，便也不能真有本章上半节“乐亦在其中”这一番情趣。关于本章下半节的那种心胸，在《孟子》书里屡屡提到，此不详引。我此所说，只是说明要真了解《论语》各章之真意义，贵在能从《论语》各章逐字逐句，在考据、训诂、文理、辞章各方面去仔细推求，不要忽略了一字，不要抛弃了一句。至于把《论语》原文逐字逐句反到自己身心方面来真实践履，亲切体会，那自不待再说了。

八

或有人会怀疑我上文所说，只重在考据、辞章方面来寻求义理，却不教人径从义理方面作寻求，如孔子论“仁”论“智”，论“道”论“命”，论“一贯”“忠恕”，论“孝弟”“忠信”之类。这一层，我在上文已说到，读《论语》贵于读一章即得一章之益。即如《论语》说：

> 巧言令色鲜矣仁。
>
> 刚毅木讷近仁。
>
> 仁者其言也讱。
>
> 仁者先难而后获。

这些话，逐字逐句求解，解得一句，即明白得此一句之义理，即可有此一句之受用。若解释得多了，凡属《论语》论仁处，我都解得了；《论语》不提到仁字处，我亦解得了；孔子论仁论道的真意义，我自然也解得了。此是一种“会通”之学。义理在分别处，亦在会通处。会通即是会通其所分别。若《论语》各章各节，一句一字，不去理会求确解，专拈几个重要字面，写出几个大题目，如“孔子论仁”，“孔子论道”之类，随便引申发挥；这只发挥了自己意见，并不会使自己真了解《论语》，亦不会使自己对《论语》一书有真实的受用。那是自欺欺人，又何必呢？

所以我劝人读《论语》，可以分散读，即一章一章地读：又可以跳着读，即先读自己懂得的，不懂的，且放一旁。你若要精读深读，仍该如此读，把每一章各别分散开来，逐字逐句，用考据、训诂、校勘乃及文章之神理气味、格律声色，面面俱到地逐一分求，会通合求。明得一字是一字，明得一句是一句，明得一章是一章。且莫先横梗着一番大道理、一项大题目在胸中，认为不值得如此细碎去理会。子贡说："回也闻一而知十，赐也闻一以知二。"颜渊、子贡都是孔门高第弟子，但他们也只一件件，一项项，逐一在孔子处听受。现在我们不敢希望自己如颜渊，也不敢希望自己是子贡。我们读《论语》，也只一章一章地读，能读一章懂一章之义理，已很不差了。即使我们读两章懂一章，读十章懂一章，也已不差。全部《论语》五百章，我们真懂得五十章，已尽够受用。其实照我办法，只要真懂得五十章，其余四百五十章，也就迎刃而解了。

九

朱子注《论语》有三大长处：

一、简明。古今注说《论语》之书多矣，独朱《注》最为简单明白。

二、朱《注》能深入浅出。初学可以浅读，成学可以深读，朱《注》可以使人终身诵读不厌。

三、朱《注》于义理、考据、辞章三方面皆优。

宋人长于义理，固矣，然朱《注》于考据训诂亦极精善，且又长于文理，能于《论语》之章法、句法、字法体会深微；故《论语》以朱《注》为最胜。

犹忆十七八岁时，偶在家中书架翻得清儒毛西河《四书改错》石印小字本；读之惊喜，不忍释手，迨黄昏，移就庭外立读。其书批驳朱《注》，分类分条，几于通体无完肤。余时愚陋无知，仅知朱子乃宋代大儒，又知读《论语》必兼读朱《注》；而毛氏何人，则不知也。又其分类，如有关天文、地理、宫室、衣服之属，凡所讨论，余皆一无所知。读其书，使余知学问之广大，若另见一新天地之存在。

越后读书渐多，知有所谓汉学、宋学之别。又久之，读书益多，乃知即论考据训诂，清代治汉学诸儒未必是，朱《注》亦未必非。其后几二十年，在北平书肆又购得毛氏《四书改错》之大字木刻本；再读之，乃知毛氏虽博辨，其书实不能如朱《注》之广大而精微。回忆少年时初读此书之心境，不觉恍然自失。

盖清儒自号治汉学，门户之见甚深。凡朱《注》错误处，积清儒二百数十年之搜剔抉发，几于尽加驳正，殆所谓“丘也幸，苟有过，人必知之”矣。然亦有朱《注》正确，清儒存心立异，转以自陷。时余在北平，见学者群推刘宝楠《论语正义》，鄙薄朱《注》不读。心知其非，顾一时风气所趋，亦无法纠挽。及抗战时在成都，病中读《朱子语类》，一日仅能读数条而止，倦即放置不读，亦不读他书。约半年，读《语类》始毕。乃知朱子注《论语》，于义理亦有错，并多错在“性”与“天道”等大纲节上。此乃程 朱与孔孟学术思想分异所在，亦已多为清儒所纠弹。然善言义理，仍推朱《注》，断非清儒所及。故余数十年来，教人读《论语》，仍必教人兼读朱《注》。

惟学者治《论语》，先于朱《注》立基础，仍贵能进而多窥诸家之异说。所谓诸家，有远在朱子之前，更多起于朱子之后。苟非多窥异说，将不知朱《注》所误何在，更不知朱《注》所为精善独出于诸家之上者何在。从来解说《论语》者多矣，几于每字、每句、每章必有异说。每有异说，亦多在两三说以上。惟学者治异说，切戒有好异心，切戒有好胜心。贵能平心静气，以实事求是之心读之。每得一异说，于文理文气上孰当孰否？于考据训诂上孰得孰失？于义理阐发上孰精孰粗？贵能细心寻求。《论语》本文，若平淡易简；然学者能循此求之，一说之外复有一说，众说纷纭，而各有所见，亦各有所据。正在此等处，可以长聪明，开思悟，闻见日广，识虑日精。仅于《论语》一书能如此求之，而义理、考据、辞章三方面之进益，有不知其然而然者。有日新月异，益深益远，已臻于为学之上乘而初不自觉者。然治《论语》之异说，亦不贵贪多，不贵欲速，不贵在限定年月以内，必尽搜《论语》之异说而遍治之。只贵于朱《注》外，随时得一书、获一说，即取与朱《注》对比，通一说即获通一说之进益。如此从容缓进，乃为可贵。

余自来香港，即有意为《论语》作一新解，虽尊朱《注》而不专守朱《注》，遇异说胜朱《注》者，尽改以从。而亦欲仿朱《注》之力求简明，力求能深入而浅出，力求于义理、考据、辞章三方兼顾。务求自中学生以上皆能通读，尤望成学之士读我注亦不以为鄙浅。怀此心已久，屡易稿而皆未惬。三年前在美国，积半年之力获成初稿。后又再自校读，前年冬通读一过，去夏又再读一过。一再细读，今已过半，多所改定，今冬当可付印。自问此书，虽不能取朱《注》而代之，然读朱《注》者必当再读吾书，然后于《论语》易于有入门益进之望。此则余之志愿所在也。

（原题《校庆日劝同学读〈论语〉并及〈论语〉之读法》，一九六二年九月在香港 新亚书院为孔诞及校庆作，载《新亚生活》五卷七期。一九七四年编此书时，又并入《新亚生活》四卷五期《论语读法》一文，改为今题。）

再劝读《论语》并论读法

一

朱子注《论语》，在卷首《序说》中，引有《史记》与何氏语，最后复引程子语四条。日前有数位同学手持我著《新解》来，求我题字。我多录程子此四条语中一条：

> 今人不会读书。如读《论语》，未读时是此等人，读了后又只是此等人，便是不曾读。

此条之前一条为：

> 读《论语》，有读了全然无事者，有读了后直有不知手之舞之、足之蹈之者。

最后一条为：

> 颐自十七八读《论语》，当时已晓文义，读之愈久，但觉意味深长。

程子四条中以上引三条为更重要。

在本所最近一次月会中，我很欣赏马同学之报告，可知他已能读《论语》。或许他现尚未能领略到《论语》中之意味深长处，然其用心则颇可取。

马君提出问题，如："圣人是否可学而致？"换言之，圣人学到与学不到，也即是我们有志学圣人，能力足不足的问题。如孟子曰："人皆可以为尧 舜，是不为也，非不能也。"依孟子意，似乎我们学圣人，力非不足。但孟子所言有无问题，实值研究。现在大家读《论语》，多不在此等处用心。通常只讲孔子如何说"仁"、说"天"、孔子哲学思想如何，或赞成，或反对。然此非读《论语》之主要所在。究应如何去读《论语》？我主张当依程伊川语去读。

马同学另一问题："依《论语》中所讲，似乎孔子《论语》是一种理想主义。"当时有人反对，说读《论语》应重实践。但实践仍必应有理想。如孔子曰："吾十有五而志于学"，究要学一些什么？此中便是一理想。马君又说："依孔子讲法，似乎无人能达到理想之顶颠。"我很欣赏他提出此问题，我甚喜他能如此去读《论语》。诸位不可随便加批评。我现即就这些问题来略作讲述。

二

孔子是一圣人，试看他究达到了顶点没有？孔子弟子认为虽尧 舜亦难与孔子相比。但孔子“发愤忘食，乐以忘忧，不知老之将至”，在他自己，似乎并未认为自己已到最高顶点。他只说：

> 不怨天，不尤人，下学而上达，知我者其天乎！

又说：

> 吾十有五而志于学，三十而立，四十而不惑，五十而知天命，六十而耳顺，七十而从心所欲，不逾矩。

如此一路学上去，但并没有说七十时便是一最高境界。孔子又说：

> 默而识之，学而不厌，诲人不倦，何有于我哉！
>
> 若圣与仁，则吾岂敢；抑为之不厌，诲人不倦，则可谓云尔已矣。

此是孔子自说境界，但并未说到此境界后便不能再往前。后人推尊孔子，谓孔子已至圣人之最高境界。后来也无第二人敢以孔子自许。朱《注》在“三十而立，四十而不惑”下引程子语：“孔子生而知之也，言亦由学而至，所以勉进后人也。”朱子自注则云：“愚谓圣人生知安行，固无积累之渐，然其心未尝自谓已至此也。”倘诸位心中并无马君所提此一问题，此处必然会忽略过。当知此与说孔子之政治哲学、人生哲学、宇宙论、经济思想、社会主张等种种说法皆不相干。若以这些问题去读《论语》，势必把一部《论语》零散分割，亦遂不致有程子所谓“有读了后其中得一两句喜者，有读了后知好之者，有读了后直有不知手之舞之、足之蹈之者”之语。

三

现试看《学而篇》：

有子曰：“信近于义，言可复也。恭近于礼，远耻辱也。因不失其亲，亦可宗也。”

此若与任何学问上大题目无关，但若讲个人做人，必有人会喜欢此三句。朱《注》：“因，犹依也。”诸位在社会上依靠或接近师友，这即是“因”。“因”则必“亲”。但有人是可接近与应接近者，有人则是不可及不应接近者，此处必须有分别。朱《注》：

此言人之言行交际，皆当谨之于始，而虑其所终。不然，则因仍苟且之间，将有不胜其自失之悔者矣。

此处即是实践。如何去选择所应亲，自有一套义理或说理想在后面。

读《论语》若懂得如此读，自会变为另一个人。

诸位莫问自己所研究者为何？皆应一读《论语》，懂得“吃紧为人”。即是要在做人一事上扣紧。马君读书不多，却能提出甚多问题，所提出者正是属于“吃紧为人”方面。中国传统义理重要正在讲“人”。此则并非一项理论，成不成系统，合不合逻辑，或仅是一种知识。一部《论语》，重要教人并不在知识或理论上。如云：

君子上达，小人下达。

若诸位要做君子，《论语》便会教你一番上达之道，但并非在教诸位去知道上古时之政治、社会、经济等情形。倘使诸位欲知古代之礼，可读《左传》；欲知古代文学，可读《诗经》。孔子只讲如何做人，但亦未讲到人性善恶等，亦未讲天是一个什么等，种种大理论。此后如孟 荀乃至如宋 明理学家，皆爱讲此等大理论，但皆敬佩孔子，认为不可及。其实孔子只是“吃紧为人”。诸位若能从此道路去读《论语》，所得必会不同。

四

诸位或许怀疑今日时代不同，社会背景皆已大变，孔子所说是否尚可作为我们做人之标准？关于此问题，我在《新解·学而篇》注中说：

孔子距今已逾二千五百年，今之为学，自不能尽同于孔子之时。然即在今日，仍有时习，仍有朋来，仍有人不能知之一境。在学者内心，仍亦有悦、有乐、有愠。即再逾两千五百年，亦复如是。故知孔子所开示者，乃属一种通义，不受时限，通于古今，而义无不然。故为可贵。读《论语》者不可不知。

又如《子罕篇》：

子曰："勇者不惧。"

程子云：

明理自不惧。

我们可把近代心理学，如病态心理、精神分析或精神治疗等道理，来讲程子之学。当时有人问程子：为何总觉迎面有一狮子扑来？程子告之曰：再见其扑来，可急用手抓住。其人归依其语，一见即抓，后遂不复有见。又有人目畏尖物，程子告以：室中尽置尖物，自知尖不刺人，何畏之有？自程子此二故事中，可知程子实深通心理学。其他类此故事尚多，诸位可自去玩味。程子也隔现代一千年，何尝是他的话便都过时了。

又如《学而篇》：

> 子曰："父在观其志，父没观其行，三年无改于父之道，可谓孝矣。"

宋人评曰：

> 若父行是道，子当终身守之毋改；若非道，则何待三年？

我在《新解》中注曰：

> "其"，指子言。父在，子不主事，故惟当观其志。父没，子可亲事，则当观其行。道，犹事也。言道，尊父之辞。本章就父子言，则其道其事，皆家事也。如冠婚丧祭之经费，婚姻戚故之馈问，饮食衣服之丰俭，岁时伏腊之常式，子有孝心，不忍遽改其父生时之素风也。或曰：古制，父死，子不遽亲政，授政于冢宰，三年不言政事。此所谓三年之丧也。新君在丧礼中，悲戚方殷，无心问政；又因骤承大位，未有亲政之经验；故默尔不言，自不轻改父道。此亦一说。然本章通言父子，似不专指为君者言。

我自信如此讲法较近情理，情理自可通古今，没有说时代变了，人情事理皆该变。

又如：

子曰："唯女子与小人，为难养也；近之则不孙，远之则怨。"

或：

民可使由之，不可以使知之。

此两条，近人最喜援用来批评孔子。诸位试去读我《新解》，我只认定：孔子所开示者，乃属一种通义，不受时限，通于古今，而义无不然。若真能吃紧为人，则自见古今仍是无大分别。诸位试去读上举两例，看我讲法通也不通。我自认我著《新解》，也只从"吃紧为人"处讲。若真能吃紧为人，则自见古今仍是无大分别。

五

又如《为政篇》：

子曰："吾十有五而志于学，三十而立，四十而不惑，五十而知天命，六十而耳顺，七十而从心所欲不逾矩。"

我在《新解》中注曰：

此章乃孔子自述其一生学之所至，其与年俱进之阶程有如此。学者固当循此努力，日就月将，以希优入于圣域。然学者所能用力，亦在“志学”与“立”与“不惑”之三阶程。至于“知天命”以上，则非用力所及，不宜妄有希效。知有此一境，而悬以存诸心中则可；若妄以自己比仿模拟之，则是妄意希天，且流为乡愿，为无忌惮之小人，而不自知矣。学者试返玩《学而篇》之首章与末章，而循循自勉，庶可渐窥此章之深处。盖《学而篇》首、末两章，只从浅处实处启示，学者可以由此从入。此章虽孔子之自道，无语不实，其中却尽有深处玄处；无所凭依而妄冀其骤入，则转成谈空说玄，非孔子以平实教人之本意也。孔子又曰：“不怨天，不尤人，下学而上达，知我者其天乎。”义与此章相发。自“志学”而“立”而“不惑”，皆下学也。自此以往，则上达矣。“知天命”故不怨天，“耳顺”故不尤人。此心直上达天德，故能“从心所欲不逾矩”，而知我者惟天也。知命、耳顺，固非学者所易企；而不怨不尤，则为学者所当勉。行远自迩，登高自卑。千里之行，起于足下。学者就所能为而勉为之，亦无患乎圣学之难窥矣。

此段可回到前所提出之问题，即圣人可学，但我们不一定能学到。

倘使诸位能以“吃紧为人”之心情读此二段话，则自可有大兴趣，亦可有大裨益。理想可说无止境，圣人亦无一最后顶点。王阳明曾云：“人皆可以为尧 舜，譬诸黄金，成色可以十足，但分量各有不同。”人固不易到达最高顶点，然亦不致永居最低下处。此最高与最低处是谓两端，是非善恶皆比较而见。“天堂”仅是一理想，从无一人能到了天堂再返回世间，将其经历告知人们。佛家讲“真”“俗”亦是两端。人通常是去恶从善，永居于中段。学圣人只应也如圣人般“下学上达”。人若落至最低处，纵使十恶不赦，如杀人偿命，此是“世间法”；但其人临刑时内心若知忏悔，此即是“下学上达”。正如佛家所说：“临终一声南无阿弥陀佛，即可往生。”儒家亦云：“朝闻道，夕死可矣。”此皆是“下学上达。”下学人人可能，只要下学，便已在上达路上了。“学而时习之”并不是定要学到最高境界，而是要不停地学，自然日有进步，此即人生大道。

若本此观点言，“人皆可以为尧 舜”，人与人之间终是平等。但诸位若意欲做一史学家或哲学家等，把此心情去读《论语》，将会见得《论语》并无甚大意义，保不得你真成一史学家或哲学家。但若要做一个“人”，要做人有长进，把如此心情去读《论语》，则自见《论语》中每一句皆有意义。

当知我们每一人之脾气、感情与性格，乃是与我们最亲近者。如知识、学问等，则比较和我们要远些。“吃紧为人”，便要懂得从和我们亲近处下手，莫要只注意在疏远处。故我劝诸位，莫要看轻朱《注・论语序》中，所引程夫子几段话。应能“学而时习”，应能

“下学上达”，先要能“志于学”，只往上不向下，一言一行皆应日求上进。我今日所讲，亦是一种通义，修己之余，还可进以教人，诸位宜各勉之。

（一九六三年六月在香港 新亚研究所讲）

谈朱子的《论语集注》

一

今天我讲的题目是“谈朱子的《论语集注》”。

《论语》在汉代，和《孝经》《尔雅》等书，同属小学，是大家的必读书。到了宋代，理学兴起，朱子集其大成。朱子的《论语集注》，元以后，悬为功令，科举考试必根据朱《注》发挥。因此元、明、清三代，七百多年，朱子的《论语集注》，亦为人人的必读书。我今天要讲的正是朱子的《论语集注》。

先讲朱子写此书的经过。向例一书写成，都有序，或请别人写，或本人自己写。但《论语集注》并没有序。对其著书原委，未有说明。兹据《朱子文集》和《语类》以及《年谱》约略报告其经过。

朱子十二三岁时，从其父读《论语》。其父韦斋先生也是理学家，教朱子读二程《论语说》。二程说《论语》未有专书，只从《二程全书》中可见他们对《论语》的说法。朱子十四岁时，韦斋卒。到朱子二十岁，看谢上蔡（**良佐**）的《论语说》，开始用红笔圈，又用青笔、黄笔，后用黑笔。前后共用四种色笔圈抹。可见他读《论语》非常用心。那时朱子是从二程后学之说来上参二程，再从二程之说来上参《论语》。

到他三十四岁时，写了两部书：一为《论语要义》，一为《论语训蒙口义》。他自己说，前书之成，“先遍求诸儒之说，合而编之。晚亲有道，尽删余说，独取先生及其门人、朋友数家之说。待《要义》既成，以其训诂略而义理详，因为删录以成《训蒙口义》。”

朱子尝说，读《论语》，只当没有《孟子》；读《学而》第一章，只当没有《为政》第二章。因为他把各家有关此章的说法汇合来看，参伍比较，读完前一章，再用同样方法读后一章；是以用力大而费时久。等他拜李延平（侗）为师，所谓“晚亲有道”，才感觉到讲法应有一个标准。惟二程之说，最为可信。因此，他这一时期成此《论语要义》，乃是采取他父亲以至李延平意见，从二程门人来参二程，从二程来参《论语》之一途径。至于《论语训蒙口义》，乃是“本注疏以通其训诂，参释文以正其音读，会之于诸老先生之说以发其精微。”乃是把思想、义理方面加以删节，加进了训诂和音读。但此二书可惜都失传了。

朱子在二十几岁时，师李延平，三十四岁时作《论语要义》和《论语训蒙口义》。到四十三岁时，又把《要义》一书改写为《论语精义》，后又改为《论语要义》。但此是后来的《要义》，并非三十四岁所成的《要义》了。过不多时，他又把此书改名为《论语集义》。我们只照此几番书名之改定来作推想：朱子起初推崇二程，因及其门人与同时朋友的讲法，汇成《要义》。后来愈研究愈觉得其中之深趣，故改书名为《精义》。但过了一段时候，又觉得他们的说法有些并不很“精”。他说：“《精义》中惟程先生说得确当。”所以又改名为《要义》。此时只认为其所收诸家之说，亦甚重要，却不一定都精确。但再过一段时候，他又感到《要义》也有些不很“要”，所以终于复改为《论语集义》。

朱子开始服膺二程所讲，因而遍求之于程门诸弟子，及其同时往来讲学诸友。其后对二程门人说法有不满意，最后对二程说法也有些不满意，所以把他的书名也只叫作《集义》了。至是，朱子已经五十一岁。而他的《论语集注》，却是在四十八岁时写成。

二

现在再说《论语集注》和上三书不同处。上三书只是罗列各家说法来通《论语》，而《论语集注》则完全以《论语》本文为主，而加以解说。朱子自己说，“约《精义》《口义》之妙得本旨者为《集注》”是也。

朱子写《论语集注》，同时又写《论语或问》。因为许多人的讲法，本收于《论语精义》《要义》等书者，此刻写《集注》，则采取了各家说法的并不多。为何要取此舍彼？其理由则详于《或问》中。朱子自己说，“疏其去取之义为《或问》”是也。我们若能先看《论语精义》，再看《论语集注》，然后看《论语或问》，从朱子写此数书之经过，便可知道朱子为学逐步前进的层次。

《论语集注》可说是朱子一生用功《论语》最后所得的结果。

此书完成以后。大家便只读他的《集注》，而忽略了其他两书。所以朱子常劝人看他的《精义》，好多研究各家的见解，比较它们的得失，也使自己多启发。他说：精力强的人，既看《精义》，又读《集注》。如果没有这分精力，则只看《集注》便也可以。这因为《集注》太简要，故必以《集注》和《精义》对看，研究两书不同所在；然后再去求解于《或问》，才会明白《论语集注》的取舍。对于这种读法，他的好友张南轩（栻）认为：每一条注解的是非，人家看了《集注》，再看《精义》，自然会发现出中间的好坏，根本用不到再撰《或问》加以审辨。此书容易引致一种好批评、喜议论的风气。朱子接受了他此意，《或问》不再刊行。我们今天见到的《或问》，只是朱子门人传抄下来的本子。

三

朱子大约在三十四岁时即开始从事于《论语》有关的著作，到四十八岁《论语集注》写成，前后花了十四年工夫；但此后还时时改写。从他《文集》和《语类》中看，得知他随时修改的情形。

他五十岁知南康军，公务繁忙，曾教他高第弟子黄干读《论语》，对各家说法，再加研究，把研究结果告诉他，让他再加覆审。他说：我在此两月间，只看两篇《论语》。这是他写给吕东莱（祖谦）的信上说的。

五十四岁时，又写信给人说：我对于《论》《孟》二书，虽然用功一辈子，粗有成就，然今读之，一、二大节目处，仍有谬误，不时修削，有时随手又觉病生。

六十岁时，又对友人说：我的《论语集注》，为朋友抄去，印刷成书。但其中尚有不妥当该改的地方。

六十一岁时，又说：此书甚恨发表得太早了。他又曾用官府的力量，谓此书非定稿，禁人续印。

六十七岁时，更说：南康所刻《论语集注》，虽为成书后的改定本，但仍有许多不惬意处，再待改定。

综上所述，可见朱子四十八岁后尚在不断修改他的《论语集注》。《集注》既然不断的修改，《或问》也当跟著修改；但朱子因为精力不足，没有把《或问》追随著《集注》继续改；于此遂形成《集注》《或问》两书间有了许多矛盾。《或问》究竟修改到什么时候才停止，我们不得而知，但我们由《集注》与《或问》之间的歧义，可以窥见朱子用心的经过。

四

刚才说过，朱子教人读《集注》之后，还要看《精义》。《精义》难读，为要校量各家短长，不易折衷。《集注》已有定说，比较易读。但朱子又教他弟子们切勿轻易去看《集注》。他说：《精义》有许多话，《集注》就不同了，著语不多，一字是一字，有时一字有十字的用处。朱子又告诫学生：不要看某字重要，某字不重要；重要的固然重要，或许仔细看后，不重要的倒反更重要。所以他说：《集注》添不得一个字，减不得一个字。又说：不多一个字，不少一个字。朱子又说：《集注》每一个字都如在天平上称过的，孔子怎么说，我怎么注，不轻一点，也不重一点；不高些，不低些。他对《集注》的自信又如此强！

说不定我们今天所见的《论语集注》，大部分早已不是朱子四十八岁前的原作。最重要的是，朱子起初推崇二程，可是当撰作《集注》时，见解早已多与二程不同。他说：程先生讲经，理在解语内。他写《论语集注》，理皆在经内。可见二程所解，不免有不得《论语》本文之本意者。朱子曾批评郭象注《庄子》，说的是他自己，未说中庄子。他的《论语集注》所采引，必是妙得《论语》本旨者。

《集注》于正文下，先解说字训、文义，与圣经之本义。诸家说明白切当者，引用不没其名。在每条注下多加有一圈，圈下又有一些话。圈下的与句下的注不同。句下之注，乃注解《论语》本文；放在圈下的，则有两种情形：

一是通论一章大义的。

一是因其非《论语》之本义、正义，而别为一种引申义、发明义；可以推广本文原义，却与原义不同；此不得为是《论语》之本义，故引置于圈下。

今检《集注》，统计它引用二程语，十分七八都放在圈下。这可证明朱子认为二程之说，非经“天平称过”，非与孔子原语意义一致。圈下又有“按”，这是朱子覆按那些圈下所引的话。诸位当知，朱子一生崇拜二程，后人也认他属于二程一脉的学统，故合称之为程朱；但在《论语集注》中，二程语多半放在圈下。如再把《二程遗书》中所有说《论语》的各条抄出，会发现很多为朱子所遗弃。即在圈下亦不予称引的。此乃与朱子起先由二程之说来探究孔孟思想的途径大有不同了。西方人说："吾爱吾师，吾尤爱真理。"朱子的治学精神，实亦如此！

又《集注》圈下往往引用两三人的说法。因为各家所说不同，相似而少异，正可相资。又有的其说全别，未定孰是，则并存之，以待读者自己审择。惟两说并存，在朱子意中总是前说较胜于后说。如此之类，照理应在《集注》有一个"例言"，把他编撰之意加以说明，可惜朱子没有作。后人读《集注》，看似易，实不易。这也难怪，在朱子化了毕生几十年工夫的结晶，直到死前一年几月之内，还不断在修改；如此般的伟著，其用意深微处，自然遽难通晓。

五

现代学者，承接清儒，有所谓汉学、宋学，义理、考据之划分。依我愚见，讲明义理，亦有待于考证。如《论语集义》，集二程、横渠、上蔡以下许多家的说法，就其中酌取一家之言，奉为定论，这也就有考据工夫。博考前说，取其义理深长的为注，这即是说：从事考据，正所以为义理；而讲明义理，亦不得脱离考据。

我们只知朱子在易箦前三天改定了《大学》"诚意"章之注，可是没有人知道他怎样改，未改以前旧注如何。我所知道的，只有清儒江永曾考出《大学》"诚意"章根本没有改，只是改了"诚意"章前"欲正其心者先诚其意"注下三个字。此一段考据极为明确，载在

《近思录集注·附录》考订朱子世家一篇的里面。但在看重宋儒义理的学者，传刻江注《近思录》，却将此篇《附录》删去。至于专心喜好考据之学的，连《近思录》也懒得看。于是变得治考据者绝不谈义理，谈义理者绝不治考据。此两途合则兼美，分则各缺，诚是可惜。我曾根据江氏所考来思索朱子在易箦前所以改三字之用意，却又久思不获。后来再细读《语类》，载有朱子关于《大学》“诚意”章所注答问的好几条。有些学生说朱子《大学》“诚意”章注错了。朱子起初斥责他们粗心，看得不透彻。到晚上仔细一想，却认自己注语确实比较《大学》原文讲深了一层。他承认学生质疑有理。再把现在《大学章句》与《语类》相较，始知朱子《大学》“诚意”章确曾改过，只是其事尚在前；那时忘却把前面“欲正其心者先诚其意”下注语一并改，直到易箦前三天把来再改。而所以要改的意义，也就懂得了。所以不读《集义》，不读《精义》，不读《或问》，就不容易懂得《集注》，而更紧要则在读《语类》。读了《语类》，始知《集注》之几经改定，及其所以要改之意义。

读古人书，读本文，不易明白，因此有注，有疏。注是注的本文，疏是疏的注。因此我想《论语集注》最好也有一疏。更好是用朱子的话来自疏其《集注》。《语类》所集，始于朱子四十四岁以后，绝大部分是在其《论语集注》成书以后；他的学生根据二程及其他人说《论语》与朱子不同处发问，见于《语类》中甚多。我们援据《语类》，再来查考《集注》，就知道朱子《集注》屡有改定。《语类》各条，多数有年代可考，便可知朱子修改《集注》某一条在某一年，了如指掌。而且朱子所以要改的意义与理由，也在《语类》中明白说出了。

朱子修改《集注》，有时某一条改了一遍，又改一遍，甚至有改过三遍、四遍的。《孟子集注》中也有此例。今天这样说，明天那样说，而且细处、大处，一样不苟且，一样不惮烦。当时陆象山因而看不起朱子，说治学应先“务其大者”，不应该那么“支离”。其实，这正是朱子的伟大处。今日格一物，明日格一物，一旦豁然贯通，在许多说孔 孟大义的学者中，我们不能不承认只有他说中了最多。

六

《语孟集注》中，其实承用二程说并不多，并多与二程持异处，已在上面说过。但朱子为何毕生推崇二程，这里也该说一说。

二程年轻时，曾见周子 敦颐，周子教他兄弟去“寻孔 颜乐处”，这是理学兴起一条主要命脉。从前人读《论语》，并未在此等处注重，因亦不向此等处去推阐。朱子初见李延平，他的学问已有相当基础。延平告诉他两点：

第一，教他应在日常生活注意。

第二，教他多读圣贤经书，把经书中所说道理来与自己日常生活配合。

这两点也就是周子告诉二程“寻孔 颜乐处”之意。朱子接受了这两点，受用终身。《论语》中“饭疏食，饮水，曲肱而枕之，乐亦在其中矣”，和“一箪食，一瓢饮，在陋巷，人不堪其忧，回也不改其乐”，这两章之涵义，显然是超乎训诂之上的。专用训诂，说不出此两章之精义。朱子讲《论语》，实是开了一条新路。我们要学孔子、颜渊，此两章不可不注意。孔、颜乐处，人人能学，但也最为难学；因须从日常生活中去学。此两章也不是格言之类，而是真实人生的一面，人人应当探求遵守。然又何须乎训诂?

《论语》有“四子言志”章，子路、冉有、公西华都有出人的抱负，只有曾皙说：“暮春者，春服既成，冠者五六人，童子六七人。浴乎沂，风乎舞雩，咏而归。”而孔子独赞成曾皙，“喟然而叹：吾与点也。”我敢断言，从汉至宋，没有人注意到此章，他们的眼光只集中在仁义道德、治国平天下上面去。直到程明道才说“曾点便是尧 舜气象”。从此“与点”一义，屡屡挂在宋 明学者的口头，屡屡存在宋 明学者的心头。直到清人金圣叹，他取名“圣叹”，即因想慕孔子“喟然而叹”之意而来。这处应问孔子何以独与曾点？何以喟然而叹？这中间的道理，却又用不上考据工夫。专来考据，考不出中间深义。像“浴乎沂”，曲阜三月天气能否“浴”于田野之水中？此处考据无关大旨。只有明道要用心体会出此章之深义。朱子认为二程讲“回也不改其乐”，讲“吾与点也”，还没有讲到恰好处，所以花费著很大工夫来作注。关于“与点”一章，注了又注，改了又改，在《语类》中还可考见。想朱子自己认为：在小节处自己有不同意二程说法的，但在大端处，还是跟著二程前进，所以终生推尊二程不改口。试问这是何等的胸襟?

二程和朱子讲学，不可否认的，他们也曾受到禅宗影响，但不能说程 朱就是禅学。他们尽发挥“孔 颜乐处”以及“吾与点也”之意，他们究竟不曾把孔门的政治抱负看轻了。只是从人生日常生活以及其情趣方面多有阐发。这些处纵说是多少受了禅宗影响，但那能把程 朱理学和佛家禅宗并为一谈？

七

最后我希望学会同人研究孔 孟学说，应先用心细读《论语》《孟子》，读《论》《孟》必由朱《注》入手。更希望读朱子的《论语集注》，对于朱子所下的解说，切勿粗略看过。更望进一步有人能用《语类》和《集注》比读，试将《语类》中有关材料分条系属于《集注》之下，撰作《论语集注疏》一书，那更有益于后来读者之研寻。

朱子后学在此方面的著作也是有，如《通志堂经解》所收赵顺孙《四书纂疏》即是一例。但朱子的后学者们，似乎不能追步朱子，摆开了考据来讲义理。因此在义理方面，终亦讲不到精处。如赵氏《纂疏》，因朱子自言《论孟或问》乃未定之书，因此不敢用《或问》，只取其与《集注》同者疏于各条之下。但《或问》与《集注》异处，正可见朱子思想改变，其所认义理更进一层。其异同处更值得留心。再如赵《疏》引用《语类》，也只用其与《集注》同者，而于《语类》中先后辩难，朱子自己思想之转变痕迹，其讲究义理之由浅入深处，亦不见于《疏》中。更可异者，如朱子在易箦前改定了《大学》“诚意”注三字，赵《疏》却依然用了其未改以前之三字，似乎并未知朱子易箦前有此改定。岂不可异？即此正可证江氏之所考得。又如朱子“诚意”章注，朱子与他学生们几番辩论，赵《疏》皆不收。则朱子所以先后改了“诚意”章，后来又要改上面这三字之意，全不易见了。因此可见，我们后来若真有人要为朱子《论语集注》作一新疏，其事亦绝不易。非于义理真能精究到深处，则此等考据工夫实亦无从下手也。

（一九六七年十一月在台北 孔孟学会讲。复刊载于一九六八年元月《孔孟月刊》六卷五期。）

漫谈《论语新解》

一

我开始写《新解》，是在一九五二年之春末。那时学校在桂林街。我开始讲《论语》一课，讲堂上有许多旁听的，此刻我们图书馆馆长沈燕谋老先生也是其中之一。沈先生携有一本美国新出版某氏的《论语》译本作参考。他说：他将逐条笔记下我所讲与此译本不同处，将来汇齐寄与原译人资其改正。但听过几月，沈先生的笔记停了。他说：相异处太多，除非从头另译。我为此，打动了我作《新解》的念头。

普通读《论语》，总是读朱《注》。但朱子《集注》成书，距今已过七百年，有些我们应该用现时代的语言和观念来为《论语》作新解，好使人读了亲切有味，易于体会，此其一。清代汉学盛兴，校勘、训诂、考据各方面，超越前代甚远，朱《注》误处经改正的也不少，我们不应仍墨守朱《注》，此其二。各家改订朱《注》，亦复异说纷歧，我们应折衷调和以归一是，此其三。我立意作《新解》，主要用心，不外此三点。

我刻意想写一通俗本，用最浅近的白话来写，好使初中以上学生人人能读。为求简要，把汉学家繁称博引的旧格套摆脱了，虽亦博综诸家，兼采群说，但只把结论写出，没有枝叶烦琐。我又模仿西方人翻译《新旧约》，把《论语》各章全用白话翻出，好使读者看了一目了然，更无疑义。这是我写《新解》的体例。先列《论语》原文，其次逐字逐句分释，又其次总述一章大义，最后是《论语》本文的白话翻译。

王贯之先生知道我草创《新解》，每两周便来把我写出的几章要去，分期刊载在他主编的《人生杂志》上。但我写了些时便停止了。一则没有整段的闲暇供我撰写，时作时辍，精力浪费，亦甚苦痛。二则我开始感到此书要力求通俗，也有弊病。遇义理精微处，定要用通俗白话来写，势难简洁，而且亦势难恰当。文字冗长，反不能开人思路，引人入胜，又不能把精微处扼要确切地表达。我想不如改用平易浅近的文言，收效会更好些。好在能读《论语》，其人了解文字之水准，必有相当基础，我不应在力求通俗上著意。因此我想待把捉得一段假期清闲，竟体改写。这一搁却搁下几年，我的冗杂有增无减，始终没有一段清闲的假期。

二

直到一九六〇年，我有机会去美国，在耶鲁讲学半年。我事先计划，这半年，或许能使我继续撰写《论语新解》，但事前没有把握。

我想若不能继续此一工作，我正好乘此机会学习说英语和看英文书。

我在一月二十六日抵达新港。隔一日，二十八日，正是阴历除夕，但在国外，全没有过年气氛。我和内人当天上街去逛书铺，选到一本现代历史哲学的论文选集，我匆匆看其序文和目录，深感兴趣，便买了。在二月六日上午开始阅读，八日开始授课。在十分冗忙不安定的生活中，到二月二十日，把那本现代历史哲学读完了。我又续看西方哲学书，从头顺着次序择要阅览。又到书铺买了苏格拉底和柏拉图两集，络续翻看。但我感到生活已逐渐上轨道，与其当小学生学读西书，还不如改变计划完成我的《论语新解》，对己对人，或许较有意义，较有贡献。如此心中往返打算，终于把这一问题决定下来。从三月一日起，把阅读西书的计划全放弃了，来继续《论语新解》的撰述。

《论语》全书二十篇，共四百九十八章。我先计算：倘每天能最低限度写出《新解》六章，每周以五天计；因周末和星期日，一则多应酬，二则我要拨出时间出门到处游览；如是每一月作四星期算，每星期作五天算，每天写《新解》六章，一月当可写出《新解》一百二十章。我预计在新港尚有四个月停留，到六月底，岂不把全部工作可告一结束了！但我又怕事先预定，并不能如此般乐观，因把在一九五二年所成旧稿共一百零二章，尽快先校读一过，略事修改，即直从第一百零三章开始。如是一面可以逐渐集中精神，把我的兴趣和注意力引起一头绪，一面又可减轻我工作份量四分之一，那就准不致有失败。

我在三月一号和二号两天，打开旧稿，一面读，一面改，尽两日夜之力，把此一百零二章约略改过。三月三日起，正式继续写新稿。那天正逢大雪，竟日彻夜没有停。我已整整十二个年头没见过下雪了，只有一九五四年在日本 东京临走前的一下午，寒雨中夹着下过些微薄雪片。今天见此大雪，心情十分愉快。窗外隔一马路，是一大停车场，到薄暮时分，近百辆汽车全没入大雪堆里去。近窗有两枝矮树，到深夜也全给大雪淹没了。自晨至夜，门外冷清清没见人过。我夜间，学校本有两堂课，也借此告了假。那是我开始写此新稿，最值得纪念的第一天。

那天，我上午写成《新解》六章，下午续成四章，夜后又续成一章，一整天共得十一章，已超出我预定计划几乎一倍。此后我在日记里，把每天所写《新解》，上午几章，下午几章，夜几章，必详细记下。每周一结算，本周共写《新解》几章，来督促我自己莫把此工作懈怠了。自然也有一天写不到六章的，也有整整一天或连续几天不写的。但我越往后，精神越集中，时间安排越能活泼有条理。有因当天有事，赶一清晨，在早餐前写出一两章；有因应酬，或出门游览，而归后尚有余力熬一深夜，补写上一两章的。最多的一周，写过六十二章。最少的一周，只写九章。到五月二十八日起程去哈佛，我已只剩《尧曰》一篇，但无论如何是赶不完了。待哈佛归来，在六月十三那天，算把《尧曰篇》也补完了。但我把《上论·乡党》一篇跳过没有解。十四日起，再补解《乡党篇》，到十八日竟体完毕。合计新旧稿共得一千四十三页。以篇幅计，当得二十五万字。在新港所成，当合二十万字。实算字数，全部应该不超出二十万字。新港所成，约合十五万字上下。幸而我的全稿到此完成，此下在离新港前，又是一大段忙乱，实也再无从下笔了。

我在七月一号离新港，漫游美国东西部，又去加拿大，再赴欧洲。于十月上旬，改变了全部游程，迳返香港。我早知道，一返香港，生活又会冗杂。因此只有将《新解》的全部初稿，在美国一气赶成，留待返港后再零碎络续修订。

三

我在是年十一月，卜居沙田，地僻较闲。到寒假，又把《新解》全稿拿出再整理。我写《新解》，虽说是义理、考据、辞章三方兼顾，主要自以解释义理为重。虽说不墨守朱《注》，主要还是以朱《注》为重。我此次补订，先把《朱子语类》关于《论语》的几卷，通体细读一过。因《语类》在朱子注《论语》以后，有些处和他初注《论语》时见解有不同。有些见解不断有改变。但可惜有许多重要异同，不能放进我的《新解》里面去。这是为著书体例所限。我为《论语》作《新解》，只重在解释《论语》原文之本义；其引伸义，发挥义，相通义，乃及其他问题，并非不重要，但不能搅入我《新解》中。我逢初稿应修改处逐条修改以外，其余意见，曾写了一篇《从〈论语〉朱注论孔孟朱程思想异同》一篇，刊载在美出版的《清华学报》上。

我读完《朱子语类·论语》之部，将我《新解》有关各章，再有所修改外，又将我《新解》全稿，逐篇逐章细读一过。觉得我全稿前后文体尚有不纯。尤其是最先完成的一百零二章，在美国只匆匆修改了两天，显与此下文体有不类。而一百零二章以下之最先几十章，其文体也和前一百零二章较近。较后则文体较为简净。因此又把全稿的前半部在文字上多加了一番删润。

据我经验，著作草创固不易，而成稿后要自己修改则更难。因人有成见，总认为自己写的又对又好，要发见自己的不对不好处，岂是容易之事！只有一法，且把自己成稿暂搁下，待时久淡忘，再取来，如看别人著作般平心细读，庶可发现出自己一些毛病。我自将《新解》全稿通体阅读一过之后，又把来搁在一旁。约莫过了半年多，我想再读一过。此次再读，我把王船山的《四书大全说》中《论语》的一部分先读；因船山阐说义理，颇有能超出宋 明儒之外的，而又为此下清儒所未见。但可惜我读船山《四书大全说》也如读《朱子语类》般，所获许多意见无法插进我《新解》中。我只逢可修改处修改一些。我又乘兴读了船山《四书大全说》中《孟子》《大学》《中庸》之部，写了一篇《王船山的孟子性善义》，刊载在香港大学金禧典礼东方文化研究所之论文集。

如是我又把《新解》全稿搁置，适逢杨联升先生自美国 哈佛来。我在新港时，他早知道我在写此稿，我到哈佛也曾和他畅谈过。因此把全稿请他在旅馆中为我看一遍，遇有意见，我嘱他批注在眉端。那是去年四月五月间事。杨先生自香港去日本，我开一书单，托他在日本代买几部日本学者的《论语注》作参考。

杨先生把书寄来了，正值暑假忙过了一阵，我又想再把我的《新解》全稿细细再读一过。其时已值八月下旬。我把家中书房和客厅对调了一下，书房扩大了，我好静下做工夫。那知九月一日大飓风来了，沙田受灾最重。我家大门吹开了，大门旁的新客厅，风雨纵横，受打击最重；新书房的屋顶也掀破了，大雨直注。我冒着险，从走廊冲进书房，把我的《新解》全稿抢救了。幸而我事前把客厅和书房对调布置过，否则若我原先把此稿放在旧书房，可能风吹漫天飞，全散失了；可能雨打成烂纸，钢笔原稿和原子笔的改稿，全模糊不易辨认了。

经此飓风为灾，我家搬下楼去，在别院住。我放一大书桌在楼上原来卧室中，桌上只放我《新解》全稿，及从日本买来的几部新的参考书。我只要不到学校办公，便一人踱上楼，静心做我对此稿最后一次的校阅。这是我三年前离开新港后，又一次意外获得了一个好环境。至今回想，一九六〇年三月三日在新港的大雪，一九六二年九月一日在沙田的大飓风，和我从事撰著此书先后结不解缘，正好遥相映照，留作我私人的一番回想和纪念。

我从日本买回来的三部书，第一部是伊藤仁斋的《论语古义》，第二部是物茂卿的《论语征》，第三部是安井息轩的《论语集说》。这三部书，正好代表著日本学者治《论语》学的三阶段。东瀛学风，本和我大陆息息相通。伊藤仁斋的书，笃守程 朱理学家言。物茂卿的书，则相当于我们自王船山下至毛奇龄与戴东原，有意批驳宋儒，力创新义。到安井息轩则受清代乾、嘉以下汉学家影响，实事求是，在训诂考据上用力，而重返到汉 唐注疏古学上去。我按着三书先后次序，逐章分看，正如把朱注《论语》下到近代此数百年来中国学术界汉、宋之争的旧公案，重新在心头温一遍。我如此般读过一章之后，在我心中对此一章自然会浮现出一番见解来。然后我再把自己原稿翻出再读。有的是我此刻心上所浮现出的新见解，和原稿见解还是相同，那就算把我原稿通过了。也有的是新旧见解大体相近，只要在字句上稍加增删便过去。也有时发现我原稿见解，或许因当时参考材料出此三书之外，或许我当时思索较之当前更细密，更周详，而认为原稿意见实是胜过了我此刻的意见的；那真是一番喜悦，而且是喜出意外似的叫我高兴。但也有时，我发觉原稿旧见解和我此刻的新见解正处在相反之两端；那就为难了，不得不为此一章从头再作深思。本来《论语》尽多异解，我以前是主从甲说的，现在又想从乙说；其间取舍抉择，煞是不易。有的经过内心私下再三思辨，终于舍弃了旧见解改从新见解了。亦有的经过再三思辨，终于决定仍从旧见解，而放弃了新见解。但也有已从新解，再经几天思考，又改从旧说的。也有已留旧说，再经几天思考，又改从新见的。也有几章，在自己新旧见解冲突，异说分歧，十分难解之际，而忽然悟出一番新义，自谓能超出以往旧见，更有新得的；那又是一番喜出意外的喜悦。直从九月十日到十一月，那三个月中，我常一人，或半天，或全天，独坐空楼，已凉天气未寒时，下帘寂寂，至今回味，仍感到乐趣无穷。

到十二月，破楼修理完竣，我们把家再迁回楼居。但那时我的《新解》全稿，早已校读完毕了。照理，我该可把全稿付排了。但我想，此稿付排，我仍有最后一次的校字工作可做，或许到那时又可能发现几许错误应改正处。若此刻即去付排，我正满怀欢喜，怕不易发现自己错处。因此决定将此稿再压几个月，待我对此稿的心情冷一些。在一九六三年暑假前开始发排。果然，仍发觉有许多文字义理未妥须修改。中间我去台北一个半月，此稿的排样亦邮寄台北去。这一个半月，台北天气极热，我在旅居生活中，又极忙乱；但校此稿，又有两章，彻头彻尾改动了。直至此刻，全稿已校过十分之八，尚余十分之二未校。但因前面改动，牵涉到后面，至少后面有一章未校的；临校时，我将添进两句，而此两句则是颇关重要的。默计全稿，我在此次最后校字时，又已改动了十章左右。可见过些时，说不定，又会发现需改动处。但对此稿，我总算已尽我心力。一待正式出版，我想再要由我自己来发现错误，其事当更不易。则只有希望读我书的人多了，自会有好意见络续来告诉我，我且留待此稿再版三版时，再有所订正吧！

四

以上叙述《论语新解》完成之经过，以下略告读者所应注意之一点。去年我写《论语读法》，已将读《论语》应注意处约略提及，此下则专就一点言。

王贯之先生知道我《新解》已付排，他来要一份清样，他说将择要分期刊载于《人生杂志》，为吾书作介绍。我想书已付排，出版在即，何必再浪费《人生》宝贵之篇幅！但贯之意极诚，来索再三，不得不应。待《人生》各期把《新解》择录刊出，我也按期翻阅。一面心佩贯之作事不苟，所摘录的确也化了一番心。但另一方面，我却别有感想，便是此下所欲申述者。

一般人总爱说“儒家思想”或“孔子哲学”，当然《论语》是关于此方面一部最重要的书。但我常感到中国思想，其从入之途及其表达方法，总与西方的有不同。西方一位大哲学家的思想，总见其有线索，有条理，有系统，有组织。他们提出一问题，关于其所用之名辞与观念，必先有一番明确的界说。他们讨论此问题，千回百折，必有一项明确的结论。读中国书便不然。即如《论语》，颇不见孔子有提出问题，反复思辨，而获得结论的痕迹。若我们依着研究西方哲学的心习来向《论语》中寻求，往往会失望。

读《论语》的，都认为孔子思想主要在讲“仁”与“礼”。但孔子对此两名辞根本不见有何明确的界说。直要待朱子作《注》，才为此两名辞定下界说来。朱子说：

仁者，心之德，爱之理。

又说：

礼者，天理之节文，人事之仪则。

朱子是经千锤百炼而始定下此两个界说的。朱子所定下的界说，虽非无当于《论语》原文之本义，然而朱《注》所下界说，实比《论语》本文使读者有更难体会之苦痛。若我们真要把此“爱之理，心之德”，“天理之节文，人事之仪则”十六字，细细咀嚼，便会发觉其中比《论语》本文所论远为深广。由此十六字，可以引生出更多问题。而此等问题，在我们读《论语》时，实暂可不必理会。而且若非细读朱子书，对此十六字之内涵意义，亦实难确切了解。我们为一书作注，其用意本为使读者对我所注书之本文增加其简易明白之感，而朱《注》则有时却似为《论语》增添出许多晦涩艰深反而难理解处。要之，在宋代理学盛行时，不能无朱《注》。在我们此时，时代变了，则不能不在朱《注》外来另作一新注。

我们若要问：《论语》中对“仁”字、“礼”字，究竟提出了何项问题？获得了何项结论？那就更模糊了。似乎孔子平日讲仁、讲礼，根本上没有提出什么问题，因而也不见有什么结论之获得。我们读《论语》，每章每句，都像是一种结论。试问在西方一个思想家，那有如此轻易获得结论的？如此般的思想，又那得成为一套哲学的思想？

但上面这许多话，其实对《论语》是无伤的。我们把研究西方人哲学思想的头脑来研究《论语》，则每易于《论语》中提出许多不成问题的问题来。主要在于中西双方思想从入之途不同，因而其表达方法也不同。读《论语》，应该依照孔子的思路来读，才能于孔子有了解。今试问孔子思想究从何路入？这一问题，其实在《论语》里是表现得明白可见的。思想从入之路不同，因此其表达方法也不同。孔子思想之表达方法，也即在《论语》里明白可见。因此我们只该从《论语》本书来了解孔子思想，不该先自束缚在西方哲学之格套中来寻求。

五

让我们从最浅显处看。《论语》中孔子论仁，有许多话只是就人就事论。孔子只就人与事来论仁，并不见有超越了人事而另提出一套近似于哲学玄思的“仁”的问题来。如云：“殷有三仁”，微子、箕子、比干。又说：伯夷 叔齐“求仁而得仁”。又说：管仲相桓公，“九合诸侯，不以兵车”；“一匡天下，民到于今受其赐”，即是管仲之“仁”。又有人问管仲，孔子说：“人也，夺伯氏 骈邑三百，饭疏食，没齿无怨言。”本章“人”字，亦有人说即是“仁”字。又如说令尹子文是“忠”不是“仁”，陈文子是“清”不是“仁”，子路、冉求、公西赤皆不得为“仁”，宰我欲短丧是“不仁”，凡此之类，皆专指某一人而分辨其仁与不仁。今若问何以微子、箕子、比干、伯夷、叔齐、管仲都是仁？何以令尹子文、陈文子、子路、冉求、公西赤、宰我都不得谓是仁？我们要在此等处研究，便知对此诸人，至少该略有所知，不能说此等处只是孔子在批评人物，与其哲学思想无关，可以搁置不理。

又如孔子答弟子问仁。告颜渊则曰：“克己复礼”为仁，告仲弓则曰：“出门如见大宾，使民如临大祭，己所不欲，勿施于人，在邦无怨，在家无怨”为仁，告司马牛则曰：“仁者其言也讱”，告樊迟则曰：“仁者先难而后获”，又曰：“仁者爱人”，又曰：仁者“居处恭，执事敬，与人忠”，告子张则曰：能行“恭、宽、信、敏、惠”五者于天下为仁，告子贡则曰：“居是邦，事其大夫之贤者，友其士之仁者”为仁。这些处都是说，如此行事乃为仁，不如此行事，则非仁，或不是仁。就事而论，也如就人而论，义实相通，无大分别。在行事之背后必然有一人，孔子批评人，也只就其行事而批评。在此处，可见我们要了解孔子“仁”字真义，应该从那许多行事上去体会。如我亦能“爱人”，亦能“居处恭，执事敬”，那我也可依稀彷佛想像到孔子教人以此“仁”字的一番体段与境界。

又如孔子平日论仁，说：“能好人能恶人”为仁，又“仁者乐山”，“仁者静”，“仁者寿”，“仁者，己欲立而立人，己欲达而达人”，“仁者不忧”。又说：“刚毅木讷近仁。”“克伐怨欲不行”，不得即以为是仁。又说：“仁能守之。”又曰：“巧言令色鲜矣仁。”此等亦都是就事而论，只不是具体专指某一事而已。由上可知，我们总不能舍却人生实际行事来求了解孔子这许多话，乃及其所提“仁”字之涵义。

以上专举“仁”字言，若“礼”字则不用更多举。如何行事始是礼，如何行事即非礼？何人算能知礼守礼，何人便是不知礼不守礼？凡属《论语》中讲“礼”处，全从具体的实人实事来讲，更是显而易知。

我们再从此推说，便知全部《论语》，多是在讲具体的实人和实事。若忽略了《论语》中所讨论到的具体的实人实事，则全部《论语》所剩无几。我们尽可说，全部《论语》都为讨论这些具体的实人实事所包括了。因此我们可以说，中国儒家思想主要是在具体的人和事，而孔子《论语》则为此下儒家思想之大本源所在。即如宋 明儒言义理，其实也只紧扣于具体的人和事上而来讨论其义理之所在。若抽离了具体的人和事，超越了具体的人和事，凭空来讨论思索，那便近于西方哲学思想的格套。

因此，我们可以说：中国思想，尤其是儒家思想，主要是从具体的实人实事上思人的。及其表达出来，亦仍大体不脱离于具体的实人实事。先秦如是，汉 唐诸儒亦如是。后来宋 明理学家言，大体还是如是。而大本大原则在孔子之《论语》。

我们若明白此意来读《论语》，自应更多注意到《论语》中所提到的许多具体的实人实事，却不应凭空思索去求了解。因此讲求孔子思想，不宜脱离人事。我们自己思想，若要遵从孔子道路，也该从具体人事作出发点。近人都已说中国思想是一种人文思想，也便是此意了。

正因为如此，所以读《论语》，若在解说义理或思想上有争辨，势必牵涉到考据。考据工夫，正为要确切明白得《论语》中那些实际的人事。此乃孔子思想及其所指示的义理之具体背境与主要对象。清儒刻意要来反对朱子的《论语注》，最先也是在义理上争辨，但精而求之，便不得不转入于考据。此亦是一种大势所趋，自然会走上这条路。其实朱注《论语》也何尝不经一种考据。如今硬要把考据、义理分作两项，认为考据便无当于义理，那就又是一条差路，不可不辨。

六

现在再进一步说。既然孔子的思想和义理，都扣紧在人事上，因此读《论语》，也并不能专注意“仁”字、“礼”字等许多字眼。换言之，《论语》中凡牵涉到具体人和事的，都有义理寓乎其间，都是孔子思想之著精神处。要懂得如此平铺用心，逐章逐句去读《论语》之全部，才见孔子思想也有线索，有条理，有系统，有组织，只是其线索、条理、系统、组织与西方哲学有不同。

因此我的《论语新解》，逐章、逐句、逐字都要解，任何一字一句一章都不敢轻易放过。我作《新解》的用意，只在求能帮助读者获得些方便去了解《论语》本文，并不是要自创一说，或自成一家言。离开了《论语》原文，我的《新解》便更无少许剩余的独立价值可言，那便是我的成功，那便是我作《新解》时所要到达的一个理想境界。当然我知道我还未能到达此境界。尤其在每一章后综述大意，总难免有浮辞删削未尽之感。但我总算是向此理想而努力的。

其实我此一种解《论语》的方法，乃完全遵依朱子成法。从来注《论语》，善言义理，亦莫过于朱子。但朱《注》中的剩余独立价值仍嫌太丰富。此亦不得怪朱子。因朱子时代，乃是一个理学盛行的时代。朱子之学，近承二程，乃由二程而追溯到孔 孟。遇二程立说有与孔 孟分歧处，好像朱子总不肯完全抛开二程来直解孔 孟。其注《论语》，如“获罪于天”，如“性相近”，如“孝弟为仁之本”诸条，本是极平易，而解成极艰深。又如“吾与点也”一语，本可不烦多解，而朱《注》化去了近四百字，发挥出一番大理论。后儒从此等处来批驳朱《注》是应该的。但朱《注》终是善言义理。朱子之善言义理，并不在乎此等凭空独标新义处；也不在我上举如其解“仁”字、“礼”字十六字之千锤百炼处；朱《注》之所以为善言义理者，则在其凡遇《论语》所及实人实事，其中所涵义理，朱子最能阐发得细腻而熨贴。但朱子终是带有宋代理学一番极浓厚的气息。我不是说宋代理学无当于孔 孟原意；我之作《新解》，乃是要冲淡宋代理学气息来直白作解，好让不研究宋代理学的人也能直白了解《论语》；由此再研究到宋代理学，便可以迎刃而解，更易契悟。

朱《注》对《论语》所牵涉到的实人实事，也有些处考据不及清儒之细密，因此其所阐发的内涵义理也便不免有差失。但清儒说《论语》，究竟太求在考据上见长，而忽略了《论语》本文中所涵之义理。因此读清儒说《论语》，乃只见有考据，不见有义理。既近买椟还珠之诮，亦陷于歧途亡羊之失。

七

《论语》中最难读者，有些处，虽亦是实人实事，而考据工夫则用不上，因此其内涵义理亦更难把捉。臆测无准，异解歧说，多由此而起。我上半篇自述作《新解》，有改了再改，终难决夺的，亦以此等处为多。

今试举数例略说之。如“射不主皮”章，此显属一实事。古注及清儒，都注意在考据上，惟朱子独侧重在义理上，再从义理来另作考据，遂使朱《注》对此一章独为卓越。又如“鲁人为长府”章，此又属一实事。孔子盛赞闵子骞“言必有中”，可见此章中，必涵有一番义理。但朱子未曾将“鲁人为长府”一事细考，则注文所阐发，近是望文生义，有类臆测。而清儒所以胜过朱《注》，有不可不加意采纳者，则多在此等处。

又如“阙党童子将命”章，究竟是孔子使此童子将命，抑是阙党之他人使此童子将命？此属一琐事，无从考据。但孔子使此童子将命，与阙党之他人使此童子将命，事终有别。事不同，而事中所蕴义理亦不同。故要阐述本章义理，势必先肯定本章之事实。朱《注》

说此章，乃肯定其为孔子使此童子将命。本此而阐说，其所说义理自佳。后儒遵朱《注》再加发挥的亦有。然亦有异说，认为乃阙党他人使此童子将命。所以持此异说，亦有其一番理由。于是为求解说此章之真义，乃不得不由作注者胸中自有一番义理来作抉择。此章虽属小节，然他章有不是小节而与此章类似的，那就更费斟酌了。

又如“子路问成人”章，孔子意究谓是须兼有臧武仲、孟公绰、卞庄子、冉求此四人之长，而再加以“礼乐”之文，而始可以谓之“成人”否？朱《注》是如此说。然或说则从下文“亦可以为成人”之“亦可以”三字，谓可见只具一人之长已足，不是要兼四人之长。但朱《注》亦未尝不注意到此“亦可以”三字，故曰：“亦之为言，非其至者。若论其至，则非圣人不足以语此。”此章实极关大义，非“童子将命”章可比。然欲定此章之真义，考据训诂之为用皆有限，非作注者自有一番义理作抉择不可。朱《注》之所以独出古今者正在此。由此可知我们固是要读《论语》来通义理，但亦要通了义理再来读《论语》。读了《论语》再来读群书，此是初学者的门路如此。但又要读了群书再来读《论语》，此则是成学者之所当务。此层尤不可不知。

八

故知读《论语》，每章各有一番义理可寻。不得谓遇孔子论“仁”、论“礼”诸章始有义理，其他各章可以搁置不问。而每章尽多异说，多见一异说，即多触发自己一番义理见解，切不当暖暖姝姝于一先生之言。但异说终当定于一是。此所谓“一是”，即指《论语》原文之本义言。求《论语》本义，则主要须用考据训诂功夫，否则尽说得义理高明，却可与《论语》本义有背。然亦有时，考据训诂无可用，非用读者自己识见不可，否则终无以通《论语》之本义。故读《论语》，有易读处，有难读处，学者贵能由易及难。但今为《论语》作解，则难处、易处全解了，此则贵学者之善自研寻。我作此《新解》，每多存异说，而于异说中必求抉择一是。我之识见果足以胜此任否？惟有更待读吾书者之再作辨认。我所谓读《论语》必义理、考据、辞章三者兼顾，而义理则更其要者，其意亦在此。决非谓不顾考据、辞章而可以凭空求得其义理之所在。更不谓求义理者，只挑读《论语》某几章已足。此意极关紧要，不得不在此郑重提出。

今贯之先生为我选载于《人生杂志》之诸章，似乎都选载些近似于凭空发论者，又多载我在此一章之后综述其大义者。择要诵读，固亦是读书之一法。专心先求大义，且置考据、辞章之琐末，此亦未可谓非。但若专一从此路进，则又近于只要讨究孔子所抱之一番哲学思想，而非研寻孔子所提示之人生义理。如是则仍似把孔子看成一西方哲学家般。此处差之毫厘，是会谬以千里的，读《论语》者不可不戒。程子说：

> 如读《论语》，未读时是此等人，读了后又只是此等人，便是不曾读。

又说：

> 读《论语》，有读了后全然无事者，有读了后，其中得一两句喜者，有读了后知好之者，有读了后直有不知手之舞之、足之蹈之者。

程子此两番话，只有从人生义理上去读《论语》，始可了解得。若真了解得须从人生义理上去读《论语》，则自然会遵从朱子所说，平铺读，循序一章一句读。且莫认为《论语》说到“仁”字处在讲仁，不说到“仁”字处即与仁无关。更莫认为训诂考据工夫，便就与义理无关。至于我之《新解》，则只求为读《论语》者开一方便，一切全只是筌蹄，实不足重。我怕读者把我的《新解》太重视了，那就罪过之极。因此特郑重在此提及。

（一九六三年九月在香港 新亚书院为庆祝孔诞校庆及教师节而作。原载《新亚生活》六卷八期。）

谈《论语新解》

一

今天我想讲一些有关我所写《论语新解》的事。这一部书，希望诸位都能仔细读，能不止读一遍。普通一个有高中程度的青年，读我《新解》应亦没有什么困难。诸位倘使要自己受用，细心读任何一条，皆可有所得。但若欲作深一层的研究，则亦可愈求愈深。我今天要讲我自己注此书之用心用力所在。我们读任何一书，皆应懂得著书人之用心用力处。如读《孟子》《史记》，即应懂得孟子、太史公用心用力在何处。各人著书用心用力有大小、高下、深浅之别，此即其书价值分别所在。

二

普通说，注《论语》，应义理、辞章、考据三者兼顾。实则注《论语》最应重义理，此层无须多论。但自清代考据之学大盛以后，乃轻视宋儒，而有汉、宋之争。“五四”以后，照理治学应转重义理，但当时人却重考据，主张以考据方法整理国故，因此重汉学而轻宋学。此一态度实颇不当。乃亦有薄考据而专讲义理者，起而为敌，实际仍不免是一汉、宋之争。

训诂乃讲古今语之意义分别，实为考据之一部份。考据本意，原在发挥义理。清人说：“训诂明而后义理明。”此语亦是。惟训诂字义乃在求此一字之原来意义，而有甚多字却不能据训诂来讲。如《论语》“仁”字，只能直接以义理求之，而阮元用考据方法来写《〈论语〉论仁篇》，到底得不到结论。朱子注“仁”字，说为：“心之德，爱之理。”此乃把义理作解释，此乃哲学，非考据。

再说到辞章之学，亦与训诂之学有不同。训诂、校勘皆是考据，但有若干字可有几个义可讲，此等处须从辞章来作抉择；所谓“文从字顺各识职”，此乃辞章之学。讲训诂者认为积字成句，一字一字识得其义训，便可通得此一句。不知从辞章讲，却须通得此一句，乃始识得此一字之义训。朱子在考据、训诂、校勘方面，所下工夫皆甚深，有些处远超清人。又因宋时古文甚盛，故朱子亦兼通辞章。清代惟桐城派讲求古文，始知从一句来识一字之诀窍。但桐城派古文家，又多不注重考据之学。惟《论语集注》，乃能兼训诂、辞章之长而来讲义理，所以为不可及。

注《论语》讲求义理，特别重要者必先讲求《论语》原文之“本义”，亦即其“原始义”。如讲“仁”字，应看在《论语》书中此字及有关此字之各句应如何讲法。有了本义，才始有“引申义”及“发挥义”；此皆属于后人之新义，而非孔子之本义。如“性”字，孔子并不曾讲“性善”，我们不能把孟子说法来讲孔子，当然更不能把朱子说法来讲孔子。孟子、朱子固是推本孔子而加以引申发挥，但孔子本人并未说及到此。此处应有一限断，这是我写此书最用心之处。我只解本义，不及引申、发挥义。读者或可不赞成我此意见，但孔子本义确然是如此。

《论语》中任何一字一句，自古迄今，均有甚多异义、异说、异解。在此许多异解中，我们不当批评其孰是孰非、孰好孰不好，而只当看其孰者与《论语》原文本义相合。此处却不论义理，只论考据。我在《新解》中，亦有甚多考据，但都把此种考据来考定《论语》原文之本义。这是以考据定义理，与辞章定义理同样，只是考定《论语》原文之本义。此与专一讨论义理而忘却先考究《论语》原文之本义者不同。

如《大学》言“致知”，此“知”字自与《孟子》书中言“良知”不同。即在《孟子》书中单言“知”字，亦与言“良知”字不同。阳明言《大学》“致知”即是“致良知”，此说决非《大学》之本义。至于站在讨论哲学方面，你或赞成朱子抑或赞成阳明，此乃另一问题。立场不同，说法自可不同。此处须细加分别。

三

我今天主要在讲朱子《集注》与我《新解》所不同者何在，主要当然要讲义理方面。朱子有些处，且是很重要处，却非讲的孔子《论语》的原义。我遇朱《注》此等处，未曾旁征博引，加以辨难，只是置之不论，不再提及。此是注书体例应然。因此诸位读我书，应与朱子《集注》对读，才可知我著此书时用心用力之所在。但此事，却须诸位化很深工夫，不是轻易便能见得。

现试举数处为例。如：《集注》卷九《阳货篇》：

子曰："性相近也，习相远也。"

朱《注》：

此所谓性，兼气质而言者也。气质之性，固有美恶之不同矣；然以其初而言，则皆不甚相远也。但习于善则善，习于恶则恶，于是始相远耳。

"性，兼气质言。"此乃朱子自己说法，犯了清人所谓"增字诂经"之病。因当孔子时，根本无"气质之性"与"义理之性"之分辨。朱子说："气质之性，固有美恶之不同矣。"此处何以不用"善恶"字而改用"美恶"字？当知此非朱子随便用。我们读书应懂得字字留心，字字注意。朱子注《论语》，每下一字皆有斤两，决不随便下。当知朱子此注，下一"兼"字，极具深意。下面又舍去"善"字，改用"美"字。我想朱子心中必然别有问题无法解决，故遂迫而出此。读朱《注》更应注意其正注以外，圈下所引。朱《注》中所涵问题，皆在此正注与圈下所引语中见出。

此段朱《注》圈下录程子言曰：

> 此言气质之性，非言性之本也。若言其本，则性即是理，理无不善，孟子之言性善是也。何相近之有哉！

程子说“非言性之本”，又说“何相近之有哉”，几乎像是说孔子讲错了。在程子实是大胆讲话。朱子正因程子此语，故《正注》中改“善恶”字为“美恶”字。因程子语实与孔子语大有分歧，而朱子有意在其间作调人。若使没有二程，自然出不出一个朱子来。但若宋代无朱子，二程是否能直承孔子，一贯相通，此处却有一大问题。诸位若要在此处下工夫研讨，只看朱子以前一辈讲二程的，他们都讲到那里去了。但朱子又不能推翻程子，若推翻了程子亦即不成其为朱子。其间细节且不论，即如此处程子云云，孟子亦未如此讲。“气质之性”其说起于张 程，朱子并非不知。但朱子仍必依此来解《论语》。此即朱子不曾严格分别“本义”与“引伸义”之故。后来明儒罗整庵极尊朱子，却亦反对其“气质之性”与“义理之性”之说。清代颜习斋、戴东原亦从此处反对朱子。可见此一节，从中国思想史讲来，实是大有问题。

我《新解》中注此句只说：

> 子贡曰：“夫子之言性与天道不可得而闻。”《论语》惟本章言及“性”字，而仅言其“相近”。性善之说始发于孟子。盖孔子就人与人言之，孟子就人与禽兽言之也。孔子没而道家兴，专倡自然，以儒家所言人道为违天而丧真，故孟子发性善之论以抗之。然亦未必尽当于孔子

之意，故荀子又发性恶之论以抗孟子。本章孔子责习不责性，乃勉人为学也。

我此章之注实亦超出了《论语》原书之外，但只说孔子如是说，孟、荀如是说：有叙述，无判断，似可开人思路。或亦可说，已夹进了自己意见，但总不是把引伸义来换去了原义。

又下章：

子曰："唯上知与下愚不移。"

朱《注》：

此承上章而言。人之气质相近之中，又有美恶一定，而非习之所能移者。

程子曰：

人性本善，有不可移者，何也？语其性则皆善也，语其才则有下愚之不移。所谓下愚有二焉：自暴自弃也。人苟以善自治，则无不可移。虽昏愚之至，皆可渐摩而进也。惟自暴者，拒之以不信。自弃者，绝之以不为。虽圣人与居，不能化而入也。仲尼之所谓下愚也。然其质非必昏且愚也，往往强戾而才力有过人者，商辛是也。圣人以其自绝于善，谓之下愚。然考其归，则诚愚也。

程子此段说法，完全依据《孟子》。《论语》只讲“上知下愚”，并非“自暴自弃”。朱子《注》未失《论语》本义，问题却在所引程子语中。

《新解》曰：

本章承上章言。中人之性，习于善则善，习于恶则恶，皆可迁移。惟上知不可使为恶，下愚不可与为善，故为不可移。孟子言“人皆可以为尧 舜”，惟自暴自弃者不然；此与孔子立言若有异。然孔子曰：“困而不学，民斯为下。”则下愚亦因其不学耳。故荀子又曰“人皆可以为禹”，不言尧 舜而转言禹，亦孔子劝学之旨也。

此节采用孟子与程子意，特加上“中人”两字，又在《论语》中找出孔子曰“困而不学，民斯为下”一句来作证。诸位若将朱《注》与我书对读，则可知我作《新解》用心之所在。

四

现再讲一条较难讲者。《学而篇》：

有子曰：“君子务本，本立而道生。孝弟也者，其为仁之本与？”

朱《注》：

务，专力也。本，犹根也。仁者，爱之理，心之德也。为仁，犹曰“行仁”。与者，疑辞，谦退不敢质言也。言君子凡事专用力于根本，根本既立，则其道自生。若上文所谓孝弟，乃是为仁之本。学者务此，则仁道自此而生也。

程子曰：

德有本，本立则其道充大。孝弟行于家，而后仁爱及于物，所谓亲亲而仁民也。故为仁以孝弟为本，论性则以仁为孝弟之本。或问：“孝弟为仁之本，此是由孝弟可以至仁否？”曰：“非也。谓行仁自孝弟始，孝弟是仁之一事。谓之行仁之本则可，谓是仁之本则不可。盖仁是性也，孝弟是用也。性中只有个仁、义、礼、智四者而已，曷尝有孝弟来？然仁主于爱，爱莫大于爱亲，故曰：孝弟也者，其为仁之本与！”

程子说：“论性则以仁为孝弟之本。”此义恰与孔子原义相反。又说：“性中只有个仁、义、礼、智四者而已，曷尝有孝弟来？”此句含极大问题，即朱子亦认为是一“险语”。孟子云：“恻隐之心，仁之端也。羞恶之心，义之端也。辞让之心，礼之端也。是非之心，智之端也。”可见仁、义、礼、智，只由恻隐、羞恶、辞让、是非之心引生而来。人自有“恻隐”之心，岂可谓无“孝弟”之心？又岂可谓“性中那得有恻隐之心来”？而且，孟子也只说人心中有恻隐、羞恶、辞让、是非之心，并非谓只有此四者之心。故荀子反对孟子亦自有其理。《论语》并未讲性善，亦未讲性中只有此仁、义、礼、智之四者。

《新解》此章曰：

> 务，专力也。本，犹根也。亦始义。孔子之学所重在道，所谓道，即人道也。其本则在心。人道必本于人心。如有孝弟之心，始可有孝弟之道。有仁心，始可有仁道。本立而道生，虽若自然可有之事，亦贵于人之能诱发而促进之，又贵于人之能护养而成全之。凡此皆赖于学，非谓有此心即可备此道。仁者，人群相处之大道。孝弟乃仁之本，人能有孝弟之心，自能有仁心仁道，犹木之生于根也。孝弟指心，亦指道。行道而有得于心则谓之德。仁亦然，有指心言，有指道言，有指德言。内修于己为德，外措施之于人群为道。或本无“为”字，或说以“为仁”连读，训为“行仁”，今不从。

释“务”字、“本”字，袭朱子。“亦始义”三字，乃我所加。我此段不讲性而只讲心。“或本无为字，或说以为仁连读，训为行仁，今不从。”此数句中，含有极复杂之大问题。“为”字在此处应属一虚字，犹“乃”也。二程所以必以“为仁”连读，其中寓有学术思想史一连串演变之极复杂背景。但我在《新解》无法详讲。我举此例，乃告诸位读我《新解》，若从深处求，则自有许多言外问题须探究。

五

又《集注》卷六《先进篇》最后一章，“子路、曾皙、冉有、公西华侍坐”章，朱《注》：

> 曾点之学，盖有以见夫人欲尽处，天理流行，随处充满，无少欠阙；故其动静之际，从容如此。而其言志，则又不过即其所居之位，乐其日用之常，初无舍己为人之意。而其胸次悠然，直与天地万物上下同流，各得其所之妙，隐然自见于言外。视三子之规规于事为之末者，其气象不侔矣。故夫子叹息而深许之。而门人记其本末独加详焉，盖亦有以识此矣。

朱《注》此节文章极美，其陈义则根据程子。圈外注引程子曰：

> 古之学者，优柔厌饫，有先后之序。如子路、冉有、公西赤言志如此，夫子许之亦以此，自是实事。后之学者

好高，如人游心千里之外，然自身却只在此。

又曰：

孔子与点，盖与圣人之志同，便是尧 舜气象也。诚异三子者之撰，特行有不掩焉耳，此所谓狂也。子路等所见者小，子路只为不达“为国以礼”道理，是以哂之。若达却便是这气象也。

又曰：

三子皆欲得国而治之，故孔子不取。曾点狂者也，未必能为圣人之事，而能知夫子之志。故曰“浴乎沂，风乎舞雩，咏而归”，言乐而得其所也。孔子之志，在于“老者安之，朋友信之，少者怀之”，使万物莫不遂其性。曾点知之，故夫子喟然叹曰：“吾与点也。”

又曰：

曾点、漆雕开已见大意。

此节程 朱意见却有大问题，如说曾点是“尧 舜气象”，此外三子“所见者小”。又说“曾点、漆雕开已见大意”，在孔门弟子中特别挑出此两人来，此乃宋儒新意见。陆 王虽反朱子，但于此意见实亦赞同，不加反对。惟黄东发独持异议。其后顾亭林《日知录》特别看重东发，屡引其书，大值注意。《新解》此条亦即根据黄氏意云：

与，赞同义。言吾赞同点之所言也。盖三人皆以仕进为心，而道消世乱，所志未必能遂。曾皙乃孔门狂士，无意用世。孔子骤闻其言，有契于其平日饮水曲肱之乐，重有感于浮海居夷之思，故不觉慨然兴叹也。然孔子固抱行道救世之志者，岂以忘世自乐，真欲与许 巢伍哉？然则孔子之叹，所感深矣！诚学者所当细玩。

我此一段乃全依黄东发意见作解。

现再讲漆雕开。《集注》卷三《公冶长篇》：

子使漆雕开仕，对曰：“吾斯之未能信。”子说。

此章朱《注》圈外注引程子曰：

漆雕开已见大意，故夫子说之。

又曰：

古人见道分明，故其言如此。

朱《注》：

斯，指此理而言。信，谓真知其如此，而无毫发之疑也。开自言未能如此，未可以治人，故夫子说其笃志。

圈外注又引谢氏曰：

开之学无可考，然圣人使之仕，必其材可以仕矣。至于心术之微，则一毫不自得，不害其为未信。此圣人所不能知，而开自知之。其材可以仕，而其器不安于小成，他日所就，其可量乎！夫子所以说之也。

此段文章，诸位若非多读唐以后禅宗之语，即看不出所重特在一“信”字与“自得”二字上。

我《新解》注此章：

斯，此也，紧接上仕字来。出仕将以行道。漆雕开不愿遽出仕，言对此事未能自信，愿于学问修养益求自进，不欲遽从政；是其志大不欲小试也。“说”字借作“悦”。孔子并不以不仕为高，然亦不愿其弟子热中利禄，汲汲求仕进；故闻漆雕开之谦退而喜悦也。

朱《注》“斯”字：“指此理言”，下一“理”字极兀突。《新解》

讲法完全与朱子不同。此中取舍从违，却有绝大义理可作深刻之探讨。但《新解》只依《论语》本文作注，并未引伸讨论到此。诸位若不与朱《注》对读，并于此等取舍从违处仔细下过工夫，即难看出我作《新解》之用心。

六

又《集注》卷六《先进篇》“从我于陈、蔡”章，朱《注》：

> 弟子因孔子之言，记此十人。而并目其所长，分为四科。孔子教人，各因其材，于此可见。

此注无大问题。但圈外注引程子曰：

> 四科，乃从夫子于陈、蔡者尔。门人之贤者，固不止此。曾子传道而不与焉。故知十哲，世俗论也。

此节却有问题，十人中子游、子夏实未从孔子于陈、蔡，考证详见于《先秦诸子系年》。故知程子此论实未当。

《新解》注此章：

> 本章四科之分，见孔门之因材设教，始于文，达之于政事，蕴之为德行，先后有其阶序，而以通才达德为成学

之目标。四科首德行，非谓不长言语，不通政事，不博文学，而别有德行一目也。孔门所重，正在“用之则行，合之则藏”，不务求禄利有表现，而遂特尊之曰德行。自德行言之，余三科皆其分支，皆当隶于德行之下。孟子称冉伯牛、闵子、颜渊“具体而微”，此三人皆在德行之科，可见德行之兼包下三科矣。文学亦当包前三科，因前三科必由文学入门也。孔门之教，始博文，终约礼。博文，即博求之于文学也。约礼，则实施之于政事，而上企德行之科矣。后也既各骛于专门，又多重文以为学，遂若德行之与文学，均为空虚不实，而与言语、政事分道扬镳；由此遂失孔门教育人才之精意。即孔子及身，已有“我从先进”之叹，而《论语》编者亦附记此四科之分于孔子言先进、后进两章之后。是知孔门弟子，虽因风会之变，才性之异，不能一一上追先进弟子之所为；然于孔子教育精神大义所在，则固未忘失。后进弟子中如有子、曾子，亦庶乎德行之科，故尤为并辈及再传弟子以下所推尊。

此句下“庶乎”二字，有分寸。此段《新解》须参看同书同章“德行：颜渊，闵子骞，冉伯牛，仲弓”之下之注云：

此下非孔子语，乃记者因孔子言而附记及之，以见孔门学风之先后有异也。若记孔子语，则诸弟子当称名，不称字。四科中前三科，皆属先进弟子。惟第四科文学子

> 游、子夏属后进，亦不从在陈、蔡。或疑游、夏亦在相从陈、蔡之列。以年龄计之，决知其非。或以此下另为一章，则“从我于陈、蔡”两句，全无意义可说，今不从。

此乃特别指出程子之误。

《集注》卷三《雍也篇》“子曰贤哉回也”章。此处有一问题，即：颜回所乐为何？有人曾以此问程子，谓其是否乐孔子之道？程子答曰：若乐孔子之道，则算不得颜回矣。后又有人问朱子，朱子却认为可以是乐孔子之道。然程子语亦有其意义。此处若必解之为乐孔子之道，似未免有失于粗浅。今且看朱《注》：

> 颜子之贫如此，而处之泰然，不以害其乐，故夫子再言“贤哉回也”以深叹美之。

圈外注录程子语：

> 颜子之乐，非乐箪瓢陋巷也，不以贫窭累其心而改其所乐也，故夫子称其贤。

又曰：

> 箪瓢陋巷非可乐，盖自有其乐尔。“其”字当玩味，自有深意。

又曰：

> 昔受学于周茂叔，每令寻仲尼、颜子乐处，所乐何事？

朱子按：

> 程子之言，引而不发，盖欲学者深思而自得之。今亦不敢妄为之说，学者但当从事于博文约礼之诲，以至于欲罢不能而竭其才，则庶乎有以得之矣。

此段讲法，我极喜爱，但《新解》未录。仅云：

> 本章孔子再言“贤哉回也”，以深美其虽箪食、瓢饮、居陋室而能不改其乐也。孔子亦自言：“饭疏食，饮水，曲肱而枕之，乐亦在其中。”宋儒有“寻孔、颜乐处，所乐何事”之教，其意深长矣。学者其善体之。

当知此段朱《注》引程子语下特加一“愚按”，而又云：“不敢妄为之说”，此中甚富言外之言。诸位倘欲明白此段在无字处之精蕴，则应细读《朱子语类》。我作《新解》不愿引伸牵连太多，故并朱《注》此段为我所最喜爱者亦不钞入了。

七

诸位当知读书如何从深处求。我今日所举，看似平浅，却亦表出我作《新解》用心之最大处。

我写《论语新解》，除今天所讲，尚有甚多用心处而并不见于文字者。诸位每读一书，能进而了解到著此书者之用心处，如此便是做学问一最重要之门路。由此门路进，始是真于学问能有所窥见。

（一九六四年三月六日在新亚研究所第六十三次学术演讲会讲，复刊载于《新亚生活》七卷九期。）

再谈《论语新解》

一

今天接着来讲《论语新解》，特别重要的是讲《论语》朱《注》与二程相异处。朱《注》不易看。好像处处在尊二程，实则朱《注》不同意二程处甚多，只是避而不谈。西方人谓“吾爱吾师，吾尤爱真理。”我们自民初新文化运动以来，年轻一辈多喜菲薄前人，此一风气实不足取。

朱《注》于二程说有赞成，有反对，亦有依违，只看注文甚难看出。须参读《朱子语类》。抗战时在成都，因胃疾休养，从头读了一部《朱子语类》，三个月时间全书看完，我才懂得。此事距今已二十年。最近写《新解》，又重翻《论语》。我《新解》对于程 朱之从违，读者亦不易知，今天略举数例，以资说明。

上次讲朱《注》，正文与圈下所引二程语意义亦有不同，此在诸位自去仔细对读。如《论语·学而篇》：“子曰：学而时习之，不亦说乎？”朱《注》：

学之为言，效也。人性皆善，而觉有先后。后觉者必效先觉之所为，乃可以明善而复其初也。习，鸟数飞也。学之不已，如鸟数飞也。说，喜意也。既学而又时时习之，则所学者熟，而中心喜说，其进自不能已矣。

下引程子曰：

习，重习也。时复思绎，浃洽于中，则说也。

又曰：

学者将以行之也。时习之，则所学者在我，故说。

谢氏曰：

时习者，无时而不习。坐如尸，坐时习也。立如斋，立时习也。

《语类》朱子答弟子问有曰：

若伊川之说，则专在思索，而无力行之功。如上蔡之说，则专于力行，而废讲究之义。似皆偏了。

故朱子此处引程子语，复引谢氏语，庶于两方兼顾。清儒颜习斋攻击朱子，主张轻读书而重实习，自号“习斋”。其实仍只陷于谢氏一边，未能顾及程子“时复思绎”四字去解释“时习”之意。其未能细读朱《注》，更自可见。今看朱《注》：“习，鸟数飞也。”明承谢上蔡之意，兼以“效”字、“觉”字训“学”字，意义周浃；而从“觉”字义中便可包括了程氏之“思绎”义。我的《新解》则说：

> 学，诵习义。凡诵读、练习皆是学。旧说：学，觉也，效也。后觉习效先觉之所为谓之学。然社会文化日兴，文字使用日盛，后觉习效先觉，不能不诵读先觉之著述，则二义仍相通。

此则是我自己讲法，依然采用“效”字与“觉”字来训“学”字，又明白举出“诵读”“练习”两项。以“诵读”为学，依然采用朱子，但朱《注》此处却未明白举出，故又增上“社会文化日兴”以下数语，为之阐申。而习斋语之为偏见，显然可见。

《新解》“时习”二字云：

> 此有三说。一指年岁言。古人六岁始学识字，七八岁教以日常简单礼节，十岁教书写计算，十三岁教歌诗舞蹈。此指年为时也。二言古人春夏学诗乐弦歌，秋冬学书礼射猎。此指季节为时也。三指晨夕言。温习进修游散休息，依时为之也。习者，如鸟学飞，数数反复。人之为学，

> 当日复日、时复时、年复年，反复不已，老而无倦也。

我此讲法，仍自根据朱子而加似变化；而引用古人实例，则“诵读”亦是学，可以不烦再论。

至“有朋自远方来，不亦乐乎？”两句，朱《注》：

> 朋，同类也。自远方来，则近者可知。

下引程子曰：

> 以善及人，而信从者众，故可乐。

又曰：

> 说在心，乐主发散在外。

此条骤看似无问题，但《语类》有人问：程子之意是否如《中庸》“舜善与人同”之意？朱子告以不要如此引申推想。“舜善与人同”，乃《中庸》《孟子》中语，《论语》中无之。朱子教人读《论语》应专管《论语》，且莫问《孟子》《中庸》，千万不要牵合他说强通为一。此是朱子教人读书极关重要之一项，学者最当注意。在朱子认为此种牵引强通之习，自程子以来，已有三十年之久，因此讲古书尽讲向高处、虚处，反而会把古书走失了原样。只是朱子仍将程子说引在下面，其意只谓：先读了他自己所注，然后再推及程说，便可无弊。此是先求专精，再作会通，此种会通，乃始是新会通。其意极为深允。我《新解》中注此两句云：

朋，同类也。志同道合者，知慕于我，自远来也。

此则仍依朱《注》而稍详释之。

朱子尝云："尧舜以下不可无孔子，孔子而后不可无孟子，孟子而后不可无二程。"此乃对二程极表佩服之语。但朱子又云："圣人之意，乃在日用常行之间，《论语》中无悬空之语。汉以后人多在训诂方面讲《论语》，二程则发明圣人道理，使人激昂向上，惟失之稍高。"又认为当时说经有四病："一本卑作高，二本浅作深，三本近作远，四本明作晦。"我们当据此四点来寻朱《注》之用心。

至于"人不知而不愠，不亦君子乎"两句，宋人善讲义理，于此两句解释明惬。读者试看后来清儒之说，便知他们说义理，远不能与宋儒相比。

我以上只举《论语》首章为例，便知注书工夫之不易。而读注文者，亦须仔细咀嚼，莫轻易忽过，其事亦从可知。

二

《宪问篇》又一章：

子贡曰："管仲非仁者与？桓公杀公子纠，不能死，又相之。"子曰："管仲相桓公，霸诸侯，一匡天下，民到于今受其赐。微管仲，吾其被发左衽矣。岂若匹夫匹妇之为谅也，自经于沟渎，而莫之知也！"

此章文字易读，但在义理上，程、朱却发生了极大歧见。朱《注》引程子曰：

桓公，兄也。子纠，弟也。仲私于所事，辅之以争国，非义也。桓公杀之虽过，而纠之死实当。仲始与之同谋，遂与之同死，可也。知辅之争为不义，将自免以图后功，亦可也。故圣人不责其死而称其功。若使桓弟而纠兄，管仲所辅者正；桓夺其国而杀之，则管仲之与桓，不可同世之仇也。若计其后功，而与其事桓，圣人之言，无乃害义之甚，启万世反覆不忠之乱乎？如唐之王珪、魏徵，不死建成之难，而从太宗，可谓害于义矣。后虽有功，何足赎哉！

朱子引程说后自加按语曰：

愚谓管仲有功而无罪，故圣人独称其功。王、魏先有罪而后有功，则不以相掩可也。

此则明与程说不同。

《语类》一弟子问："伊川言：仲始与之同谋，遂与之同死，可也。知辅之争为不学，将自免以图后功，亦可也。窃谓天下无两可之理，一是则一非。如两可之说，恐亦失之宽否？"今朱《注》云"管仲有功而无罪"，故可不死，则并无两可之说。一弟子问："管仲之功可掩其前过否？"朱子曰："管仲义不当死。"又答另一弟子问曰："圣人无说，见得不当死。"即据《论语》本文，推说孔子本义，而程说之误自见。朱子说此章，说到无文字处去，可谓聪明绝顶。清人只重考据，并只能考据其事，却不注意到在事背后之种种义理。此就偏了。而且他们责朱子将桓公、子纠兄弟辈次讲错。实则将辈次讲错者乃程子，非朱子。朱子所以仍引程子说者，因程氏考据虽错，然有其一套义理在。但程子说实非注书，而是自立说。朱子意：程氏此套义理，也可作参考；而其自下注，则只曰"管仲无罪"一语解决了。

三

又《述而篇》：

> 子曰：甚矣吾衰也！久矣吾不复梦见周公！

朱《注》：

> 孔子盛时，志欲行周公之道，故梦寐之间，如或见之。至其老而不能行也，则无复是心，而亦无复是梦矣。故因此而自叹其衰之甚也。

此条注文，即论文章，亦臻绝佳之境。程子曰：

> 孔子盛时，寤寐常存行周公之道。及其老也，则志虑衰而不可以有为矣。盖存道者心，无老少之异；而行道者身，老则衰也。

程子此条亦有其精彩处，但不如朱《注》之简净。程子另有一语云：孔子之梦周公乃因其思。（**见《二程遗书》**）此乃谓至人无梦，孔子只是思周公，并未真梦见。此则曲说，朱《注》未录。

朱子弟子又因朱《注》与程说不同而发问，朱子答曰："梦见亦何害。""今有人梦见平生所不相识之人，却云是某人某人者，盖有之。夫子之梦，固与常人不同，然亦有是理耳。"即如孔子梦两楹之奠，岂可说是思不是梦？朱子说此种梦乃是一种"朕兆"，所说极有理。若程子说："孔子盛时，寤寐常存行周公之道。"说孔子未见周公则不能梦周公，定要避去"梦"字，反觉拘泥。《语类》中批评程说非是，当有数百条之多。清儒不分程、朱，一并攻击，可证读书粗心。其实他们连《语类》也不读，则自然见不到朱《注》之精密处。

四

又《述而篇》：

> 子在齐闻《韶》，三月不知肉味，曰："不图为乐之至于斯也。"

朱《注》：

> 《史记》"三月"上有"学之"二字。不知肉味，盖心一于是而不及乎他也。曰：不意舜之作乐，至于如此之美。则有以极其情文之备，而不觉其叹息之深也。盖非圣人，不足以及此。

下引范氏曰：

> 《韶》尽美，又尽善，乐之无以加此也。故学之三月，不知肉味。而叹美之如此，诚之至，感之深也。

孔子发愤忘食，乐以忘忧，若以庄 老佛家之意见评之，似圣人之心，时不免有滞于物。程伊川即以"三月不知肉味"为圣人滞于物。故疑"三月"二字乃是"音"字之误。《语类》朱子答弟子问曰：

此处最要看他不知肉味处，最有意思。盖夫子知《韶》之美，一闻之，则感之至深；学之三月，故至于不知肉味。若道一闻之便三月不知肉味，恐无此道理。伊川疑得自是。但《史记》上有“学之”二字，伊川恐适不曾考到此耳。

但我之《新解》，于程、朱两说，均不赞成。因曰：

子在齐闻《韶》：《韶》，舜乐名。或说：陈，舜后。陈敬仲奔齐，齐亦遂有《韶》乐。

三月不知肉味：《史记》作“学之三月”，谓在学时不知肉味也。或说：当以“闻《韶》三月”为句。此三月中常闻《韶》乐，故不知肉味也。

不图为乐之至于斯：孔子本好乐，闻《韶》乐而深美之，至于三月不知肉味，则其好之可谓至矣。于是而叹曰：“不图为乐之移人有至此也。”或说：“斯”字指齐，谓不图《韶》乐之至于齐。

今按：本章多由解。一旦偶闻美乐，何至三月不知肉味？一不解。《大学》云：“心不在焉，食而不知其味。”岂圣人亦不能正心乎？二不解。又谓圣人之心应能不凝滞于物，岂有三月常滞在《韶》之理？三不解。积此三不解，乃多生曲解。不知此乃圣人一种艺术心情也。孔子发愤忘食，乐以忘忧，此亦一种艺术心情也。艺术心情与道德心情交流合一，乃是圣人境界之高。读书当先就本文平直解之，再徐求其深义。不贵牵他说，逞曲解也。

我在《新解》中每章必附一白话译文，此章之白话译文云：“先生在齐国，听到了《韶》乐，三月来不知道肉味。他说：我想不到音乐之美有到如此境界的。”自谓将《论语》本文原义解出。若论义理，孔子实深具一种艺术心情，或说诗人心情。此章大似一首诗，实乃诗中之赋。《新解》此章，摆脱了朱《注》束缚。但不知我此解法，究比朱《注》胜否？诸位在此刻，自无法遽下评判，但举出来也教诸位知道读《新解》也就不易而已。

五

又《八佾篇》：

子曰：“射不主皮，为力不同科，古之道也。”

朱《注》曰：

射不主皮，《乡射礼》文。为力不同科，孔子解礼之意如此也。皮，革也。布侯而栖革于其中以为的，所谓鹄也。科，等也。古者射以观德，但主于中，而不主于贯革；盖以人之力有强弱，不同等也。《记》曰：“武王克商，散军郊射，而贯革之射息。”正谓此也。周衰礼废，列国兵争，复尚贯革，故孔子叹之。

下引杨氏曰：

中可以学而能，力不可以强而至。圣人言古之道，所以正今之失。

程明道以为射不专以中为善，朱子未采其说。清人引汉儒古说来推翻朱《注》，但清儒实并不知明道与朱子间已有不同，而朱《注》实难推翻。清儒对此章讲了许多考据，但于义理上则仍有不通处。《新解》则曰：

射不主皮：古之射，张一布，称为侯。或画五采画兽，为正。或于布中心贴一皮，或熊或虎或豹，为鹄。不主皮，或说：射以观德，但主于中，不主贯革。皮即革也。或说："主皮"之射见《仪礼·乡射礼》，"贯革"之射见《小戴礼·乐记》，二者有别。贯革谓射穿甲革，如养由基射甲彻七札之类，此乃军射。礼射则用皮侯，不用革。今按：射必主中，断无不主中而为射者。"射不主皮"，既不能解为不主中，则上说但主中不主贯，自为正解。射既有中与贯之别，则贯指革言，亦自无疑。"射不主皮"，谓皮可以该布，又何不可以该革？故知上解"主皮”为贯革，通上下文而说之，亦自见其可信。《仪礼》《小戴礼》两书皆出《论语》后，不得以两书或言主皮、或言贯革，遂谓《论语》“主皮”决不指贯革也。

为力不同科：科，等级义。人力强弱不同第，故射主中，不主贯。汉儒因见《仪礼》言主皮，《小戴礼》言贯革，疑《论语》此章不主皮，不言贯革，遂疑此句“为力不同科”另属一事，不连上文。因解“为力”乃为力役之事，丁强任力役亦分科。然当役不得称“为力”，此解牵强可知。今不从。古之道也：《乐记》：“武王克商，散军郊射，而贯革之射息。”此谓自武王克商，示天下已平，不复尚多力能杀人，故息贯革之射。正与《论语》此章所言相同。今若分《乐记》“贯革”与《论语》“主皮”为二，则“射不主皮，古之道也”语义难解。盖下逮春秋，列国兵争，复尚力射，如养由基穿七札，见称当时；故孔子慨叹而称古道也。若必本《仪礼》为说，《仪礼》显出《论语》后，岂其所记各射，孔子时皆不然，而概称为“古之道”乎？朱氏注此章，不用汉儒古说，以“贯革”说“主皮”，以本章三句通为一气读之，最为允惬。清儒必据古注驳朱《注》，于“射不主皮”一语，多引古礼文，而于“为力不同科，古之道也”两语，终无确说。就本章文气、语法、字义平直求之，知朱《注》之不可易也。其说古礼容有违失，终无害于其释大义之是当。

此条驳斥古注以“为力不同科”为另一事之非，又兼采清儒各家考古代射礼之是者，概括以注本章；而于本章大义，则仍主朱说，采用清儒考据发明朱《注》义理。至于清儒诸家考据，孰是孰非，孰得孰失，不再罗举博辨。故能使《新解》本文简径明白，不致浩繁难寻。若读者仍嫌《新解》注文不易读，此乃读书基本程度不够。然只要能细心诵读数过，亦无真难读处。若定要一看便晓，则《论语》本书本不应该要求一看便晓也。

六

以上只是临时随口举出数例，期能对诸位读我《新解》，以及把我《新解》与朱《注》比读，得些帮助。至要真有得，则仍待诸位自己用力。

（一九六四年四月二十四日在香港 新亚书院研究所学术讨论会讲）

孔子之教与学

一

孔子是中国的大圣人，二千五百年来，备受国人之爱戴与崇重。最近几世纪，欧 美学者，诵读有关孔子的书籍，仰慕孔子之为人，称引孔子之言论者，亦日见增加。孔子之道，终必大行于后世。兹值孔子诞生二千五百零四年纪念，谨就平日浅薄所窥，略述一二有关孔子之教与学者，以申高山向往之私意。

孔子是一个教育家，他曾说：

> 有教无类。

人类只要有教育，不该再有其他一切的类别。理想的教育昌明了，那时世界人类，将不再有国别，有种别，自然更说不上有所谓阶级的分别。那将是一个大同与太平的世界，而这一世界则将由理想的教育达成之。

孔子不仅抱有如此伟大教育的理想，而且毕生为此教育理想而努力。所以说：

自行束脩以上，吾未尝无诲焉。

只要依照当时社交惯例来到孔子门庭的人，孔子从来没有不加以教诲的。他又说：

与其进也，不与其退也。人洁己以进，与其洁也，不保其往也。

只要有人来，不追究他已往，不逆测他将来。诚心请教的，他就诚心教。他又说：

过我门，不入我室，而我无憾焉者，其惟乡愿乎？

经过孔子门，孔子总希望他进来听一番教训，否则孔子心上总觉是一遗憾。但也有些人，不肯有理想，不肯有向上心，不想要自己再进一步而发心向人去受教，他们只想在这世上混过便算的，那便是孔子所谓“乡愿”了。孔子只对这些人不再有遗憾。这不是孔子不愿对他们施教，孔子只待有自发心的才施教。所以说：

不愤不启，不悱不发。

“愤”与“悱”，便是人类一种向上的自发心。照理，此种自发心，也该人人有，而孔子也决不会拒人于门外。

二

但孔子平日把些什么来教人呢？他弟子说：

> 子以四教，文、行、忠、信。

“文”指社会人文之一切。孔子是一位人文主义者，他的教育内容也偏重在人文。而人文社会中一切的业绩，其起始莫不由于个人的行为。个人行为最要的发动，又莫不由于人类之天性。因此孔子之教，总是先就个人天性中某几种美善的本质，如“忠”与“信”，来指点出个人行为所应有之道。本于此种人道作基础，再经历了历史演变，而形成社会人文复杂的大综合。孔子之教，本原于人心之忠信，究极于人文之大全，而以人类本身一切现实的行事为中心，这是孔子教育的大规程。

因此孔子很看重在其当身社会一切人文现实之所有。他自己说：

> 吾少也贱，故多能鄙事。

他又说：

执御乎？执射乎？吾执御矣。

“射”与“御”是当时社会两件普通的人生技术，而“御”尤其是属于为人服务的，因此孔子自谦地说他愿意当一个御者。若使孔子改生在现代，我想他决不会看轻教一青年学习替人开汽车。他也会高兴做一飞机师。孔子的教育宗旨，只在根据各自当身的社会里的一切人文现实，而只在由此使人透悟到人类文化之本原，之意义与价值。这些人文现实之大总体，孔子当时则谓之“礼乐”，谓之“文”。孔子自己说：

下学而上达。

“下学”是学的当时社会人文一切的现实，“上达”则透达到人类文化大体之本原与意义与价值之所在。

孔子常不自称为一教育家，而常仅自称为一学习者。他说：

我有知乎哉？与知也。

他又说：

我非生而知之者，好古，敏以求之者也。

孔子之所谓“古”，即是那些人文遗产，即当时社会一切人文现实，由于历史演变而来者。而孔子之所求，则在这些现实人文中，来追求其本原与意义与价值。

孔子以此学，也即以此教。因此孔子之教，更注重在身教，非言教。故他说：

> 予欲无言。

又说：

> 吾无行而不与二三子者，是丘也。

孔子即把他自己的全部人生来作教。孔子也即以他的好学作为他全部的人生。孔子之道一以贯之者也在此。

孔子又曾说：

> 圣则我不敢，我学不厌而教不倦也。

他的弟子们便说："学不厌，知也。教不倦，仁也。仁且知，夫子既圣矣。"孔子自己只说他是一个好学者，乐学者。所以说：

> 知之者不如好之者，好之者不如乐之者。

又自己说：

其为人也，发愤忘食，乐以忘忧，不知老之将至。

孔子只把他自己一番好学乐学的精神来设教。而他的弟子们，了解他们先生的教育精神的，便说这样便已是“仁”与“知”，便已是圣人了。一个人，只从那种学不厌与教不倦的“仁”与“知”，做成了圣人；一个社会，也只从此学不厌与教不倦，来走上了人类灿烂光明的文化大综合。人类文化，该是根据著人类的天性，而直达大同太平的理想。这一条大道，也可说即是孔子所谓的“下学而上达”。孔子心中，一人之道与人人之道，仍是一以贯之的。

三

因于孔子之教，是这样一种现实的身教，即以他当身的实际人生来作教，所以孔子的教训，若在言论上寻求，似乎没有什么一套特别肯定的内容。换言之，孔子没有一套抽象的理论来教人。所以说：

子绝四，毋意、毋必、毋固、毋我。

孔子没有一种固执的、必然的、自我的意见。孔子平常教人所重者曰“道”。道是活的，只指的由此至彼的一条路。孔子理想中的人生，该有一段由此而至彼的过程，那也就是“学”。

至于具体所学，则上面已说过，凡属当身社会的一切人文现实，都该成为学的对象。所以说：

> 大哉孔子，博学而无所成名。

礼、乐、射、御、书、数，在当时谓之为“六艺”，这是孔子当时社会人文现实中几项具体的节目。孔子都学了。孔子又从这些人文现实向上追寻其来历，探究其根源，会通其意义，发明其价值。因此孔子之所学，是一种人文的，同时也是历史的。总言之，孔子是向人而学的。所以说：

> 我非斯人之徒与而谁与？

又曰：

> 三人行，必有吾师焉。

他的弟子们也说：“夫子焉不学，而亦何常师之有。”

孔子向人而学，又向人而教，因此他的所学所教，他自己总括说来，只是一“仁”字。仁，便是人生之大道。仁之本原，在人心之“忠信”。见之于实际的私人生活之谓“行”，成之为人类社会所共有的一切文化现实的大全体之谓“文”。这在孔子本身时代如此，在孔子以前的时代也如此，在孔子以后的时代仍如此。在孔子所未曾知道的社会，乃至在未曾知道有孔子其人的社会中，在孔子理想中推想，也该莫不如此。所以孔子的教与学，不尽在回顾，同时也有前瞻。不尽在守旧，同时也有开新。不尽在现实，同时也兼在现实中引发出理想。

四

如上述，孔子之学，针对著全人类而学。孔子之教，也针对著全人类而教。孔子之学与教，其精神，以全人类为对象、为范围。于是孔子乃由于“人”的观念而转进到“天”。全部人类之出生，出生于此大自然；全部人类之生活，亦在此大自然之中。孔子平常所指的天，正指此大自然而言。孔子说：

> 天何言哉？四时行焉，百物生焉。

天无所言说而四时行，百物生。孔子所想学于天的，正想学此无言之行与生。所以孔子教人“默而识之”。他又说：

> 古者言之不出，耻躬之不逮也。

他又说：

> 躬行君子，则吾未之有得。

于是遂使孔子终于永远是一个学习者，始终没有好多悬空的大理论，更没有像西方的哲学家们，各有他们一套曲折而精微的成系统的抽象的新创见，留传给后世。他曾说：

> 吾有知乎哉？无知也。有鄙夫问于我，空空如也。我叩其两端而竭焉。

孔子往往自承为无知，对方一鄙夫来问他，鄙夫自然同样是无知。但事情总会有两头，理论也总会有两头。本与末，是与非，一切总是有两端。孔子只把他来问的那事情或那理论转问他，直问到那本末与是非之两头之尽处，而无不罄竭了。于是那事情与理论之由此至彼的全体，却在双方本属无知的、空空如也的心中显豁呈露了。因此，孔子所教，人人可以学；而孔子所学，也人人可以教。本属无知的，也自会有知了。这是孔子之教与学之自无而有、由人达天之最中庸而最高明的最不可及处。

因此，孔子只如是般，从人生切近处，求知与好学。但他因此学通了人之心，学到了人心之本原——“天”。而别人一时要想学孔子，却会感觉到困难了。所以他的最好学的弟子颜渊不禁要喟然而叹了。颜渊说：

> 仰之弥高，钻之弥坚，瞻之在前，忽焉在后。欲罢不能，既竭吾才，如有所立卓尔。虽欲从之，末由也已。

连孔子也要自己叹息了。他叹道：

> 莫我知也夫！

他又说：

> 知我者，其天乎！

孔子似乎自己也深感到他自己已由知人通透到知天，所以才说知我者只天了。

然而孔子的日常行为，则始终平易而切近，始终是与人共之的。他的门弟子又说：

> 夫子之文章，可得而闻也。夫子之言性与天道，不可得而闻也。

孔子自己也曾说：

> 民可使由之，不可使知之。

所以孔子始终没有一套奇伟而高远的教训，超出于现实人事圈子之外的，来留传给后世。孔子所学的最高对象固是“天”，而孔子却不说“天”。孔子不从天之最高明处来教人，他只从内面人类心情的大本同然处如“忠信”，和从外面人类社会的一切文化现实如“礼乐”，从这内外两端来循循然善诱人。从这“博文”与“约礼”处，教人“下学而上达”。于是孔子也遂不能成为一宗教的大教主。

五

然则孔子所留传给后世人类的，究是些什么呢？我想，照孔子自己的意思，他所能留传给后世的，恐怕仍该是他那一番好学不倦的精神了。其实孔子之所学也甚有限，孔子只在学做人，孔子只在从人的方面学做人。惟孔子直向人心的深处学。孔子总认为，人与人是大概相似的。孔子似乎并没有承认他自己高出乎别人，但也没有承认别人高出了他自己。他只从别人身边学得了自己。孔子又常把他自己来教别人。所以孔子有时像是一个个人主义者。好像只想把他自己学成一个人，也只想教人学成一个人。所以说：

> 古之学者为己。

好像一切学，该是只重在自己。但孔子的意思，认为人人都如此般学，却可到达天下太平、世界大同的理想。那即是孔子所谓的“大道之行”的时代了。

所以孔子自己说：

> 吾十有五而志于学，三十而立，四十而不惑，五十而

知天命，六十而耳顺，七十而从心所欲不逾矩。

我们今且问：孔子所知的“天命”该是什么呢？我们且不妨说：天既生了人类，自然希望人类能终极到达于太平大同的境地。人类不到太平大同的境地，终像是天命之未实现。其实天之生人，早本是太平与大同的。因为人类社会自己多生出花样，人类历史自己多生出演变，而于是转像使人类反而日趋于不平与不同。孔子教人学，正在学那人类同然一本之天性，正在透过那历史悠长的演变，社会复杂的综合，而所形成的文化多方的大体系中，来学到仍回于自然，学到复返于人之本，学到走上经历人文演进后之人生大同太平之大道。那是生于天而归于天，由天命之人始，到达于天命之终极，那始是所谓“大道之行”了。所以人若能“知天命”，便决然会“耳顺”。耳顺是说你听别人话，都觉得顺于耳，不觉得逆于心。这真是大同太平、大道之行的盛世感觉了。人人知天命，人人都会感觉得耳顺，人人会听到别人话不再感其刺耳与逆心。若使一个人先到达此境界，这一个人的内心已先到达了太平大同的理想境界了。到那时，他的心已和人的心相通，一片天机，不再分别彼我与是非。当前总是一“道”。当下总是一“仁”。整个总是一“天”。于是那一人，便可“从心所欲而不逾矩”。孔子便是上述的那一人。孔子把他自己一生七十年好学不倦所到达的内心境界揭示于我们。我们若粗心骤然的看，不像孔子所学是在专为著他个人自己吗？

但我们也可说：只要在人类中，仍有一个人未到达此境；他听别人话，依然感到刺耳与逆心；这世界则依然还不是真大同，依然还未到真太平。所以全人类各为个人，还是为著全人类。

而且我们也不能因为全人类未到达此境，便不信有人能先到达此境。若我们没有如此般去学，自不能就此怀疑有人能真到达此境。正因全体人类均能到达此境之路途尚遥远，所以孔子平日总是自承无知，不曾具体举出某一番抽象的理论来教训后世人，来凭空为遥远的后世人设教。但也正因为孔子自感他自己确已到达了此境，所以他终于把他自己所学的那一番经历来指导人，却可使任何一时代的人都由于如他之所学而到达他之所到达。

自孔子诞生二千五百年后而至今日的人类，若我们能再一细听孔子之所教，我们会有所愤悱，则孔子的教训，却正好给与此种愤悱以莫大的启发！

（一九五三年十月香港《祖国周刊》四卷四期）

孔子之为人及其学与教

一

孔子是中国一位大圣人。中国人看人，喜从人的全体看。如说圣人贤人，君子小人，好人坏人等。西方人看人，好从人的相互分别的学业、职业、事业上看。如把此一观点来看孔子，也可说孔子是一位大思想家、大哲学家。又可说孔子是一位大史学家，或说孔子是一位政治家或音乐家等。但总不如说孔子是一位大学问家、大教育家，更为适切。

但说孔子为一大学问家、大教育家，又与我们近代人观念中之所谓学问与教育有不同。且只说孔子之教，乃是针对著全人类中每一人之全人生而教，乃是不论男女、老幼、贵贱、贫富、智愚，种种差别相而教。故孔子又像一宗教大教主。近代人每以孔子与释迦牟尼以及耶稣基督等各宗教之大教主相提并论。但孔子之教，并不曾成为一宗教。孔子只教人好好做一普通人，并不曾教人在做普通人外来做一个某一宗教之信徒。所以孔子信徒，也只是一普通人，不要独身出家，进入寺院做僧尼；不要有教堂礼拜等形式，不要有教会组织等。

孔子亦可说是我们中国人的一位总代表。孔子到今，已逾两千五百年。此两千五百年来的中国人，代代相传，或多或少，都带有孔子的精神血统。愈接近孔子，将愈会成为中国人中一代表人。愈隔远了孔子，别人将会说他愈不像一中国人。甚至会说他不像是一人。

孔子生平的言语和行事，都由他的学生分别记载下来。乃至学生的学生，至于三传、四传的学生，把来会合编纂，成为一部书，这即是《论语》。从西汉以来两千年，《论语》成为我们中国人一部人人必读书。要知孔子为人，要信从孔子之所学与所教来做人，便该读《论语》。

二

《论语》书中所教，平易近人，人人该学也是人人可学。即在两千五百年后之今天，孔子两千五百年前之所教，也一样人人该学，人人可学。即如《论语》二十篇中之第一篇《学而》，《学而篇》之第一章：

> 子曰："学而时习之，不亦说乎？有朋自远方来，不亦乐乎？人不知而不愠，不亦君子乎？"

那一章三句，岂不我们今天也一样该学、可学吗？

孔子只教人要学，却不曾硬性规定要你学什么。我们今天所学，因时代不同，与孔子当时所学有不同。但这不要紧，孔子只教你要学而时习，最当学而时习的便是学做人。做一天人，便该有一天之学或习。做人最是日日新，又日新。今天决不是昨天，明天又决不是今天。所以做人之道该天天学，天天习。但人总还是此人，活了一百年，仍还是此人。人类也总还是此人类，经历了两千五百年，从孔子到现在，亦仍还是此人类。孔子以前，乃至今天以后，人类也还是此人类。孔子是一位集大成者，此是说孔子集了孔子以前中国古人之大成。孔子又是一位至圣先师，此是说，孔子乃为孔子以下直到于今我们中国人之师表。

做人须得人人各自做，但又须人人共同做。离群独立，单由自己一人做，不得成为人。必须投进大群，和他人共同做，乃始成为人。于是学必有朋。有狭义之朋，有广义之朋。如七十子之从学于孔子，良师益友，互合成朋。则师友皆可目为朋。又如上友千古，今天我们慕效孔子，学为人之道，则两千五百年来历史上中国古人学孔子者皆可为我朋。从更广义言之，居家孝弟，父母兄长实亦我朋。故人若无朋，即不能为学，亦不能成人。

故做人为学，必得在人群朋辈中共同做，尤贵在共同中独自做。我是一人，我须单独自做像一人。我之做人，乃为我自己而做，并不为他人而做。故我做人，只得由我自己做，该一本我之内心去做。有时，我此心亦可不为人所知。如舜之孝，可不为其父瞽瞍所知；比干之忠，可不为其君纣所知。我在大群中做人，岂能要求在大群中尽为其他十百千万别人所知？故做人须有朋，但又须单独做，不求人知，并不怕别人不知。故曰："人不知而不愠。"一个人做人，能做到自己内心有悦有乐又不愠，那又更有何求呢？

以上《论语》首章三句话，孔子揭示了人类中每一人做人的大道理。一、须不断学与习。二、须有朋。三、须不求人知。此三句话，两千五百年前人有用，两千五百年后今天的我们仍有用。即在两千五百年后的每一人亦仍有用。

但两千五百年来，中国古人讲《论语》著书立说流传到今天的，何止数百千人；却没有如我上面所讲。我十几年前，写一部《论语新解》，也不曾如此讲。今天我如此讲，并不是从前都讲差了，此刻始讲准。也不是从前没如此讲，所以今天也不该如此讲。当知孔子《论语》，义蕴深广，贵能随时随地，各人自己体会。正如日月经天，光景常新，但日月仍是此日月，光景亦仍是此光景。做人道理，不妨在万异中有一同，又不妨在一同中有万异。所以我们读《论语》，仍该学而时习。今年读，可与去年读不同。明年读，可与今年读不同。读《论语》又贵有朋。两千五百年前，乃至两千五百年后，凡知尊孔子读《论语》的，都是我朋，其间必当有一"大同"所在。但毕竟是我一人此时此刻在读《论语》，而于我心有体会，亦岂能尽为人知？故读《论语》，又贵懂得"人不知而不愠"。若读《论语》，为要写一篇论文，作一番演讲，那不是为自己读，乃是为他人读。你纵成了《论语》专家，也会和你本身做人大道理不相干涉。

三

做人须能学人家，此是做人第一步。做人又须能教人家，此是做人之第二步。须能两步合成一步，如此做人，始能大踏步向前。孔子之集大成，乃是孔子学习了在孔子以前两千五百年中国历史文化传统中做人的大道理所在。孔子为至圣先师，乃是孔子教导了孔子以后两千五百年到今天中国历史文化中做人大道理的大传统大准则所在。孔子弟子中有人问孔子，“先生可当得一圣人了吗？”孔子说：“我那能当得是一圣人。我只能学不厌，教不倦。”孔子教人，也只教人能学不厌，教不倦。我们尊孔子，学孔子，也只该学他的学不厌，教不倦。且莫便要学做一圣人。“圣人”是一名，学不厌，教不倦乃是实地为人。你只要能学不厌，你便是在学孔子。你只要能教不倦，你也便是在学孔子。

或是我不识字，不能进学校读书，但我不能不做人。做人便该学。学一项技艺，乃至学一番道理，都是学。我之所学，又须能教人。如我学种田，学得了日出而作，日入而息，这便可以教人，至少可以教我自己的儿子。这便是“动而世为天下道，行而世为天下法，言而世为天下则”。必如此，乃算是一人。若我学得贪吃懒做，那能以此教人？至少也不能教自己的儿子。我不饿死，我自己儿子学我会饿死。至少我孙子又学我儿子一定会饿死。若我言忠信，不欺骗人，这也须学，但也能教。若言不忠信，专欺骗人，此可不待学，也不能教。

孔子之教大，因孔子之教，人人该学，又人人能学。若我学得成为一农业专家，又在农业上有了某项最新发明，使我成了名，又获了利；但我之所学，只能教和我有相似条件的少数人，不能教任何人，乃至大多数人。所以我之学与教，只是小的，不是大的。孔子也自说："我执御乎，执射乎。"孔子不在这些小的上计较。孔子只教人做人。若使孔子生今世，一个军队小兵，一个汽车司机，均可受孔子之教，与孔子为朋。在人的地位、人的立场上，孔子是同等平视的。只要你站正在人的地位、人的立场上，你又能有专业，有特长，有名有利，孔子不会看轻你，更不会反对你。但我们因为有了专业，有了特长，有了名，有了利，有的逐渐离开了人的地位、人的立场，反而觉得有恃无恐，要来看轻孔子，反对孔子。

四

孔子已是两千五百年前地下一陈死人，连尸骨都腐化净尽。你轻视他，反对他，他断无奈你何。但要反孔，该要反对到孔子所讲的做人之道。孔子所讲做人之道，乃是根据人的立场、人的地位而讲。故反孔不啻近似于反人，而且亦是反己；因我自己也同样是一人。一个人连自己都要反，自然会反到任何人。但反他自己的人，实际上不会真有力量反到别人身上去。

所以我们只要真懂得孔子教人做人的大道理，便知孔子不可反。便知要尊孔子。知要尊孔子，便知要读《论语》。我在十几年前，写了一部《论语新解》。在半年前，又写了一部《孔子传》。又汇集了一二十年来的许多散篇论文，编为《孔子与论语》一书。孔子为人和

《论语》读法，在此三书中，竭我所知，约略有所窥见。敬敢介绍于诸位之前，供诸位有志尊孔子读《论语》者作参考。亦敬愿追随诸位，互相为朋，来尊孔子，读《论语》，来共同遵行孔子教人做人之道，来共同做一人。这当然是指的一位理想的标准人，亦可说是一位理想标准的中国人。

（一九七四年九月一日《中华文化复兴月刊》七卷九期）

孔子《论语》与中国文化传统

一

凡关心吾中华民族之生命前途，必连带关心及于吾民族文化之传统。凡关心吾民族文化传统者，又必关心及于吾古圣先师之孔子。吾民族远自伏羲、神农、黄帝以来，已历两千五百年之文化累积；下及春秋晚世，乃有孔子之诞生。故孔子乃是吾民族文化积累两千五百年以后之一结晶。使非有民族文化两千五百年以上之积累，则何得出生有孔子！而自孔子以后，迄今又逾两千五百年。此一结晶，乃光辉灿烂，色泽鲜润，历久而弥新，屡化而益厚。故吾中华民族五千年之文化传统，实惟孔子一人，承前启后，可以作为其代表。

关心孔子，则必连带关心及于《论语》之一书。“语”者，孔子语。大抵自孔子三十以后，迄于其死，前后四十余年，因时因地，因人因事，而有所语。其具有主要意义者，皆载此书。“论”者，“讨论”义。孔子四十年间所语何限。凡所记载于此书者，皆其门人弟子，及其再传、三传以下之弟子，日常所讨论，而所拳拳服膺以终者。论又有“经纶”义。孔子语，经其一传、再传以下之弟子常所讨论，而会合编制，成此一书。论又有“抡选”义。凡孔子语，经讨论制成此一书外，尚有余语，未经录入，今尚散见于《孟子》《中庸》《易大传》，以及《春秋三传》，及《孔子家语》，乃及其他书中者，又何限。故《论语》者，乃孔子语，经其后世所讨论，所经纶编制，由抡选而成之一书也。

二

今就《论语》一书之编制成书言，大概可分两阶段。自《学而》至《乡党》共十篇，称《上论》。此为《论语》编制成书之第一阶段。编制此十篇者，主要大概出于孔子门人有子、曾子两人之再传弟子之手。编制成书之年代，与主编人、助编人之详细，则皆不可考。孔子死后，其门人弟子追念孔子，群认为尊师讲学，乃人生惟一大乐事；乃寻求选一人继孔子为师，而相聚讲学如旧，庶人生此乐犹获维持。乃欲群推有子继孔子为师，谓有子似孔子。而曾子独加反对，谓：“师事孔子，如秋阳以曝，江 汉以濯。吾师既死，谁堪为继。”其议遂不成。此故事见于《孟子》书之记载。则知当时孔门弟子，必曾有一时群尊有子，欲推以为师；而曾子独持异议，同学们始悟初意之非；则曾子亦必同时见尊。今《论语》第一篇，首章为孔子语，次章即为有子语，第三章又为孔子语，而第四章则为曾子语，则知此上论前十篇之编制，殆必由有子、曾子之门人弟子主其事。若以曾子语即为第三章，则若迳次于有子语之后，似于两人有高下之分。

今在曾子语前，仍取孔子语居其先，则可避免此嫌耳。

惟孔子既死，其弟子各自分别开门授徒，势散不复聚。但其所教，则共尊孔子。故孔门之三传，乃亦同尊孔子，过于其亲受业之师。乃有因其师言，亲赴曲阜，以仰谒孔子之故居，而低回不忍去；并有在此相聚而讲学者。此风至战国之末，下迄汉初而不衰。是必此辈相聚于曲阜 孔子之故里，各出具随身携带，长日所讨论讲诵之孔子语，而互为对勘；乃有合编一书之动议。其事决不限于有、曾两家之弟子。或可始于两家弟子之初传，而必当待于有、曾两家以外其他门人之再传弟子，或更待及于三传弟子之时，而《上论》之书始成。则更若合适也。及《上论》既成，此风已开，而各项材料尚络续汇集，于是乃有《下论》十篇之再次编成。则其事更后。

故《论语》一书之成编，当上距孔子之死，有两百年之久。其事当在秦并六国之前不久，而天下复归于一统。故《论语》成书，实乃当时吾中华民族学术界一共业也。孔子自言："我学不厌，教不倦而已。"孔子以其所学，公之其门弟子，又各自广其师传，以公之于各自之门人。至其编成此书，则不知出于谁何人、几多人之手。要之，则已历两百年之长时期。此非一共业而何？

三

今再就《论语》一书之内容言之。其《上论》首篇《学而篇》之首章：

子曰："学而时习之，不亦说乎？有朋自远方来，不亦乐乎？人不知而不愠，不亦君子乎？"

孔子之道亦大矣，何以教人？首之曰"学而时习"，继之曰"朋来远方"。人孰不当学，学又曷可无朋？孔子教人首在此。至于学之所得，他人之知不知，则可勿以为重。则孔子之教，即在教人一共业也。孔子所教，最重在仁道。然仁道极难讲。《学而篇》第二章：

有子曰："孝弟也者，其为仁之本欤！"

有子提出"孝弟"二字，其谁不当学？又谁不能学？仁之本即在孝弟，亦一共业也。第三章又为孔子语，曰：

巧言令色鲜矣仁。

仁道难学，先求其毋不仁。日常人生中，言不求巧，色不求令，此又可知而可学者，仍是人人一共业也。第四章则为曾子语，曰：

为人谋而不忠乎？与朋友交而不信乎？传不习乎？

孝弟行于家门之内，忠信则推之家门之外。孔子之教人最首要者，在教人孝弟、忠信。孔子曰："学而时习。"曾子则曰："传不习乎？"曾子则时习孔子之所传。曾子不自立教，即教孔子之所教。孔子亦言："述而不作，信而好古。"则孔子亦未尝自立教，即自述其好古而学之所得耳。是则所谓学者，非人生一共业而又何耶？此之所谓"共业"，即孔门之所谓"道"也。使非人人行之，则又何得为道！而人人由之，则即是一共业矣。

《学而篇》先有子，后曾子，亦非于二人有先后之分。有子言孝弟，宜在前。曾子言忠信，宜在后。《论语》先及此两人，亦非于两人有特尊。有志仁道，则孝弟、忠信宜先及也。苟使习于巧言令色，则又乌得为人忠信？然则即观于《学而篇》前四章之编列，则《论语》一书，岂不经精详之讨论，而可率尔拉杂以成之乎？然而此等艰苦经营，其出于谁何人、谁几人之手？则姓名泯灭，无可考矣。孔子更曰："后生可畏，焉知来者之不如今。"《论语》前十篇之编成，则洵出于后生可畏者之手。孔子之言，亦信而有征矣。

兹再考《下论》后十篇。首《先进》：

> 子曰："先进于礼乐，野人也。后进于礼乐，君子也。如用之，则我从先进。"

孔子弟子分前后两批，孔子去鲁赴卫前从游者为"先进"，孔子自卫返鲁后从游者为"后进"。孔门讲学，其未用则多讲孝弟、忠信。及用之，则讲礼乐。此乃于政治、社会、教化、陶冶见大作用。前辈弟子心切用世，故于礼乐仅讲求大略。后辈弟子已值孔子晚年，用世之心已淡，而讲求礼乐则日益精详。故前辈于礼乐犹野人多质朴之气，后辈于礼乐日臻文雅，有君子之风。而孔子则有"如用之则我从先进”之慨。此见孔门学风先后转变。而孔子心情之所寄，则尤在彼不在此。故次章继之曰：

从我于陈、蔡者，皆不及门也。

相从于陈、蔡之门人，则全属先进。先进中有未从孔子出游，而先孔子卒者。有从归而先卒，或者出仕，未能常相聚于孔子之门者。于是继之以孔门四科之分德行、言语、政事、文学。所举其成材者之名字，惟最后文学一科，游、夏两人为后进，其前三科则皆属先进。则孔子心之所重，其偏在先进尤可知。故孔子曰：“甚矣，我衰也，久矣我不复梦见周公。”是则孔子屡常夜梦周公，逮其不梦，乃叹自己精力之衰。斯其有志用世，亦可谓情见乎辞矣。

然孔子又曰：

君子不器。

又曰：

古之学者为己，今之学者为人。

人生在世，不能离群独为一人，必在群中为一人。曰孝弟，曰忠信，曰礼乐，皆在群中为人，即“为己之学”者。只求完成其己，不求供人使用。器则供人使用，又乌得为君子？孔子晚年最称颜渊，曰：

> 用之则行，舍之则藏，惟我与尔有是夫。

当知为世用，则须行使出你那一套道来。世不用你，则须把你一套道好好藏起。如此则无论用、舍，总是好好完成了你一己，此之谓“为己之学”。孔子又称子贡曰：“汝器也”。问：“何器”？曰：“瑚琏之器。”此乃宗庙宝器，虽亦是器，然亦不能随便使用。故孔子教人为己，为君子。君者，群也。只在教你为群中一理想人。人人为群中一理想人，则此群亦自为一理想群。修己、齐家、治国、平天下，吾道一以贯之，即在此。故孔门之学，乃人人“为己”之学，亦即人人“为群”之学。舍却己，何有群？但舍却群，又何有己？故孔门之学，在道义上，则人人为己，亦为群。但在功利上，则人人无己，亦无群。舍之则藏，岂不亦无了群，但仍有一后世之群在。后生可畏，斯即在后世群中矣。

孔子生平只以斯道修己，只以斯道教人，何尝有意自我表现来。及其晚年，知道不行，乃写了一部《春秋》。但《春秋》亦只是记录了前世人群事，何尝有志在自我表现上。孔子教人语，只由其受教者各自记录，孔子自己却从不曾亲写下一语。其受教者，同时不仅只记录了孔子语，又记录了一些同学间之语。如颜渊是当时同学中最受尊崇之一人，凡颜渊语，记录在《论语》中的，并非颜渊自有他的学生把来记录了；都是由其同时同学记录下，亦同样流传在孔门之再传、三传弟子中；而亦把来编入《论语》。而孔门的后进弟子，则与先进不同。孔子死后，他们各自开门授徒，从事教育工作，但他们都不是讲他们自己的一套，却都在讲他们先师孔子的一套；把他们记录下的孔子语来教。当然他们也不免有些自己的话，给弟子记录下，但真是少之又少，在今《论语》中亦有编入。实也不能算是他们话，只是他们在辗转代达孔子话。至于第三代以下，则更少语言流传，亦全不见于《论语》书中。但《论语》一书，却全由此辈不知姓名、全无语言传下的人编制而成。而其编制此书，又极寓深义。即如举《上论》首篇《学而》之前四章，《下论》首篇《先进》之前三章，其中寓义甚深，已可见其梗概。今不知“先进后进”一章，以及“四科十哲”之记录，果出于何人之手？然其流传讨论，以及编制于《下论》之第一篇之首，则必出于师承孔门后进之后学，则断无可疑。抑且《上论》首《学而篇》，次即《为政篇》，则孔子平日讲学精神所在，不待《下论》之《先进篇》，已在《上论》中亦早显见矣。此又见《论语》一书编纂之精心。果使孔门无后进，其后进弟子无分别为师道作宣扬，则孔子 仲尼之姓名，亦可在若存若亡之境。而何有其在后世之至圣先师之尊严地位，得以常深存显耀于吾中华民族两千五百年来之人人心中，而成为吾中华文化传统一共同理想向往目标之一境界之存在乎？

四

《论语》一书，自西汉以来，已成为吾中国读书人一部人人必读书。孔子则成为吾中国共尊之至圣先师。直至于晚清之末两千年无变。非无其他书可读，然必其书近于《论语》，与《论语》可以声息相通，肝胆相照，追随《论语》在同一道路上，则其书受读之范围必更广。亦非无其他人可尊，然其人亦必能与孔子声息相通，肝胆相照，追随孔子在同一道路上，则其人受敬之程度必更高。中国人几成为孔子之化身，孔子则成为中国人之缩影。换言之，孔子乃成为五千年来中国人一样品。孔子与中国民族、中国文化，几乎一而三，三而一。居今而论，中国民族、中国文化，舍孔子则几乎无从说起。

然此实吾中国人自孔子以来两千五百年来一大共业，以相与天成此一现象。否则孔子一人，乃及其及门之七十弟子，又与其此下再传、三传，以至五传、六传之孔门后人，相与天成此《论语》一书者，又谁欤能具此力量，使此下两千五百年来之中国人，必共读此书，共尊此人，创此形势，以为驱迫，而无敢违逆。孟子曰："圣人先得吾心之同然。"惟孔子为能发掘出在其前两千五百年来中国人心之同然，又能引伸起此下两千五百年来中国人心之同然，如此而已。故中国民族生命文化大统，乃中国人之人心同然之一种共业，而孔子特为其代表。如是而已。

今以最显见者言之，中国民族生命，绵亘五千年，以迄于今，并世各民族，皆无与伦比。当前中国人已达十亿之多，其他各民族亦无与伦比。即此一端，已见中国文化成就，至少有一独出并世各民族之上之一显例。其群已至悠久至广大，则生于其群之内者，必有所满足，而可无他求矣。

五

然而挽近一百年来，西化东渐，而人心大变。美其名曰“新文化运动”，实则为“西化”运动。回顾已往五千年，乃全无一是。论其政治，则曰“帝王专制”。论其社会，则曰“贵族封建”。论其思想，则曰“顽固守旧”。论其为犁庭扫穴之功，则罪魁祸首惟孔子一人。批孔、反孔、打倒孔家店，成为新文化运动之首要任务。而废止汉字等次之。然而凡吾当身，乃及吾父吾祖所见、所闻、所传闻之三世经历，乃使吾国人仍归于途穷而思反，乃复有“复兴文化”之呼声，以及重再尊孔子之口号。

具实回顾中国史，孔子以前，孟子已言之，有圣之“任”、之“清”、之“和”，伊尹、伯夷、柳下惠三圣之品格各别。即孔子自言，亦曰“窃比吾于老 彭”，未尝谓己之独出于前人也。孔子之卒，即有墨翟、杨朱、庄周、老聃，以及其他先秦诸子，百家群起而反孔子。两汉以下，惟老聃犹能与孔子相抗衡。而印度佛教东来，下及唐代，几乎释迦、老聃与孔子如鼎足之三立。而老、释两家，亦下迄今世而仍在。即论孔门，孔子生前已有“先进”“后进”之异。战国之时，儒分为八。而孟、荀相异，尤为后人所熟知。两汉以下，儒学定于一尊，而有汉儒，有宋儒，又有清儒之求由宋而反汉。则在儒学一系统内，亦复有门户派别，种种分歧。则一部中国思想史，乃可谓是一部自由思想史。经、史、子、集，一切著作，皆可寻证。由于时代之变，自今以往，复有欧西文化之参人，此亦顺理成章，又何足多异！惟当今之世，如何来做一像样的中国人？此始是问题所在。若必谓须打倒传统，与五千年来中国人相隔绝，故须取消中国人旧样品孔子，来重新做人，则此事体大，该有郑重讨论之余地。

今再扩而言之。印度有释迦，西欧有耶稣，与中国有孔子，此三人实为举世人类中普遍最受人信仰崇奉之三人。穆罕默德则较耶稣更后起，其受信仰之范围亦更狭。惟佛教在印度久已衰歇，而其流传在中国者，则日益滋盛，至今未已。而回教亦日在中国生根。最近百年来，耶教在中国亦骤盛。余曾游韩国与日本，此两国受中国文化陶冶深，至今两国内多信奉孔子、释迦，而耶、回势力则几乎无有，远不能与在中国者相比。此见中国人气量大，心胸宽，好学精深，喜有朋，易于接受新事物，新风气，而能和平相处；尤能融为一炉，调剂融洽，使不见有冲突。孔子之能会通羲、农、黄帝、唐虞、夏、商、周三代，而使两千五百年来之中国文化完成为一体，而传之此下之中国；其功正在此。故曰“孔子何常师之有”。是则孔子不自外为一中国人。何以今日吾国人则必排除孔子，乃始得为此下一中国人？抑或必排除为一中国人，乃始获为此下世界中一人？则我尚未见有能深阐此义，以告国人者。而批孔、排孔之风，在百年之内，有若是之张狂，则诚难以叙述也。

今日国人好言“人生”。惟人生当分两方面：一曰“生活”，一曰“生命”。两者间，实有甚大之不同。“生活”仅是其手段，而“生命”则是其目的。专就文学言，西方文学重在人的生活方面之叙述，而中国文学则更重在人的生命方面之表达。再论夫妇与家庭，西方亦以生活为重，而中国则更要在于生命之意义与价值。今再论三大教主，释迦佛教则轻视生命，谓惟生、老、病、死四苦，而教人以清静寂灭、求得涅槃为宗旨。耶稣则以原始罪恶论，教人信上帝，以死后灵魂得以重归天堂为终极。此两教同是轻视人之生活，而连带忽视及于人之生命者。惟孔子能不忽视生活，而更重视其生命，令生命不即身而止。上有父母，下有子女，父传子，子传孙，以至于无穷，而相互传成一民族之大生命，直迄于今。中国民族生命绵亘五千年，而有十亿人之多，孔子立教之功，亦端在此。至如西方科学，则影响于人之生活方面者为多，即使继涨增高，最近将来人类可达于纯机器之生活，又使其能从地面生活扩大推进至太空生活，要之，不脱身体生活之一面。故西方科学虽日盛，终不放弃宗教，即其有关生命一面者。今吾国人慕效西方生活，提倡科学，亦又何必排斥孔子？此诚无以自圆其说者。

然继今以往，吾国人纵仍慕效西化，一心追随西方之科学人生；而牺牲生命，以务求生活之改进，则总非计之得者。古今中外，乃至千百世以下，亦宁有一不孝、不弟、不忠、不信、无礼、无乐而可有大群善良之人生？大群人生既破坏，私人生活又何从得改进？惟夫妇家庭，乃为人群政治社会一切建筑之基础。亦惟孝弟、忠信、礼乐，斯继今人类乃始有太平大同之望。而岂财富武力之所能预！则孔子之教，诚有其不可忽者，其惟吾国人善反之于己心，而一加思焉；则道不在远，而即在吾方寸之间矣。孔子即在吾心，又何争辨之需哉！

本《论语》论孔学

《论语》二十篇，首篇第一章，即曰“学而时习之，不亦说乎”，最先提出一“学”字。但当时孔门，究竟所学是何？又该如何学？历来儒者，自汉迄清，为此“学”字作解，争议纷纶，莫衷一是。本文仍就《论语》，专择其明显提及“学”字诸章，会通阐说，求能为当时孔学粗略描绘一轮廓。并亦于历代诸儒意见，略有取舍评骘。自知末学浅测，未必遽当，亦聊以备一得之愚，以待明哲之论定。固未敢进退先贤，标一己之独是也。

子曰：“志于道，据于德，依于仁，游于艺。”（《述而》）

朱子曰：

此章言人之为学当如是也。盖学莫先于立志，志道则心存于正而不他。据德则道得于心而不失。依仁则德性常用而物欲不行。游艺则小物不遗而动息有养。学者于此，有以不失其先后之序、轻重之伦焉，则本末兼该，内外交养，日用之间，无少闲隙，而涵泳从容，忽不自知其入于圣贤之域矣。

窃谓《论语》此章，实已包括孔学之全体而无遗。至于论其为学先后之次，朱子所阐，似未为允，殆当逆转此四项之排列而说之，庶有当于孔门教学之顺序。子夏所谓：

君子之道，孰先传焉，孰后倦焉。有始有卒者，其惟圣人乎？

程子曰：

君子教人有序，先传以小者近者，而后以大者远者。非传以小近，而后不教以远大也。

朱子曰：

学者当循序渐进，不可厌末而求本。亦非谓末即是本，但学其末而本即在是。

程 朱所言实与本篇之旨，无大违戾。兹为逐项分说之如下：

一、学于艺，即“游于艺”之学

> 达巷党人曰：“大哉孔子，博学而无所成名。”子闻之，谓门弟子曰：“吾何执，执御乎？执射乎？吾执御矣。”（《子罕》）

此章虽孔子谦辞，然孔子遍习六艺，御、射皆其所学。《论语》首章“学而时习之”，如《王制》云：“春夏学诗、乐，秋冬学书、礼。”《内则》云：“六年教之数与方名。七年男女不同席。八年始教之让。九年教之数日。十年学书计。十三年学乐、诵诗、舞《勺》。十五年，成童舞《象》。二十始学礼，舞《大夏》，博学不教。”此皆古人之所谓“时习”，其所学则皆是六艺。则孔子始学，亦必是此等六艺之学可知。

> 大宰问于子贡：“夫子圣者与？何其多能也！”子贡曰：“固天纵之将圣，又多能也。”子闻之，曰：“大宰知我乎？吾少也贱，故多能鄙事。君子多乎哉？不多也。”牢曰：“子云：‘吾不试，故艺。’”（《子罕》）

此章所谓“多能”，即犹前章之“博学”。既曰“鄙事”，又曰“艺”，则孔子之学，对于当时社会人生实务诸艺，决不鄙弃不之习，又断可知矣。若就今日言，如音乐、跳舞、游泳、驾驶汽车之类，亦社会人生实务，亦犹古人之所谓“艺”也。推而广之，如一切科学工业技术，亦犹古人之所谓“艺”也。孔子若与吾侪生同时，亦必时习博学于此人生诸实艺，所谓“多能鄙事”，实未必有背于孔子之学也。

子曰：“三年学，不至于谷，不易得也。”（《泰伯》）

据此章，学以求禄，亦指习艺之学言。直至近代，求学率为职业，在孔门亦复如是。孔子决不深斥此等志谷谋业者谓不得谓之“学”，又可知矣。又按：古人六艺之学，首书、数，庶人幼学皆习。次射、御，少壮成人乃习之。又后曰礼、乐，则艺而入于文。通习礼乐，斯可以为君子。

子曰：“弟子入则孝，出则弟，谨而信，泛爱众，而亲仁。行有余力，则以学文。”（《学而》）

刘逢禄《论语述何》曰：“此因上文孝弟、谨信、爱仁而类记之。文者字之始，诵法《六经》，先正声音文字，谓小学也。”毛奇龄《四书胜言》曰：“姚立方云：文，字也。非《诗》《书》六艺之文。言弟子稍间使学字耳。”阎若璩曰：“《史记·孔子世家》：孔子以诗书礼乐教弟子，盖三千焉，身通六艺者七十有二人。”又曰：“言六艺者折衷于夫子。以《诗》《书》六艺诂‘文’字，语本无病，毛氏攻之，非也。”今按：刘氏承毛、姚之意，以“文”为文字。则岂有能行孝弟，谨信爱仁，而始教之以识字？凡此皆清儒之曲说。阎之驳毛是矣。然古人所谓“六艺”，亦非汉儒所谓之《六经》。则阎说亦不全是。

黄震《日钞》曰：“此章教人为学以躬行为本，躬行以孝弟为先。文则行有余力而后学之。所谓文者，又礼、乐、射、御、书、数之谓，非言语文字之末。”今按：黄说较允。古人所谓“文”，本与“艺”通。陆德明《经典释文》引郑玄云：“文，道艺也。”何晏《论语集解》引马融曰：“文者，古之遗文。”此皆古注，较后儒为允。学习六艺，非可全舍书本。朱《注》：“文谓《诗》《书》六艺之文。”今按：六艺既有礼乐，斯必及《诗》《书》。以《诗》《书》为礼乐之文则可，固不必牵连汉以后之《六经》为说。此处朱子用“六艺”字，仍与阎氏同失。朱子又曰：“力行而不学文，则无以考圣贤之成法，识事理之当然。”此说甚是。此宋儒之说，转与汉儒近，而清儒所释，有转违于汉儒之旧诂者。所以为学贵于择善而从，不贵乎门户主奴之见也。

子路使子羔为费宰，子曰：“贼夫人之子。”子路曰：“有民人焉，有社稷焉，何必读书然后为学？”子曰：“是故恶夫佞者。”（**《先进》**）

此章言“读书”，犹上章言“学文”。可见孔门决不斥读书为非学。程 朱论学，有时于习艺不免轻视；而自陆 王迄于颜元，又不免轻视读书。一轩一轾，同是不平。就《论语》本书言，殊未见有此轩轾也。

> 子曰："小子何莫学夫《诗》。《诗》，可以兴，可以观，可以群，可以怨。迩之事父，远之事君。多识于鸟兽草木之名。"（《阳货》）

此章孔子劝人学《诗》，即劝人读书学文也。

> 子谓伯鱼曰："女为《周南》《召南》矣乎？人而不为《周南》《召南》，其犹正墙面而立也与！"（《阳货》）

此章孔子教其子伯鱼学《周南》《召南》，即教其学《诗》，教其读书学文也。

> 陈亢问于伯鱼曰："子亦有异闻乎？"对曰："未也。尝独立，鲤趋而过庭，曰：'学《诗》乎？'对曰：'未也。''不学《诗》，无以言。'鲤退而学《诗》。他日，又独立。鲤趋而过庭，曰：'学礼乎？'对曰：'未也。''不学礼，无以立。'鲤退而学礼。闻斯二者。"陈亢退而喜曰："问一得三。闻《诗》，闻礼，又闻君子之远其子也。"（《季氏》）

此章记孔子教其子伯鱼学《诗》、学礼，亦即教其读书学文也。王应麟《困学记闻》曰："孔庭之教曰《诗》《礼》。"子思曰："夫子之教，必始于《诗》《书》，而终于礼、乐，杂说不与焉。"《荀子·劝学》亦曰："其数则始乎诵经，终乎读礼。"此皆孔门以读书学文为学之显例。

子曰："君子博学于文，约之以礼，亦可以弗畔矣夫。"（《雍也》）

此章"博文"，即包括读书学文。可见当时所谓圣人博学，大义不外两端，一多习艺，一多读书。直至近代，言人博学，亦率指此二者。朱子不免偏重于教人读书，颜元不免偏重于教人习艺，是皆各得其一偏也。又按：刘逢禄《论语述何》曰："文，六艺之文。礼，贯乎六艺。"此解博文约礼，最为得之。余说纷纶，各有偏主，不复一一具辨。

子以四教，文行忠信。（《述而》）

何义门《读书记》："小学先行而后文，'弟子'章是也。大学先文而后行，此章是也。"王应麟《困学纪闻》曰："四教以文为先，自博而约。四科以文为后，自本而末。"此"文"字皆指书本。则孔门教人为学，必不偏轻读书学文，亦居可见。

> 子曰："我非生而知之者，好古，敏以求之者也。"（《述而》）

何晏《论语集解》引郑玄曰："言此者，劝人学。"今按：孔子曰："生而知之者，上也。学而知之者，次也。困而学之，又其次也。困而不学，民斯为下矣。"孔子不自居于生知，孔子之所谓学，正在于好古敏求。好古必从事于读书学文。不读书，不学文，又何以博闻于古而择善以从乎？可知孔门之学决不废读书，抑且必以读书为要务。

以上言孔门之学，首重通习技艺时务，读书博古。此乃古今为学通谊，即孔门为学，亦无以异也。

二 、学于仁，即"依于仁"之学

孔子曰："我非斯人之徒与而谁与？"既为人，学人道。学于仁，即是学人道，即是学为人也。后儒释《论语》"仁"字，多不免于深求。孟子曰："仁，人心也。"则仁道者，即人道也。郑玄以"相人偶"释仁，是"依于仁"以为学，即依于人与人相处之道，即依于相人偶之道以为学也。

> 子曰："三人行，必有吾师焉，择其善者而从之，其不善者而改之。"（《述而》）

此即孔子"依于仁"之学，亦即孔子之学为人，乃即于人而学为人，故曰“三人行，必有吾师”也。

子曰：“加我数年，五十以学，亦可以无大过矣。”（《述而》）

今按：孔子虽学至于五十，尚求无大过，此仍是学为人，学人道，即“依于仁”之学也。学为人，依于仁之学，亦岂易言？盖“依于仁”之学，固当终生以之。俗云：“活到老，学到老”，诚哉不虚也。

子曰：“弟子入则孝，出则弟，谨而信，泛爱众，而亲仁，行有余力，则以学文。”（《学而》）

今按：孝弟、谨信、爱仁皆须学，此即学人道，即学“依于仁”也。然则学者，固非仅习艺读书之谓。居家出门，凡一切躬行实践，所以为人之道，皆学之事。子夏曰：“贤贤易色，事父母能竭其力，事君能致其身，与朋友交，言而有信；虽曰未学，吾必谓之学矣。”此章“虽曰未学”之“学”，即指读书学文言。“吾必谓之学”，则指学为人，谓一切日常人生实践躬行之莫非学也。后儒如陆 王言学，偏重践行，实近子夏此章之义。若循此推衍益远，必陷于子路“何必读书然后为学”之偏，然孔子固已斥为“佞”。则孔门乌曾主不读书之学乎？象山曰：“尧 舜以前曾读何书来？”此一时，彼一时，周 孔以后，固未能有不读书之学者。惟孔子既曰：“行有余力，则以学文”，则陆氏之说，其于幼学，要为得之。

子曰："君子食无求饱，居无求安，敏于事而慎于言，就有道而正焉，可谓好学也已。"（《学而》）

明 王恕《石渠意见》曰："古之学者，其要在乎谨言慎行以修身，非徒记诵辞章而已。故夫子告子张曰：'慎言其余，慎行其余。'又曰：'言忠信，行笃敬。'《中庸》曰：'言顾行，行顾言'，是皆以言行为学也。"今按：以言行为学，即是学为人，即是"依于仁"以为学也。

子曰："君子不重则不威，学则不固。主忠信，无友不如己者。过则勿惮改。"（《学而》）

此章亦主学为人之道而言。

以上言孔门言学，皆主于日常人生之躬行实践，主于学为人。此亦古今为学之通谊也。即在近代，亦无不认此为学。是仍与古无异。"子以四教，文行忠信"，一主文，一主行，两者不偏废。大略言之，宋 明儒论学，多偏主行。汉 清儒论学，多偏主文。若就西方学术言，宗教似偏行，哲学、科学似偏文。孔门两者兼重。皇侃《论语疏》：或问："既云：'行有余力，则以学文'，又云：'子以四教，文行忠信'，文、行或先或后，何也？"答曰："《论语》之体，悉是应机适会。教体多方，随须而与，不可一例责之。"今按：教体多方，即是学术多门也。有志孔子之学者，亦贵随顺自力，不宜偏主一端一途，而轻起是非之辨矣。

且上所谓游艺、依仁之学，通而言之，亦实是一事。学为人，固必通于艺。世无不习一艺之人，习艺亦人道处世一大端也。“不学《诗》，无以言”，“不学礼，无以立”，以言、以立，亦即学为人之条件。是学文亦即所以学为人，亦即是“依于仁”之学矣。又曰：“《诗》，可以兴，可以观，可以群，可以怨，迩之事父，远之事君。”兴、观、群、怨，事父事君，独非学为人之道与？然则读书学文，固亦通于学为人之道。故游艺、博文，皆所以学为人，皆即是“依于仁”之学。若必鄙斥艺文，高论人道，是人道将不免陷于孤狭，殆非所以相人偶，而转近乎不仁之归矣。故欲“依于仁”，学人道，亦无有不兼涉于游艺学文之事者。此亦古今相同，无大违越也。

又按：孔门诸贤，如子路可使治赋，冉有可使为宰，公西华可使束带立朝与宾客言，而孔子皆谓“不知其仁”。盖“用之则行，舍之则藏”，孔子惟以许颜渊。出处行藏，乃学为人之大节。子路、冉求、公西华抱艺在身，未能深藏不用，故孔子未许以仁。然则为人之学，有其浅，亦有其深。有其层累焉，有其相通焉。游艺、依仁之学，不仅有其相通，亦有其层累。有志孔门之学者，必明乎此相通与层累之二义，乃可以得孔子博文而一贯之深旨。

三、学于德，即“据于德”之学

上述两项，游艺、依仁，乃古今言学之通谊。下两项，据德、志道，乃孔门论学之渊旨。然下两项亦本于上两项而学，特循此而益进耳；非谓舍于上两项而别有下两项之学也。

子曰："学而时习之，不亦说乎？有朋自远方来，不亦乐乎？人不知而不愠，不亦君子乎？"（《学而》）

此章"学而时习之"，即前述上两项之学。同声相应，同气相求，人至中年，学成名闻，有朋友同道，远来讲习，故可乐也。及乎其所学益进，所造益深，至乎人无知者，而其内心有所自得自信，虽欲罢而不能焉，此又何愠之有？则此诚学人之盛德，非学之深而养之粹，未易臻此。此即由游艺、依仁而深入于"据德"之境矣。且悦乐亦已在内心，此已是内心之自得。故学而时习，有朋远来，虽曰习艺学文，主于学为人，而固已见其即为"据德"之学矣。故游艺、依仁之与据德，虽若层累之三级，实亦会通于一贯。

子曰："古之学者为己，今之学者为人。"（《宪问》）

此章为据德之学之最要义。《荀子·劝学篇》云："君子之学也，入乎耳，著乎心，布乎四体，形乎动静，一可以为法则。小人之学，入乎耳，出乎口，口耳之间则四寸耳，曷足以美七尺之躯哉？"又曰："古之学者为己，今之学者为人。君子之学也，以美其身。小人之学也，以为禽犊。"《后汉书·桓荣传》论曰："为人者，凭誉以显扬；为己者，因心以会道。"故知人之为学，无论其为学于艺，学于文，抑学为人之道，虽其所学同，而其所以学之用心，则有为己、为人之别，此诚不可以不辨。学知为己，即知所以为据德之学矣。

子曰："默而识之，学而不厌，诲人不倦，何有于我哉！"（《述而》）

此章"学不厌，诲不倦"，此即门弟子之就此而谓夫子固已圣者也。今试问：何以能诲不倦？则必在己能学不厌，斯对人能诲不倦矣。试又问：何以能学不厌？则必其先知默而识之，斯能学而不厌矣。故本章三语，虽若并列，实则层累而进，亦为学之阶程有此三级也。"默而识之"者，朱子曰："谓不言而存诸心也。"此即荀子所谓"入乎耳，著乎心，布乎四体"，是即为己之学之真精神，真法门也。若"入乎耳"，即欲"出乎口"，则为学惟求显扬，最多亦只以为人。斯之为学，或得志，或失意，无不易厌，以其不知学之必"据于德"也。

哀公问弟子孰为好学？孔子对曰："有颜回者好学，不迁怒，不贰过，不幸短命死矣。今也则亡，未闻好学者也。"（《雍也》）

李中孚《四书反身录》："学，所以约情而复性也。孔子承哀公之问，舍博学笃志之子夏，舍多闻多识之子贡，而推静默如愚之颜氏。乃以不迁不贰为好学之实。可见学苟不在性情上用功，则学非其学。性情上苟不得力，纵夙夜孜孜，博极群籍，多材多艺，兼有众长，终不可谓之好学矣。"今按：学在性情上用功，即所谓"据德"之学也。宋儒有"颜子所好何学论"，即本此章发题。《论语》如此等章，最见孔门据德之学之真趣。此始纯粹是一种为己之学，即在自己德性上有期望，有到达，故谓之据德之学也。然若提倡过偏，认为惟此是学，而鄙视上述游艺、学文、学为人之诸端，而皆谓其不足有当于学，则其流弊亦有不可胜言者。盖据德之学，亦即游艺、依仁之学之进而益微，而始有此境界。非谓舍却游艺、依仁，而可以直下追寻，惟此为学也。宋儒论学，似于此不能无过偏之弊。此则论学之士之所当深辨也。

子曰："射有似乎君子，失诸正鹄，反求诸其身。"此即下学习射，可上达于"不迁怒"之境界也。

又曰："举一隅不以三隅反，则吾不复之矣。"此即下学习器游艺，可上达于"不贰过"之境界也。

孔门据德之学，固仍是依仁、游艺之为学，而非别有所学，可知矣。自舍游艺、依仁之学，而谓可以专崇夫"据德"以为学，而儒学始有歧；此则宋儒之过也。然若论宋儒于儒学传统之大贡献，则亦惟其所发挥于据德之学之一端，为最渊微而深切矣。惟其于此有大贡献，故亦于此不能无偏主。此则贵乎好学者之善为慎择也。

子曰："由也，女闻六言六蔽矣乎？"对曰："未也。""居！吾语女。好仁不好学，其蔽也愚。好知不好学，其蔽也荡。好信不好学，其蔽也贼。好直不好学，其蔽也绞。好勇不好学，其蔽也乱。好刚不好学，其蔽也狂。"（《阳货》）

朱子曰："六言皆美德。然徒好之而不学以明其理，则各有所蔽。"今按：此六言者，固可说是美德，然《论语》称"六言"，不称"六德"，则"言"与"德"仍宜有辨。盖此"六言"，特人世间所公认之六德目；若不能切身而反求之己，当时而求通之于人情世务，徒好此六德目之名，规效摹袭而行之，迹似神非，斯则不免于"六蔽"之陷矣。当知若称"六德"，则不宜复有蔽。而所谓"六蔽"，亦皆本于各人之心性，即皆蔽于其人德之所未纯。愚、荡、贼、绞、乱、狂之六者，亦不可不谓其原于人性；而特未加修学以使成为美德，偏陷所至，而遂有此；是所谓恶德也。孟子有"行仁义"与"由仁义行"之辨。若徒好此六德，而不复济之以学，则是"行仁义"，非能"由仁义行"。"行仁义"，仅是慕外而行之。必能"由仁义行"，乃始为据德之学，成德之行也。然则又如何而学乎？此则舍博文、约礼无由矣。孟子所谓"明于庶物，察于人伦"，朱子所谓"考圣贤之成法，识事理之当然"，此皆"博文"之学之所有事。能由是而反之吾身，而诚见其不可易，乃有以深得夫"易地而皆然"之心同理同，反身而诚，知万物之皆备于我，则由"博文"以达于"约礼"，即此以为据德之学也。此实内外交修，人己同尽，决非仅凭己心，不重外学之所能到。本此一章，又可见博文、依仁、据德之学之层累而相通，有其阶程层次，而实无彼此之扞格界划也。

子曰："德之不修，学之不讲，闻义不能徙，不善不能改，是吾忧也。"（《述而》）

此章亦以“修德”与“讲学”分言之。徙义、改过，此乃修德事，亦即讲学事。虽可分而仍互通。

子曰：“十室之邑，必有忠信如丘者焉，不如丘之好学也。”（《公冶长》）

戴震《孟子字义疏证》云：“圣贤论行，固以忠信为重。苟学不足，则失在知而行因之谬。虽其心无弗忠弗信，而害道多矣。”黄式三《论语后案》云：“忠者心之尽，信者言之实。不能好学，而心与言之失，可胜数乎？是以四教必曰文行忠信，此章正为自恃忠信者戒其坚自执耳。”今按：此乃有美质而未学者。美质，乡人所同有。好学，圣人所独至。圣人之为学，固非离弃乎己之忠信之质以为学。及其学之所至，亦以益美其忠信之质而已。固非期其有外乎己之忠信之质，或转异乎己之忠信之质，以别成其所谓学也。然必本乎此人所同有之忠信本质而为学，以成其德而跻乎圣，此乃孔门“据德”之学之所以为独特而超卓，而他之言学者或未之能逮也。

颜渊 季路侍。子曰：“盍各言尔志！”子路曰：“愿车马衣裘，与朋友共，敝之而无憾。”颜渊曰：“愿无伐善，无施劳。”子路曰：“愿闻子之志。”子曰：“老者安之，朋友信之，少者怀之。”（《公冶长》）

此章记孔子、颜渊、子路三人之志，此即三人之所愿学也。此三人所悬举以为学的者，全属自己一种内心境界，故谓之为“为己”之学也。于此境界而有所期望，而能到达，斯即学人之心德也，故又谓之为“据德”之学焉。朱子谓：“三人之志，皆与物共，特有小大之差。”此即指其所期望到达之心境小大，亦即成德之小大也。然其所愿皆在己，不在人，此所以称之为“为己”之学。程子曰：“古之学者为己，其终至于成物。今之学者为人，其终至于丧己。”为己之学，所愿只在己。其所求完成者，即其一己之心德。而其一己心德所能到达之最后境界，乃为一种“物我一体”之天地气象。如孔子所谓“老者安之，朋友信之，少者怀之”，此种境界，岂不“为己”而终至于“成物”乎？然则此种学问，所谓“为己”“据德”之学，岂非即是学为人，由“依于仁”之学之更进一级而始见其有是乎？朱子谓“仁者心之德”，故依仁之与据德，亦是有其相通，有其层累也。

又按：孔门四科，德行、言语、政事、文学，亦可以浅言，可以深言。若以德行为“据德”之学，则言语、政事乃“依仁”，文学则“游艺”也。若以德行之科为“依仁”，则其余三科，皆“游艺”也。要之，孔门之学有其相通，有其层累。心知其意，则一以贯之，固不必一一为之分划割绝也。

朱子曰：“学不可以一事名，德行、言语、政事、文学，皆学也。今专以德行为学，误矣。”陈礼《东塾读书记》申之曰：“此论四科之不可偏废。且专以德行为学，朱子犹以为误，则专以言语、政事、文学为学，尤误可知矣。专学一科，不误也。专以己所学之一科乃谓之学，而以己所未学之三科不得谓之学，则误也。”今按：朱、陈之说允矣，而未尽。论孔门之学者，必明其层累而递进，与夫一贯之相通，而后可以窥孔门之学之渊微而广大。否则，如颜回者，岂真专学夫“德行”一科乎？是知学之必博，而博之必能反于约，而为己、据德之学之亦不可舍乎游艺、博文以为学矣。

四、学于道，即“志于道”之学

学必有标的，有对象。如“游于艺”之学，乃以事与物为学之对象。“依于仁”之学，乃以人与事为学之对象。“据于德”之学，则以一己之心性内德为学之对象。而孔门论学之最高阶段，则为“志于道”。“志于道”之学，乃以兼通并包以上之三学，以物与事与人与己之心性之德之会通合一，融凝成体，为学之对象。物与事与人与己之会通合一，融凝成体，此即所谓“道”也。故志道之学，实以会通合一为对象。会通合一之至，达于以“天”为对象之至高一境，此乃孔学之所以为高极而不可骤企也。

> 子曰：“可与共学，未可与适道。可与适道，未可与立。可与立，未可与权。”（《子罕》）

观此章，则其人知向学，未必即已知“适道”；向学、适道，其间尚有阶序。然则其人虽不知志道，固不可即谓其不知好学，特非好学之至耳。必如此言学，乃始可与人共学。若必求能志道者而始与共学，则“可与共学”之途狭矣。“可与共学”之途狭，亦非“依于仁”

之学也。宋 明儒论学，必以有志适道者始谓之学，故若于游艺、博文之学，皆摈之于学术之墙外。甚至自汉 唐诸大儒，如董仲舒、郑玄、王通、韩愈，几皆摈不得预夫学术之大统，一若不可与共学焉。此决非孔门论学宗旨。且如学于仁，如孝弟之类，世亦多有随俗为人，其人非不孝弟，然亦未可即谓其“志于道”。有子曰：“孝弟也者，其为仁之本与？本立而道生。”若只平实就事言之，亦可谓孝弟只是做人根本，再从此根本上生出道。则志道之学，应该自有其境界，自有其工夫矣。故孔门言学，亦于游艺、依仁、据德三者之外，别有“志道”一目也。

孔门言道，亦有时深言之，有时浅言之。

> 子游曰：“昔者偃也闻诸夫子，曰：‘君子学道则爱人，小人学道则易使也。’”（《阳货》）

此于道浅言之也。此所谓“道”，殆指“相人偶”之道，即学“依于仁”之道也。

> 子曰：“笃信好学，守死善道。危邦不入，乱邦不居。天下有道则见，无道则隐。邦有道，贫且贱焉，耻也。邦无道，富且贵焉，耻也。”（《泰伯》）

此于道乃深言之。“守死善道”是能立。“有道则见，无道则隐”是能权。然所以为“志道”之学者，则犹不尽于此。

卫公孙朝问于子贡曰："仲尼焉学？"子贡曰："文武之道，未坠于地，在人。贤者识其大者，不贤者识其小者，莫不有文武之道焉。夫子焉不学，而亦何常师之有？"（《子张》）

朱子《论语或问》："何以言文武之道为周之礼乐也？"曰："此固好高者之所不乐闻。然其文意不过如此。以'未坠在人'之云者考之，则可见矣。若曰道无适而非，惟所取而得，则又何时'坠地'？且何必'贤者识其大，不贤者识其小'而后得师耶？此所谓人，正谓老聃、苌弘、郯子、师襄之俦耳。若入太庙而每事问焉，则庙之祝史，亦其一师也。大率近世学者，习于老佛之言，皆有厌薄事实，贪骛高远之意，故其说常如此，不可以不戒也。然彼所谓'无适而非道'者，亦岂离于文章礼乐之间哉？但子贡本意，则正指其事实而言，不如是之空虚恍惚而无据也。"今按：朱子此条，阐述孔子"志道"之学极深切明白。本此言之，孔子志道之学，实即其游于艺、学于文，实即是"博文""约礼"之学也，而岂复有他哉？刘宝楠《论语正义》云："《书传》言：夫子问礼于老聃，访乐苌弘，问官郯子，学琴师襄，其人苟有善言善行足取，皆为吾师。此所以为集大成也与？"今按：刘氏说亦是也。本此，又见孔子"志道"之学，亦即其游于艺、依于仁之学也。惟是所谓孔子之"集大成"，则其层累相通之间，实大有事在。盖学必至于集大成，乃始见道，否则皆所谓小道。子夏曰："虽小道，必有可观者焉。致远恐泥，是以君子不为。"然大道亦由会通小道而成，固非离绝于一切小道而别有所谓大道也。

子曰："学而不思则罔，思而不学则殆。"（《为政》）

此所谓"思"，即思通。道必思其会通而始见。学无小与大，皆必由思得通，通而后见道。若仅知逐事效学，则终于见事不见道。故志道之学首贵于能"思"也。今若举"时习"为游艺之学之首务，则"孝弟"乃依仁之学之首务，"为己"乃据德之学之首务，"思通"则志道之学之首务也。

子曰："吾尝终日不食，终夜不寝，以思，无益，不如学也。"（《卫灵公》）

今按：孔门论学，虽"学""思"并重，然二者亦有本末先后。苟非先有逐事具体之学，则何从有博综会通之思？故本章又特著学思先后之大序焉。子夏曰："博学而笃志，切问而近思，仁在其中矣。"此即依仁之学，亦必先"博学"而继之以能思，又必知先"近思"。此孔门论学重思之要旨。亦即孔门论学必本于学以致思之要旨也。

子曰："赐也，女以予为多学而识之者与？"对曰："然。非与？"曰："非也。予一以贯之。"（《卫灵公》）

此章所谓“多学而识之”，乃孔子之学所与门弟子以共见者，故子贡遽对曰“然”也。“一贯”之学，则博学而思其会通。此不能与人以共见，门弟子宜有所未晓，故孔子特呼子贡而面告之也。孔门之“一贯”，后儒辨之者众矣。顾炎武《日知录》曰：“好古敏求，多见而识，夫子之所自道也。然有进乎是者。六爻之义至赜也，而曰‘知者观其彖辞则思过半矣。’三百之《诗》至泛也，而曰‘一言以蔽之曰思无邪’。三千三百之仪至多也，而曰‘礼，与其奢也宁俭’。十世之事至远也，而曰‘殷因于夏礼，周因于殷礼，虽百世可知’。百王之治至殊也，而曰‘道二，仁与不仁而已矣’。此所谓‘予一以贯之’者也。其教门人也，必先叩其两端，而使之以三隅反。故颜子闻一以知十，而子贡‘切磋’之言，子夏‘礼后’之问，则皆善其可与言《诗》。岂非天下之理，殊涂而同归；大人之学，举本以该末乎？彼章句之士，既不足以观其会通；而高明之君子，又或语德性而遗问学；均失圣人之指矣。”窃谓顾氏此条，实最为得孔门“一贯”之学之真解。此皆具有明证实据，非苟为推测之辞、驰骛之论也。朱子《语类》云：“孔子告子贡，盖恐子贡只以己为多学，而不知一以贯之之理。后人不会其意，遂谓孔子只是一贯，不用多学。则又无物可贯。孔子实是多学，无一事不理会过，只是于多学中有一以贯之耳。”方宾王问朱子，谓：“一贯乃积累既久，豁然贯通。向之多学而得之者，始有以知其一本而无二”，朱子善其说。则朱子说孔子博学一贯之义，盖已甚是。顾氏所辨，亦未能越出朱子所论列也。

然朱子之言，复有滋后人之非议者。孔广森《经学卮言》有云：“子之问子贡，非以多学为非，以其‘多学而识’为非。子贡正专事于‘识’者，故始而然之，但见夫子发问之意似为不然，故有‘非与’之请。此亦质疑常理。必以为积久功深，言下顿悟，便涉禅解。‘予一以贯之’，言予之多学，乃执一以贯通所闻。推此而求彼，得新而证故。必如是，然后学可多也。若一一识之，则其识既难，其忘亦易，非所以为多学之道矣。盖一贯者，为从事于多学之方。宋人言‘今日格一物，明日格一物’，久而后能‘一旦贯通’，得无与此义相左乎？”今按：孔氏此辨极深挚，乃所以药漫无统纪专以好多骛博为学之失也。然而亦未全允。“多学而识”，此乃古今学问通法，未可遽以为讥。惟若漫无统纪，专骛多学，则诚有如孔氏之所戒者。而循孔氏之言，则其学亦每易陷于偏至，仍非孔门“一贯”之真旨。必当学思并进，交互为功；既非仅俟积久，一旦自有豁然之境；亦非先守一贯，奉以为多学之方也。若必先守此一贯，则孔子已明戒夫学者，谓“终日不食，终夜不寝，以思，无益，不如学”矣。故非经“多学”，则何来有此“一贯”？亭林以“观其会通”释“一贯”，其语最无病。观其会通，即用思之功也。每一学问，必当用思以观其会通焉。有小会通，有大会通，有始会通，有终会通。上引《日知录》所举，孔子论《易》、论《诗》、论礼、论百世可知、论百王之治，其实此等会通，就孔子之学言，则仍还是小会通，孔子之一以贯之，尚有其更大会通、终极会通之一境。此即孔子“志道”“知天”之学之所至也。若如孔氏之说，先执一理以贯通所闻，则断难达此境界矣。朱子所谓“今日格一物，明日格一物”，“格”亦可训“通”。先求通于此，通于彼，久而后能全体会通。则朱子“格物穷理”之教，善体之，仍未可非。且朱子亦云：“莫不因其已知之理而益穷之。”此与孔氏之辨，正复相似。故学者细味孔说，正足益明朱意。兼取善会，庶乎得之。至陆 王学者以“良知”为一贯，清儒又释一以贯之为“一以行之”，恐终非孔门论学规矩。

又按：李中孚《反身录》，谓：“博以养心，犹饮食以养身。多饮多食，物而不化，养身者反有以害身。多闻多识，物而不化，养心者反有以害心。饮食能化，愈多愈好。博识能化，愈博愈妙。盖并包无遗，方有以贯。苟所论弗博，虽欲贯而无由贯。刘文靖谓邱文庄博而寡要，尝言“邱仲深虽有散钱，惜无钱绳贯钱。文庄闻而笑曰：‘刘子贤虽有钱绳，却无散钱可贯。’斯言固戏，切中学人徒博而不约，及空疏而不博之通弊。”今按：钱绳贯钱，向来用以喻孔门之一贯。然散钱无绳，一钱尚有一钱之用；仅无绳贯串，则多钱不易藏，易致散失耳。若并无一钱，而空有贯钱之绳，此绳将绝无用处。抑且譬喻之辞，终有未尽切者。当知若手中无钱，将遍天下觅不到此贯钱之绳。阳明提倡“良知”，即以为“一贯”之学，其曰：“见父自然知孝，见兄自然知弟”，见父即是得一钱，知孝便是把此钱上贯。见兄又是得一钱，知弟便是又把此钱上贯。故阳明良知之学，首贵“即知即行”，又贵“事上磨练”，贵于得一钱即贯一钱，得两钱即贯两钱。此乃阳明良知学之吃紧教人处。若不求得钱上贯，而空求此贯钱之绳，空手把玩，亦必为阳明所斥。

颜渊喟然叹曰：“仰之弥高，钻之弥坚，瞻之在前，忽焉在后。夫子循循然善诱人。博我以文，约我以礼。欲罢不能。既竭吾才，如有所立卓尔。虽欲从之，末由也

已。”（《子罕》）

朱子曰：“仰弥高，不可及。钻弥坚，不可入。在前、在后，恍惚不可为象。此颜渊深知夫子之道无穷尽，无方体，而叹之也。”程子曰：“此颜子所以为深知孔子而善学之者也。”胡氏曰：“高坚前后，语道体也。仰钻瞻忽，未领其要也。惟夫子循循善诱，先博我以文，使知古今，达事变；然后约我以礼，使尊所闻，行所知。如行者之赴家，食者之求饱，是以欲罢而不能，尽心尽力，不少休废。然后见夫子所立之卓然。虽欲从之，末由也已，是盖不怠所从，必求至乎卓立之地也。”李中孚《反身录》曰：“谓颜子从夫子学道则可，谓为学夫子之道，非惟不知道，并不知颜子矣。夫道为人人当由之道，若谓学夫子之道，是舍己而学人，及后世徇迹摹仿者之所为；即一学而成，亦与自己心性有何干涉？”今按：博文、约礼，乃孔门教学之通则大法。然为学而仅止于此，则终不能超乎游艺、依仁二者之上，而不免于二曲所诮如“后世徇迹摹仿者之所为”矣。故必继此益进，而知有据德之学焉，有志道之学焉。知据德之学，则使学者一一就其所学而反之于己之心性，而得见其本原，得有所归宿；此即所谓“为己”之学也。知志道之学，则又必使学者一一能用思以见所学之会通，会通之极，而有见于其大全之一体焉；此即孔子“知天”之学，“知命”之学，而颜子之所叹以为“欲从末由”者也。李氏曰：“谓颜子从孔子学道则可，谓颜子学孔子之道则不可”，此辨尤深挚。学者由此求之，更可知据德之学之贵于反己，而志道之学之贵于能思也。而此据德、志道之学之会通合一，终极一贯，亦可即此而思过其半矣。

> 子曰："莫我知也夫！"子贡曰："何为其莫知子也？"子曰："不怨天，不尤人，下学而上达，知我者其天乎！"（《宪问》）

何晏曰："圣人与天地合其德，故曰惟天知己。"皇侃曰："下学，学人事。上达，达天命。我既学人事，人事有否有泰，故不尤人。上达天命，天命有穷有通，故不怨天也。"今按：《论语比考谶》："君子上达，与天合符。"苏辙《古史》谓："孔子自谓下学而上达者，洒扫应对，《诗》《书》礼乐，皆所从学也，而君子由是以达其道，小人由是以得其器。"何坦《西畴常言》（**见《百川学海》本《四书拾遗》引**）谓："学成行尊，优入圣贤之域者，上达也。农工商贾，各随其业以成其志者，下达也。"朱柏庐《毋欺录》谓："上达即在下学中，所以圣贤立教，只就下学说。才以上达立教，便误后学。"窃谓此章盖孔子发之于颜子卒后也。颜渊之从事于博文、约礼，皆"下学"也；其喟然之叹，盖叹孔子"上达"一境之所跻之欲从而末由也。颜渊死，子曰"天丧予"。盖孔子一生志学之所上达而通之境界，自颜子之死，而其门人弟子，遂莫有能窥钻之者矣。又按：游艺、依仁之学，皆"下学"也。知据德、志道，则"上达"矣。"上达即在下学中"，学者当从此细细参入，乃可悟孔门之所谓一贯。

子贡曰："夫子之文章，可得而闻也。夫子之言性与天道，不可得而闻也。"（《公冶长》）

此章言"文章"，皆属下学事，即游艺、依仁之学所从事也。孔子时言之，故门弟子亦时闻之。"性与天道"，则属上达，即据德、志道之学。此由学者之善反诸己，又能深思而自得之。其境界各不同，高下深浅，未可一概言，故孔子不以为教，门弟子乃不得而闻也。博文、约礼，皆"文章"也。凡所能举以教人者，亦尽于此二途。至于"仰之弥高，钻之弥坚"，此乃颜渊之善学。由此上达，皆属"性与天道"之事，故颜子见其卓尔，欲从末由也；而子贡乃曰"不可得闻"。故孔子又发之曰："二三子以我为隐乎？吾无隐乎尔。吾无行而不与二三子者，是丘也。"盖舍于博文、约礼，舍于游艺、依仁，圣人亦无以为教。此贵乎学者之善体而自得之。孔子又曰："天何言哉！四时行焉，百物生焉。"天固不尽于四时之行，百物之生，然舍四时行，百物生，又何以见乎天？天亦更何道以示于人乎？

子曰："吾十有五而志于学，三十而立，四十而不惑，五十而知天命，六十而耳顺，七十而从心所欲不逾矩。"（《为政》）

今按："可与共学，未可与适道。可与适道，未可与立。"此即本章"三十而立"之立。又曰："不学礼，无以立。"然则孔子三十以前，博文、约礼，既志道，又能立矣。

苏辙曰："遇变而惑，虽立不固。四十不惑，可与权矣。"

毛奇龄《四书剩言》曰："不惑是知人，知天命是知天。不惑是穷理尽性，知天命是至于命。不惑是诚明，知天命是聪明圣知达天德。盖不惑则于人事不贸乱，知天命则全契天德也。"今按："天命"即道之大原，亦道之全体也。是孔子五十而志道之学已达于大原全体之境矣。

刘宝楠《论语正义》云："《说文》：'命，使也。'言天使己如此也。《韩诗外传》子曰：'不知命，无以为君子。'言天之所生，皆有仁、义、礼、智顺善之心；不知天之所以命生，则无仁、义、礼、智顺善之心，谓之小人。《汉书·董仲舒传》对策曰：'天令之谓命。人受命于天，固超然异于群生，贵于物也。故曰"天地之性人为贵"。明于天性，知自贵于物，故孔子曰"不知命无以为君子"。'二文皆主德命意。故君子知命之原于天，必亦则天而行。故盛德之至，期于同天。"今按：知此，则据德之学与志道之学，亦一以贯之矣。故孔子曰："天生德于予，桓魋其如予何？"即此一语，而孔子之"立"，之"不惑"，之"知天命"，皆循序而可见。孔子之下学上达，正宜如是参之。必博文、约礼，乃始知有立。有立焉而上达于不惑，又上达于知天命，而据德、志道之学亦胥在是矣。今若先悬"天命"一道教学者从事而学焉，而谓其余事乃始可旁及于游艺博文之途；此则先教学者以孔子五十之所诣，为颜渊之所喟然叹其欲从而末由者；而使学者转于孔子十五之始学，且置为后图也。其可乎？其不可乎？治孔学者不可不深辨。

何晏《集解》引郑玄曰："耳顺，闻其言而知其微旨也。"朱子曰："声入心通，无所违逆。"焦循《论语补疏》曰："耳顺即舜之'察迩言'，所谓'善与人同，乐取于人以为善'也。学者自是其学，闻他人之言，多违于耳。圣人之道，一以贯之，故耳顺也。"今按："不惑"，"知天命"，与"耳顺"，此又一贯之学之循序上达而可见者。圣人由知有立而始能不惑，由不惑而始上达于知天命。既知天命，则不仅知己德之原于天，又知凡人之性之莫弗原于天焉。故苟知天，斯知人。既知人，斯听言闻声，皆知其所以然，则怡然理顺，何逆之有？故子曰："十室之邑，必有忠信如丘者焉，不如丘之好学也。"此孔子由知天之学，而转落于知人，而有此极高至深之一境，而何其言之又若是其浅近而平实。呜呼！此其圣人之所以为圣人也！

朱子曰："从心所欲不逾矩，随其心之所欲而自不过于法度，安而行之，不勉而中也。"今按：孔子之学，至于七十而达此一境，至是则据德之学与志道之学达于极则，亦即"一以贯之"之学之达于极则；盖至是而即心即道，即心即天，为他人所莫能企及矣。所以有"知我者其天"之叹也。后之儒者，乃即悬举此圣学极高之一境以为教，使学者即此而学焉。试问悬举此以为教者，果能自达于此境否乎？此既非孔门"默而识之"之训，宜乎不能达于学不厌而诲不倦之地。则曷为不"循循然善诱人"，先博文，后约礼，且姑使教者、学者之同能达于颜子"喟然"之叹之犹为较切近而可冀乎？

李威岭《云轩琐记》云："《论语》吾十有五章，《集注》程朱二说，皆极可异。程云：'孔子自言其进德之序如此者，圣人未必然，但为学者立法，使之盈科而后进，成章而后达耳。'夫自'志学’以至‘从心所欲不逾矩’，此岂人人之定法？又必人人十年而一进，恐世间无印板事也。是惟夫子亲身自验，故能言之。其发端一‘吾’字，断非诳语。乃以为‘未必然’，不知其何所见？朱云：‘圣人生知安行，固无积累之渐，然其心未尝自谓已至此也。是其日用之间，必有独觉其进而人不及知者。故因其近似以自名，非心实自圣，而姑为是退托也。’夫自‘志学’以至‘从心所欲不逾矩’，分析得明明白白，何得谓之‘近似’？且已实在承当，又何尝‘不自谓已至此’？似此影响之谈，皆由视生知之圣为不待学，而不知圣之自有其学，非犹夫人之学也。”今按：程 朱所以必于此章为如是曲说者，亦有故。一则程 朱论学，以志道、据德为本而当先，以依仁、游艺为末而在后，于孔门博文、约礼“下学”一段不免忽过，一开始便要学者在“仰钻瞻忽”处用力，舍下学而求上达；先觅钱绳，再求散钱；故其为说有如此。此一也。又其一，程子言：“洒扫应对，直上承天德，若下学上达，其间更无阶程层次。”于孔子十五始学，以至七十最终所诣，已一语道尽。若仅求之于言语文字，程子之说，亦无不是。而以教、以学，则大有阶程层次。宋儒所言，不免窥其高而忽略其基址，与夫其建构之层累曲折矣。故朱子必谓“圣人固无积累之渐”。此又一也。并此二者，所以终不免于此章有曲说也。自儒学大统言，宋 明儒终自与先秦儒有不同。不仅陆 王为然，即程 朱亦无不然。孔子固曰：“十室之邑，必有忠信如丘者焉，不如丘之好学。”当知所谓忠信如丘者，固非指孩提之童之有其良知良能言，实乃指凡十室之邑之成人言。此等忠信如丘之成人，即阳明所谓“黄金一两之圣人”，亦即明儒所乐于称道之“满街皆是圣人”也。然孔子自言所以异于人者，乃不在其“忠信”，而在其“好学”。“子以四教，文行忠信”，此非教人学为忠信，乃本于人之忠信以为教。而所教者，则文与行之二者，所谓博文、约礼是已。孟子曰：“大匠能与人以规矩，不能与人以巧。君子欲其自得之。”惟其巧不能以与人，而欲其自得之，故大匠之所能与人者，仅止于规矩。故学必重于多见多闻。而宋儒必分“德性之知”与“见闻之知”为二，又轻视见闻之知，教人直从事于德性之知以为学，故必首重据德与志道；而不知当先从事夫“下学”，先从事于游艺、依仁之学以渐求其“上达”，而渐企及于据德与志道之学焉。于是遂使学者不见规矩，而高论大匠之奇巧。夫大匠诚非无此奇巧之一境，惟非所以为学，亦非所以为教。此则学术本末先后之辨，所以终不能谓宋儒之无走失于孔学之原样也。惟李氏又谓“圣人自有其学，非犹夫人之学”，则语犹有疵，仍易滋人之误解。盖圣人之下学，本亦犹夫人之学，非别有其学。惟其无以异于人之学，故曰“下学”焉。惟“小人下达，君子上达”，下达者，即达于其所学之一境而止。其学谓之“下学”，故其达亦谓之“下达”。而宋儒必以“人欲”释下达，于是“天理”在君子，“人欲”属小人，“志学”则必志于据德、志道，而俨若与游艺、依仁之学显然有上下截之判，更不见其互通层累之一贯。此实宋学之失。至其由下学而互通层累以渐跻于上达之一境，此则为孔门教学之所以异于夫人之学者。然亦由乎夫人之学而以通以累，而始更有其上达之一境耳。固非无此“下学”，而径可跻此“上达”之一境也。

（一九五六年八月香港《新亚学报》二卷一期）

孔学与经史之学

一

治《论语》者，不仅可以知孔子之学，抑亦可以知孔子之所由学与其所为学。司马迁有言："孔子序列古之仁圣贤人，详矣。"孔子亦自言之，曰："我好古，敏以求之。"此即孔子之所由学与其所为学也。试观《论语》，自尧 舜以来，迄于吴泰伯、伯夷，下及子产、晏婴之伦，可不谓详乎？自孔子以前，学在贵族，古者谓之"王官之学"。孔子始以王官之学传播于社会，于是而有"百家之言"。"家言"与"官学"相对而称。家言者，一家之私言。以近世语述之，当称为平民学。刘歆谓"王官之学散而为百家"，此盖谓古代学术，乃由贵族学转而为平民学。换言之，古代学术，乃由贵族阶级下降而散播于平民社会。而孔子则掌握其转变之枢机。故论百家，必先及于儒，而儒学则创始于孔子。孔子乃"家言"之开山，亦即古代"王官之学"之传播人。

《史记》谓孔子"删《诗》《书》，订礼乐，赞《易》而作《春秋》”。在孔子以前，已有“鲁春秋”，有“百国春秋”，故孔子之作《春秋》，孟子曰“其文则史”，孔子亦日“述而不作”。则孔子之前，先已有经籍，为孔子之所学。汉人称之曰“六艺”，又曰“六经”。然汉人之《六经》，其遂果为皆孔子以前之旧籍乎？自汉以后，已迭有知其非者。此姑勿深论。但谓孔子以前已有经籍，则断然无可疑。而后人又谓“《六经》皆史”。清儒章学诚备论其义，谓《六经》皆掌于古之史官，史官犹如后世之书吏；史官所掌，乃略类于后世衙门之档案。“《六经》皆史”，在章氏之意，谓《六经》即略有类于当时各衙门官方之档案耳。《六经》既为其时之衙门档案，故遂综之曰王官之学。惟孔子则研求此种档案而深思独见，有以发挥其所涵蕴之义理，宣扬其大道，自成一家之言。后世推尊孔子，乃推尊及其所研习，而崇其名曰“经”。故就实言之，则“经学”即“史学”也。明白言之，“史学”即“官学”也。则章氏之所谓“《六经》皆史”，乃指古代之官学言，其所指并不恰当于后世之所谓史。章氏《文史通义》特有《史释》一篇，阐明此意。彼所谓“《六经》皆史”者，其义专有所指，实不遽类于后世之所谓史籍之史也。

然“《六经》皆史”，其语亦不始于章氏，盖上承明代王阳明之所言。而阳明之所谓“《六经》皆史”，则并不如章氏之严格。其义盖泛谓经学即史学。其所谓史，殆仅指古籍言，治古籍即犹之治史学矣。孔子之学，非宗教，故不上求之于天神。非科学，故不旁究之于万物。孔子之学，盖本原于人文社会之演进，专就人事而推寻其义理。虽非狭义之史学，然亦非狭义之官学。用今语述之，当称之为人文学，庶乎近是。孔子乃就古代典籍，就其历史演变，而推寻研求人文社会之一切义理之学。故曰“好古，敏以求之”。然孔子之注意于古典籍，仍复有其注意之特点。孔子固非仅务见闻之博，记诵之广，而惟古之求。孔子乃于古典籍中，就于历古之仁圣贤人，阐明其所言论，所作为，而求有以会通发见于人文社会之大道。故孔子之所为学，以今语述之，固不妨称之曰“史学”。惟孔子之史学，乃属广义之史学，乃泛指一种全体的人文学而言。故曰：“孔子志在《春秋》，行在《孝经》”。《春秋》固史籍也，惟此为孔子生平惟一之著作。孔子有志于此人文社会之整体，故曰“志在《春秋》”。其私人践履之所由始，则始于为子弟之事其父兄者，故曰“行在《孝经》”。

二

然孔子之道大，孔子欲其弟子知所以扼要统宗而求之，故其告子贡、曾子，皆曰：“吾道一以贯之。”子贡曰：“颜渊闻一以知十，赐也闻一以知二”，因遂自谓不如。推子贡之意，乃欲就获闻于孔子之所言，而推类引伸，以及于更广大更泛博，而增益其所不知。此显为未得孔子“一贯”之旨者。而曾子则曰：“夫子之道，忠恕而已矣。”后人遂谓曾子传孔子之《孝经》，未尝谓曾子传孔子之《春秋》，其语殆非无本。曾子之学传而为孟子。孟子之学，规模较曾子为博大。然孟子亦知就于一贯之旨，以上窥孔子之所学者。故孟子能发明“性善”之旨，而大有功于孔门。

孟子之后有荀卿，其学非孟子而主“性恶”。孟子主性善，故偏言“仁”；荀子主性恶，故偏言“礼”。此皆有得于孔子之一偏。而荀子又有“法先王”“法后王”之辨。法先王必远溯之于上古，法后王则仅自限于当世。就人性论，苟能远以求之，就其永恒之流变与趋势之大归而观，则人性之终极向善，易于证见。若专就当前现实，就短时期之演变论之，则常易使人陷入于悲观，每仅见于人性之黑暗与人性之恶。此荀学之所由与孟异。故荀子之学，不免偏重于礼法，而忽略于教化。若就其大体论之，则孟子、荀子皆为“史学”。惟孟子直溯远古，而荀子则偏重近世。然荀子亦言之，曰：“知通统类。”又曰：“明百王之道贯。”岂不以治史学者必溯流而穷源，始有以明其统类，得其条贯？而荀子之教人，则偏重于“知今”，而较轻于“穷古”。孔子曰：“久矣，吾不复梦见周公。”又曰：“郁郁乎文哉！我从周。”又曰：“如有用我者，我其为东周乎！”此即孔子之法后王，此实为荀子之所承。孔子亦何尝不重当世？然孔子之学，则殊不尽于此而止。学孔子者，必知周公以前尚复有尧、舜、禹、汤、文、武，然后乃知孔子之学之所由来。荀子生当诸子竞鸣之际，忧其言无统类，各就所知所见以为言，而求有以建其宗主，而为之限断；故宗主之于孔子，亦限断之以孔子。在荀卿之意，若复由孔子而上溯，既如墨者之言大禹，庄老之言黄帝，知不通于统类，则将泛滥而无所归宿。荀子乃急切以求，斩割以言。然而不能谓其不有流失于孔子之学统。

然孟、荀皆儒家，要皆知就古以求，而其他诸家，则不复尽然。盖皆自我而作古。墨子较先出，尚亦知称道《诗》《书》，上法大禹。墨者后学则不复治史。兼爱之说，流衍而为名辨。引而上之，则复远本之于天志。其言颇近于西方之所谓“哲学”与“宗教”者，而于“史学”为无当。道家寓言无实，就尧 舜而上推之于黄帝，益荒唐玄远，其去史实益甚。道、墨而外，等诸自《郐》。或主管仲，或主晏婴。孟子曰：“子诚齐人也，则知管仲、晏子而已矣。”或更引而近之，主商鞅，主申不害。此亦一法后王，亦何尝不切己当身？此等人之于当时，如管、晏、申、商，其言论行事，亦何尝不见有一时之实效？何尝不足以为人所师法？然而“虽小道必有可观，致远恐泥”。百家之言，因其背于“史”而亦离于“经”，于是《诗》《书》古典籍，遂不为彼辈之所重。此又当时学术界一大分野。趋于极则终至于有韩非。韩非从学于荀卿，则知荀卿之即以后王为限断，其弊有不可胜言者。

然其时则复有专就古籍以为直接孔学之真统者。鹪鹩已翔于辽廓，而罗者犹视夫薮泽。于是或治《诗》，或治《书》，或治《春秋》，或治《礼》《乐》。彼不知孔子之所学在是，而孔子之所得则不复在是。求古而自限于古，不复足以通之今；此荀子之所为欲“隆礼乐而杀《诗》《书》”者，亦有慨于此辈而然。此辈姓名不尽传于后世。虽其声名湮没，然其潜力之在当时，则亦研治学术史者所不当不知也。

三

秦之衰，汉之兴，当时之学术界，大略而言，其服务于政府者，知有法律而已。法律何自来？则沿袭之于秦。其号为深远莫测者，则高谈黄帝、老子。黄帝、老子何所语？曰：莫大于“无为”。无为而不可不为则奈何？曰“一仍旧贯”。若是，则仍守后王之法，仍知循秦人之旧而已。于是荀卿、韩非、老子，乃汇而为一流。其游食于诸侯王者，有文学，有纵横，有神仙。彼辈之所见闻，上之曰陆贾，下之曰蒯通；上下之所通，则曰安期生，曰海上仙人。彼辈莫不指天划地，睥睨于朝廷王国间，几幸天下之一旦有事，而置身于青云。否则夸宫室之壮丽，导男女之淫乐，耀药物之珍秘，竞辞赋之奢大，以图当前游食之骄逸。彼辈盖不得志于朝廷，因亦不安于秦旧，而上觊战国晚世之所有，心期诸王为燕昭，筑黄金台，而自居于郭隗死马之列。盖如是焉而止。故汉廷之表章《六经》，罢黜百家，实起意于“复古更化”。“更化”者，化此晚周亡秦之覆辙。“复古”者，复于三代 尧 舜之前轨。故《诗》《书》之在当时，见称曰“古文”。必上窥古文，始知历史渊源。必知历史渊源，始可以矫挽此晚周亡秦近世之颓波。则汉廷之宏奖经籍，实亦宏奖史学也。今试游心而思之，若果汉廷不宏奖《六艺》，一如秦廷之禁锢《诗》《书》，惟留黄、老、申、韩，下及枚乘、司马相如之徒之辞赋；则中国之古史，亦将何所凭借以复传于后世？故汉廷之“经学”，就其实而论之，即当时之“史学”，而董仲舒、司马迁为其选。

董、马皆治《春秋》，皆史学也。董子之学，见之于汉廷之制度。马迁之学，则见之于国闻之整理。其均为史学甚显。其他诸儒，亦莫不曰“通经致用”。“通经”则溯诸古，“致用”则施之今。此不得谓其无当于孔学之一端。而流弊所趋，则有两歧。一曰“专经”，一曰“比附”。何以谓“专经”之弊？经学必称六籍。以近代观念绳之，若《易经》属哲学，《尚书》《春秋》属史学，《诗经》属文学，《礼》《乐》属政治制度乃及社会风教，亦史学也。如是则支离破碎，无当于孔学之所求。孔子之所用心，则在人文社会之整体。必求于人文社会整体大道有所见，则必会通此诸端者而始有以见其全。故孔门所治，非哲学，非文学，非史学，非政治社会学。乃求会通此诸学，必上溯之上古，必下通之当代，直上直下，而发见夫人生之大道，以求实措之于当身。此“孔学”之所宗主也。若专经则割裂，知其一不复知其二。离于“史学”而言经，既非孔学之真旨；即复“闻一知二”乃至“闻一知十”，多学而识，终非一以贯之。此所谓专经之弊也。何以谓之“比附”之弊？上治古籍，有以窥见于历古仁圣贤人之用心而实措之于当世，斯为明体而达用。不此之务，而徒援据偏辞，张皇只义，强求会通，此乃平津侯之曲学阿世。其流弊所及，则有如京氏之《易》、齐之《诗》、公羊之《春秋》，莫不上尊孔子，侪之为神，而下伍儒生于巫觋。此之谓比附之弊。于是物极必反，乃有东汉马、郑之所谓“古文经学”者起而代之。

马、郑之学，其长在能有意于笃守经籍之本真。非通诸经则不足以通一经，故不专治。淡于用世，故不比附。虽怪诞未尽，而虚华已谢。其弊则忽忘于经籍之大用。王充氏已讥之在前矣，曰：“知古而不知今，是谓陆沉。”孔子作《春秋》，笔则笔，削则削，游、夏之徒不能赞一辞。使马、郑复立于孔门，亦极于为游、夏之徒而登峰超极矣。马、郑之“述而不作”，非复孔子之“述而不作”。其貌似，其神非。于是“经学”“史学”乃相离以为学。班固、蔡邕为一流，马融、郑玄为又一流。经、史之分，将如河、汉之不可复合，是则东汉儒者之鄙也。

四

魏 晋以下，南朝则史胜，北朝则经胜。史胜者，似文而实质，以其自沉溺于当世之事变，不能超越现代而游情于古昔。经胜者，似质而实文，以其上穷往古，可举以与当世现实相绳窍，而有以见当世之不尽是；有所想望参比，而求有以一变当身之卑近。于是有苏绰、王通之徒，而下启隋 唐之光昌。

唐制袭于隋，隋袭于北周，此皆宇文泰、苏绰之绪余；而唐代诸贤，顾不尊苏绰而好揄扬及于河汾之王氏。此何故？曰：苏绰本于经而向下引致之于史，王通达于史而向上推致之于经。苏绰之所建树，尽于现实而止。而王通之所思虑言论者，则每每脱出于当代，寄情于玄古。经、史之末流，既一分而不可复合，则苏绰偏近史，王通偏近经。贞观一朝诸贤，讨论政教措施，不甘长自隐于周 隋之胁下，而必上承两汉，远迹三代；则政法规模，虽近袭之苏绰，而风教理据，必仍遵于王通。此亦唐人之卓识，所以成其为一代之宏制者，固非偶尔而然也。

顾自魏 晋以来，佛学东播；当时之学术界，扩而论之，不仅经、史异涂，抑且理、事分席。贞观诸贤，伉直如魏徵，其于诤论所及，就当时之见解论之，亦极于就事论事而止。若必上窥邃理，穷探幽深，非如房玄龄，殆不堪当。故有唐一代，可以有“史学”，而不能有“经学”。可以有政事，而不能有教化。教化之与经学，当求之于浮屠，当求之于梵呗；而孔颖达之《五经正义》，遂终不为唐贤所重。唐人著作，如刘知几之《史通》，杜君卿之《通典》，其卓卓者，皆史学也。而经学大儒，则蔑焉无闻。而遂有昌黎 韩愈氏者出。

昌黎之学，非经非史。经学非其所长，史学非其所愿。乃曰“所愿则在孟子”。必挽理而归于事，必崇事而会之理。其自道所学，则曰“好古之文，因以好古之道”。“道”则贯通古今，虽非经非史，而亦经亦史。经史之所会归，亦会归于“道”而止。经史之所本原，亦本原于“道”而止。然而此非韩愈氏一人之所能肩之而趋者。于是而下开宋儒。

五

宋儒之学，有偏于经者如王荆公，有偏于史者如司马温公。荆公、温公新旧之争，不仅争在政，亦争在其所学。荆公论政，必上追三代，偏于重理想。温公论政，则依循汉 唐近效，偏于重现实。现实与理想之分，即“史学”与“经学”之分。苏氏 蜀学近温公，程氏 洛学近荆公。蔡京擅权，其时则尊荆公，抑温公。南渡易辙，其时则尊洛学，抑新学。要而论之，有宋一代之学，经胜于史，是其大趋。故唐人科举考诗赋，而宋自荆公以下，易之以经义。此虽温公不能违，可以觇时代之向往焉。

顾就本原论之，则“经学”实“史学”也。偏陷于近代，偏陷于现实，虽曰是史学之恒趋，实非史学之上乘。偏陷于古典，偏陷于旧籍，虽曰是经学之共向，亦非经学之真际。王安石自为《三经新义》，颁诸学官，悬为功令。其所以必造新义者，夫亦曰：经学贵通今而致用。西汉之伏、董，东京之马、郑，其义已不足以会通之于宋世，则在宋而治经学，必赋以新义无疑。新义何自来？曰：新义虽仍一本于经，而亦缘起于世变。必不昧于世变，而又能会通之于旧统，有以见于古今百世之道贯者，而后经学之新义始立。然则经学之新义，岂不将仍求之于史学乎？荆公抱汇古宏今之大愿，而有志于勒成一家言，以一新经学之面目，固不失为识时务之俊杰；而惜乎当时之趋势附时者，不能通荆公之所通，不能志荆公之所志，则本欲变学究为秀才，转变秀才为学究。此荆公及身之自叹，不徒可以见荆公之心事，亦以见治经而不能见其大，不能求其通，仍必自陷于汉人之专经比附与夫章句训释之旧阱，而莫能自拔也。

顾荆公本身，亦自有其偏蔽。荆公创《三经新义》，实偏重于《周官》。求荆公之用心，极其所至，亦仍犹夫荀卿之“隆礼乐而杀《诗》《书》”。荆公亦仅知会通于古今之政制，而未能重定一世之事理。论荆公之学统，近之则不越欧阳永叔《本论》与《新唐书》诸志之所陈，远之亦仍沿北周 苏绰之遗辙。故荆公晚年，政治趣味既衰，卜居金陵，转依释氏以自娱。是荆公虽远希上古，其造诣亦殊未能卓绝唐贤，如房玄龄、裴度诸人之所养。其本原既非，而高论创制变法，宜不为温公、东坡诸贤所悦服。故循昌黎之所想望，其先必达于卢陵与临川；而继此益进，又必止夫伊川与考亭。此有宋一代学术趋向所必然应有之大势。自今论之，其轨辙盖甚显也。

六

盖政制仅事理之一端，而人文社会之事理，必通观之于人文社会之整体，乃始有以见其所以然。欲识人文社会之整体，固不能昧于古昔，专据现代；故治史者必上通之于经；而经学精神则仍必向于史而止。必待夫“史学”之穷本探源而乃始有所谓“经学”者，其意至于晦庵 朱子而始定。朱子平生努力，重于“述”，不重于“作”。而其述古之尤大者，则在其《四书集注》。自今论之，朱子之《四书集注》，即犹王荆公之《三经新义》，皆不过求为经学下新注耳。唯汉儒治经，侧重于孔子之所由学、所为学，而未能真窥见于孔子之学之所得。若论孔子之学之所得，则既大备于《论语》。而《论语》之在两汉，仅为治经籍者幼学之阶梯。是汉儒治学，实乃由孔以窥经，非能循经以见孔。汉儒虽尊孔，而未能以孔尊孔，实以尊经者为尊孔也。故汉儒之学，实“经学”，非“儒学”。朱子尽精竭瘁为《论语》作注，殆是探骊得珠妙手。然《论语》精妙非可骤见，故朱子教学者由《论语》而下求之；于是有曾参氏之《大学》、子思氏之《中庸》、孟轲氏之《孟子》，合《论语》而定为《四书》；以为由是而寻之，庶乎可以窥见《论语》之真趣。故朱子之《四书》，自两汉学者目光论之，实“儒学”，非“经学”。然儒学之在汉代，则殆非所重。而自晦翁以来七八百载之遥，学者递有探索，又知《大学》非曾参作，《中庸》非子思作。其所创获，若既超越于晦翁之上。而晦翁之意，则若谓学孔子者，当学之于孔子之后学，不当学之于孔子之前贤；学术所重，当重于孔子所创之儒学，而不当仍重于孔子所从学之经籍；则遥遥千古，仍少解人。故若以两汉所治为“经学”，则宋人所求，实为“儒学”。而其间分别，必至朱子而后定。故欲尊孔子，必通朱学。朱子之学，盖不寻之于《六经》，而直寻之于孔氏。此朱子一特识也。其寻之于孔氏者，不仅寻之于孔子之当身，而遍寻之于孔子之后学与继起。此又朱子一特识也。故朱子于《四书》之后，又特提西汉 董氏、隋之王通氏、唐之韩氏，而下及于宋代濂溪 伊 洛诸贤。此犹孔子“序列古之仁圣贤人”之遗意。由是论之，朱子之学之最要精神，仍亦一种“史学”。朱子盖亦一种由史以通经之学。

论儒学之精神，必知孔子之所谓“好古敏求”，不自我而作古。何以谓之自我作古？如治墨学，必推极于墨子。于墨子以前，虽若犹有所尊，则曰大禹，然大禹之所以为大，则既荒远而难稽；治墨学者又必上推之于天志，天志则更渺茫而无著。如治庄 老道学，必推极于庄 老。庄 老而上，则别无可尊矣。曰黄帝，曰神农，伏羲，其为荒远也益甚。曰自然，则已非人文社会以内事。治纵横则祖苏、张，治法术则祖管、商、申、韩，治名辨则祖惠施、公孙龙。此数子者，皆可谓之自我作古。“我爱我师，我尤爱真理”，真理既在我，则何妨由我而作始哉？独孔子之为学则不然。孔子曰：“我非生而知之者，好古敏以求之者也。”孔子自述所得，乃得之于前人，而非得之于本己。故学古学者必治史，必不自我而作始。亦不当以孔子为限断。故朱子虽推尊《四书》，而《四书》之上，仍不能不有《五经》。而朱子之于《五经》，其见解又独为超越。

朱子曾自注《易》矣，而曰：“《易》为卜筮之书。”朱子曾自注《诗》矣，然于《诗》之《风》则曰“此男女淫奔之诗也。”朱子于《诗》《易》，自许能推翻前人窠臼，直探《诗》《易》之本真。其于《书》，朱子曾疑《古文》，又知《尚书》特史之一种，其间多天文、地理、算数、名物，当询之于史学专家，故委其弟子蔡沈氏为之注，盖未亲自致力。其于《春秋》，盖谓孔子作《春秋》，乃孔子当时所见、所闻、所传闻之近代史实。学孔子者，亦当各自注意于其本身当时所见、所闻、所传闻之近代，始有当于孔子作《春秋》之遗意。故欲就温公《通鉴》创为《纲目》，即此以为《春秋》矣。昔司马迁学于董仲舒，得《春秋》微旨而作《史记》。后世通其意者殆为朱子。温公则直接《左传》而成《通鉴》。温公之用心，重史不重经。故朱子必欲就《通鉴》而作《纲目》者，其微旨正在此。其于礼乐，则谓礼乐当随世而变，不得位则无可制礼而作乐；故仅写为《家礼》，曰以传其子孙。故朱子于《五经》，其见解之通达透辟，上较荆公，已超出甚远。元 明以来，遂一尊朱子，即以朱子之《四书》《五经》悬为制举之功令，而尽舍荆公，不复采其所谓《三经新义》者，是亦不得谓后世人无别择也。

孔子又有言曰："吾欲载之空言，不如见之行事之深切而著明也。"然则吾侪逆推朱子当时之意，岂不亦曰：我欲了解孔子，与其了解之于孔子以前之古经籍，尤不如了解之于孔子以后治孔子学者之思想递变之史迹之为更有据、更可凭，为更深切而著明乎？则朱子之学，岂不亦可谓其重视"史学"尤甚于重视"经学"乎？曰：是则又不然。朱子之于当时，则既盛推洛学，而轻视温公。其于荆公，犹多推挹之辞，独于苏氏 蜀学更多鄙斥。即在其交游朋友间，亦极推南轩，而深戒东莱，谓其"以史学授后进，乃将教坏了后学之心术”。则朱子之学，若又明明重“经”不重“史”。陈龙川与朱子往复辨难，更可以征“史学”与“经学”之分际所在。盖史偏于事，经偏于理。在朱子之意，吾侪之所欲了解于孔子者，在求能了解孔子所明之理。在孔子则就其当时之事而见理，在吾侪则贵能各就吾侪当身所遇之事以求理。故朱子继伊川而言“格物穷理”。在伊川、朱子当时之所争，盖尤用力于争儒、释之疆界。儒、释所争在理不在事，故必能深造于格物穷理之学，乃能挽回魏 晋以来佛学之嚣张，而重返之于孔子之真。然格物穷理，实非初学急切所能冀。在朱子之意，若谓吾侪今日所求之理，其大体仍将不背于孔子当时所明之理。何者？此人文社会之整体，既未有所大不同于孔子与今日之间，则孔子当时所发明于此人文社会之理，岂不将仍通于今日？我侪之所务，既在就人文社会之整体而研寻其事事之理，则格物穷理固不妨与读书明理兼途而并进。故宋儒之学，至于程 朱，就实正名，当曰“理学”。理学者，因其主于就人文社会而求其事事之理。宋儒乃因于重视寻求人文社会事事之理而尊孔，非即奉孔子以为人文社会一切事理之准则。故于读书明理之外，尤主格物穷理。惟孔子以来，儒家之学，固无不重视于寻求人文社会事事之理者；而此所谓理，虽因社会之变而有其变，亦因社会之同而有其同；故程 朱虽主格物穷理，亦无害于其又主读书明理之相辅而为学。惟专就读书言，则程 朱之意尤重视夫《四书》。程 朱之于《四书》，盖不啻两汉诸儒之于《六经》。故纵谓《四书》乃宋儒程 朱一派所尊奉之新经典，亦无不可。然则孔子尊《六经》，而程 朱尊《四书》，谓其貌离而神合，亦无所不可矣。

七

然即由此而复启宋儒之争点，是为陆 王与程 朱之争，亦即后人所谓“心学”与“理学”之争。宋儒之学，既重在求明夫人文之理，既重在沿孔子之成规而求明夫此人文之理，则试问孔子之所明于此人文之理者，今又当于何而求之？曰：孔子则求之历古之仁圣贤人，求之历古仁圣贤人之言论与行事，就其言论行事而得其用心之所在，而有以深见夫彼历古之仁圣贤人者，其用心乃有其条贯，有其大同。孔子曰：“吾道一以贯之”，无亦曰即贯之于我之此“心”之与历古仁圣贤人之“心”之大同，而成其为条贯者。此在孔子则谓之“仁”，曾子则谓之“忠恕”，孟子则谓之人心之“敬”与“爱”，谓之人性之“善”，而人文社会种种之理则胥由此而出。然而今人之心则犹古人之心。愚夫愚妇之心，则犹古之仁圣贤人之心。故陆 王乃主反身求之，即心即理。于是“《六经》皆我注脚”，是不啻谓“经学”即“心学”矣。

孔子之学，本主“好古敏求”，固未尝谓反身而求之于吾心而即得。然孔子言仁，言一贯，其所得者固不出于吾心。曾参、孟轲乃由此而畅发之。则陆 王固不可谓其无当于曾参、孟轲之所传。曾子之言“忠恕”，孟子之言“敬爱”，岂不犹如象山之言“吾心”，阳明之言“良知”乎？然而阳明又言“《六经》皆史”者则何居？岂不为历史不外乎人事，而人事全本于人心？无此心即不复有此事。故治“史学”当以“心学”为主。人心之积而为史心。无所见于人心，而谓有所见于史心，天下无此理。无所见于史心而治史，则史者一堆堆之事变，亦曰陈人之陈迹而止耳。故陆 王之心学，必主于人事与世变。象山重笃实践履，阳明重事上磨炼，此皆偏重于人事与世变，其实则犹之伊川、晦翁之格物而穷理。惟陆 王之意，格物穷理乃其末，反求之人心者乃其本。必先有见于此心，而后可以运此心以格物而穷理。如是则陆 王之所侧重，虽在于人事与世变，而不主远求之于往古；乃主反身切己，即求之于当前本身之所遇。如是则孔子以前之《六经》，乃更非陆 王之所重。故阳明曰“《六经》皆史”，其意亦不啻谓：《六经》之所载，亦皆古人之所得于其当身之人事与世变之学耳。

然而孔子固未尝谓人事世变之理，一一可以即求之吾心而遽得。惟孔子既言“一以贯之”，而贯之者实惟人心之“仁”与“忠恕”与“敬爱”。颜渊曰：“博我以文，约我以礼。”孟子亦言之：学者必由博而返约，约则必归于吾心。陆 王单刀直入，即以“心学”为宗主，此不得不谓陆 王之有所见于孔学之精微；然而终亦不得不谓陆、王之有所失于孔学之博大。然陆、王之言“吾心”与“良知”，要之皆近于孔子所谓“以约失之者鲜矣”之教。而终亦不可谓之为孔学之本真。于是复有晚明诸儒起而矫其偏，救其弊。而晚明诸儒之所得，则若于“史学”为尤近。

八

言晚明诸儒，则必以顾亭林氏为之巨擘焉。亭林之言曰：“经学即理学也。”然隶亭林于“经学”，终不如谓是“史学”之尤允。

梨洲、船山皆史学湛深。史学固必博稽之于远古而穷其源，然史学亦终必切证之于当世而见其实。而其时则适满清入主，文网之严，使学者不敢昌言近代当身事以贾祸。故晚明史学终不昌，其末流则曲折以汇于乾 嘉之考证。考证则仅史学之一端。训诂、校勘，皆考证所有事。以训诂、校勘、考证为经学，极其所止，则郑玄氏而止，许慎氏而止，终不出于东汉诸儒之樊篱。然而其所以为考订之方法则甚精甚密。乾 嘉之学，盖以治史之术治经。故所谓乾 嘉经学者，就实言之，诚亦“史学”也。惟仅为一种狭义之史学，而且为狭义史学中之微端与末节，而无当于史学之大义。其在当时之所自诩，则曰“实事而求是”。不知古书乃前人之糟粕，既不得谓之为“实事”；求古书之真是，亦非即求人生社会事理之真是。训诂、校勘、考据，可以治古书；而非所以治人生，明事理。清儒之“求是”，乃自限于求古经籍之是，非能直上直下，求人文社会大道之是；非能求当身事为之理之是；亦未可谓之求人心之是。而舍乎人心，舍乎当身之事为，舍乎人文社会之大道，更何所谓“实事”？然乾 嘉学术之偏陷，亦诚出于不得已。道 咸以降，清室文网既弛，学者遂复从东汉 许、郑返寻而上，溯及西汉，而有意于董子与公羊。此即求为一种通经致用之学，其意已非训诂、考订而止矣。然董子、公羊之于西汉，虽不失为通经致用；而用之于西汉者，未必即能用之于晚清。在西汉人之所谓“通”，亦非即是晚清人之所欲通。通于西汉，大可不通于后世。所谓“通经致用”者，贵在于本诸当身近世而求其通；而晚清学人，则仍不免本之西汉之所通以为通。于是龚、魏以下，迄于康有为之徒，乃自成其为一种非经非史、非汉非宋之学，无当于事理，无当于人心，而徒自揭橥之曰：“此经学也，此孔子之真传也”。是乃晚清末流之学病。然若不察于此，即以晚清之学病病经学，即以晚清之学病病孔子，则又别自成为又一种不通之见矣。

九

当乾 嘉之时，经学方盛，亦有重倡“《六经》皆史”之说者，是曰章学诚。章氏之意，本在针砭当时媷经媚经之学病，而真有冀夫实事而求是。章氏自述学统，由梨洲上溯阳明，盖有得于期由“史学”而通“心学”者。章氏论学，力求不持门户偏见，其论学派，自承为浙东之薪传，而亦不菲薄浙西之所长。故亦盛推顾亭林之博古通经，而谓乾 嘉经学，则仅得亭林之绪余，而已昧失亭林之本原。章氏自谓不失为持平之见。故谓：“朱 陆之异同，乃千古不可无之异同。”就其所分析，朱子盖由“经学”而上进于“理学”，陆 王则由“心学”而下逮于“史学”也。

清末广东有朱次琦，颇有意会通汉、宋。浙人朱一新，亦明夫经学、史学之分合流变。南海 康氏既师事次琦，又获交于一新，其初讲学番禺 万木草堂，为梁启超、陈千秋开示治学新轨，独标“心学”“史学”为学术两大涂辙。若循此以为学，庶亦可以上承阳明，下通实斋，尚无背于“经学即史学”之宗旨。而南海信道不笃，持守不坚，误信蜀人廖平氏之荒言，剿袭其说而为《新学伪经考》《孔子改制考》。此两书者，非研经，乃辨史。显已由经学而转为史学矣。此亦途穷思变，为大势之所趋。而惜乎康氏不自知，犹守经学之门户，犹旁汉人家法之藩篱。于是以主观之成见，而貌袭考订之矩矱。其所主张，无一而是。而于是其所谓“孔学”者非孔学，所谓“经学”者非经学，所谓“史学”者亦非史学，而“理学”“心学”皆置不问。狂流所趋，至于挽近世之学绝道丧。罪魁祸首，康氏实不得辞其咎。

康氏顾独大声疾呼曰“我尊孔”，曰“我欲复兴孔教”，而复傲然以当代之“新孔子”自居。盖康氏之学，其用心固亦欲上溯之于孔子与《六经》，而近通之于近代与当世。惜乎其志大而才疏，其深中痼疾之症结，乃在于急功近利，一切惟以变法维新、救亡图存为迫不及待之仓皇，而不复深求之于古人之真相，抑亦不复求之于古人之真得；遂欲凭借《六经》以为一己号召之注脚。迹近于陆 王而实不能为真陆 王，貌似于乾 嘉而又心不屑为真乾 嘉；极其所能至，仍不出荀卿之“隆礼乐而杀《诗》《书》”之意见。然固远不足以仰望荀氏之项背。而康氏以来，乃竟未有能纠正康氏之失者。

民初“新文化运动”以还，学术界遂有疑古之新趋。其渊源所自，实出康氏。而“打倒孔家店”之呼号，亦不得谓非由于康氏尊孔创教之妄说有以相激相荡而使然。物极则必反，矫枉者过正。有所争，而所争者非学术。有所持，而所持者非实事。有所见，而其所见实昧吾心以为见。学术之变而为意气，为流俗；学术之积敝，其害极于人心之丧亡而失真。此已非言辞之所能为力，所堪以挽此狂澜于既倒矣。

一〇

然而反观既往，孔子既为中国人传统所尊，《六经》亦为中国人传统所重。若天不丧中国，中国人犹有遗胤，再复得生长食息于此霄壤间，引而远之以极于无限，我固无所知；若就近以观，百年、二百年乃至于五百年之内，谓孔子遂可以亡失于中国之人心，《六经》亦可以弃绝于中国之学界，斯吾所未能信。苟稍有能平心以思之者，殆亦将莫之信。

然仅就学弊而言，则西汉人之尊经，乃上侪孔子于天神；此决非孔子之真相。东汉人之尊经，乃斤斤于章句之与训解；此亦非孔门之教法。清代乾 嘉时人之尊经，经籍仅为其时所独擅之校勘、训诂、考订之学之材料，人人埋首于故纸堆中，惟字形、字音、字义之是求；此亦决非孔学之宗主。晚清 康、廖诸人之尊经，其意惟在于疑经，在发经之伪，在臆想于时代之所需要而强经以从我。盖经学至于是，已堕地且尽。康、廖之弊颇似于西汉，其意皆欲本世用，奴经术。惟西汉蒙其害，亦获其利，故犹能维持于数百年之久。东汉 马、郑之徒目击其敝，而无真知大力以为挽回；故仅不失为一经生，而犹获稍存经籍之真相，以期待于后世。乾 嘉诸儒则不得已而为之，其于古书有贡献，于经术无发明。论其得失，如是而止。

今若有志于孔子之学，则洵非“经学”所能尽。然孔子固曰“好古敏求”，孔子既不自我而作古，学孔子者亦决不以蔑经为尊孔。有所谓“理学”焉，有所谓“心学”焉，虽与经学相通，亦非经学之所能范围。今人则积非成是，谈古色变。一若古之不绝，则今之必亡。

古今成为水火，则不仅《六经》为古书，孔子为古人，乃至吾父、吾祖而上，已莫不为古人。昔孔子《论语》，“序列古之仁圣贤人”而“好古敏求”，以自成其所学。而若今人之意，则人之既古，斯必不仁不圣不贤，可以一概而弃绝。纵或为仁为圣为贤，亦当淡然而旁置。惟古乃为不祥之尤。而惜乎言之不可若是其几也。今人之自诩为新学者，就询其所学，则固无一而非古人之所遗。古今之间，又何从立此一限断？其实今人之所主为“古今”之辨者，夫亦曰“中外”之辨而已。学于外者，虽古而皆珍，又何尝惟古之是弃乎？故我知孔子之学，终亦必仍存于中国之人心也。

惟孔子之道大，未可一端而窥。孔子曰：“知之为知之，不知为不知，是知也。”爰敢就其所知，略陈孔门弟子以下，孟轲、荀卿之徒，下及近世，其有志于孔子之学而从事焉者，为之辨其流变，论其得失。是亦一种“史学”也。是亦孔子“论列古之仁圣贤人”之遗意也。敬以为孔子二千五百又二年之诞辰作纪念。知我罪我，是在读者。

（原题《经学与史学》，一九五二年九月纪念孔诞作，载香港《民主评论》三卷二〇期。）

从朱子《论语》注论程朱孔孟思想歧点

朱子注《四书》，元、明、清三代悬为功令，家诵户习，逾七百载。清儒刻意攻朱，训诂考据，凡朱《注》有失误处，几乎尽加纠剔。然亦有朱《注》已得在前，清儒存心立异，转失在后者。若论义理阐发，则清儒断不足以望朱子之项背。乃朱《注》亦有违失孔孟原旨者。并所违失，尽在大处。此因程 朱与孔 孟，时异代易，思想体系，本有歧异；朱子以宋儒宗师解释先秦 孔 孟旧义，虽尽力弥缝，而罅隙终不能合。余曾有《程朱与孔孟》一文[1]，粗发其绪。此文则专举朱子《论语》注为例。然亦仅拈其大纲节所在，不能详备，读者谅之。

程 朱与孔 孟思想最大相异处，乃为其关于“天”与“性”之阐释。

[1]　编者按：此篇收入《中国学术思想史论丛（五）》。

一

《阳货篇》：

子曰："性相近也，习相远也。"

朱《注》：

此所谓性，兼气质而言者也。气质之性，固有美恶之不同矣，然以其初而言，则皆不甚相远也。但习于善则善，习于恶则恶，始相远耳。

程子曰："此言气质之性，非言性之本也。若言其本，则性即是理，理无不善，《孟子》之言性善是也。何相近之有哉？"

今按：《论语》仅言"性相近"，《孟子》始言"性善"，后儒仍多异说。宋儒始专一尊奉孟子"性善"之论，又感有说不通处，乃分别为"义理之性"与"气质之性"以为说。朱子尝言："气质之说，起于张、程，极有功于圣门，有补于后学，前此未曾说到。故张、程之说立，则诸子之说泯矣。"所谓"诸子"，殆指荀子以下凡与孟子性善说持异者。然则气质之说，亦仅于孟、荀间作调停而已。明儒自罗整庵以下，已于此气质、义理之辨，迭有非难。王船山重于张、程两家间细加分别。其为《读四书大全》，在《孟子》一编中阐发孟子性善义，于程 朱甚多纠弹。余已为文条贯介绍。如此条引程子“何相近之有哉”一语，见程子意实与孔子原义相背。朱《注》云“此言气质之性”，然朱子亦非不知气质之说起于张、程，在孔 孟时实未有此分辨。今朱《注》云云，岂孔子仅知有气质之性，不知有义理之性乎？然朱《注》亦有斟酌，故日“气质之性固有美恶之不同”，此处下“美恶”字，不下“善恶”字。性本相近，自有“习”而始分善恶。细玩朱《注》，仍不觉与《论语》原义大相违。圈下引程子语，而违异始显。朱子一遵二程学统，遇与孔 孟相异处，则力求弥缝；其迹彰著，即此条而可见。

二

又《阳货篇》：

子曰：“唯上知与下愚不移。”

朱《注》：

此承上章而言。人之气质，相近之中，又有美恶一定，而非习之所能移者。

程子曰：“人性本善，有不可移者，何也？语其性，则皆善也。语其才，则有下愚之不移。所谓下愚有二焉，自暴、自弃也。人苟以善自治，则无不可移，虽昏愚之至，皆可渐磨而进也。惟自暴者拒之以不信，自弃者绝之以不为；虽圣人与居，不能化而入也。仲尼之所谓下愚也。然其质，非必昏且愚也，往往强戾而才力有过人者，商辛是也。圣人以其自绝于善，谓之下愚。然考其归则诚愚也。”

或曰：“此与上章当合为一，‘子曰’二字盖衍文耳。”

今按：此处引程子语，乃以《孟子》说《论语》，而显与《论语》原旨相违。《论语》明云“上智与下愚不移”，程子单说下愚不移，已不合。又据孟子“自暴自弃”说之。自暴自弃既非下愚，亦非不移；故程子曰“其质非昏且愚”，又曰“虽昏愚之至，皆可渐磨而进”。然则程子语岂非针对《论语》原文而特加以驳正乎？惟朱《注》则与《论语》原旨不相违。

又按：《朱子语类》出于《四书集注》成书之后。读《集注》又参读《语类》，可见朱子意见自有依违迁移之处。《语类》讨论此章者凡八条，兹试节录分说如下：

性相近以气质言，性善以理言。

性相近，唤做近，便是两个物事。这便是说气质之性。若是降衷底，便是没那相近了，个个都只一般。

此两条论“性相近”一遵程说。又曰：

人性本善，虽至恶之人，一日而能从善，则为一日之善人；夫岂有终不可移之理？当从伊川之说。

此一条论“不可移”亦遵程说。然又曰：

先生问木之：“前日所说气质之性，理会得未？”对曰：“虽知其说，终是胸中未见得通透。兼《集注》‘上智下愚’章先生与程子说未理会得合处。”曰：“便是。莫要只管求其合。且看圣人所说之意。圣人所言各有地头。孔子说相近至不移，便定是不移了。人之气质，实是有如此者，如何必说道变得。所以谓之下愚。而其所以至此下愚者是怎生？这便是气质之性。孔子说得都浑成，伊川那一段，却只说到七分，不说到底。孟子却只说得性善。其所言地头各自不同。正如今吃茶相似，有吃得尽底，有吃得多底、少底；必要去牵合，便成穿凿去。”

此一条明说程子说不能与《论语》原文定相牵合，并谓孔子“说得都浑成”，伊川“只说到七分”，显与前引三条不同。又一条云：

问：“《集注》谓气质相近之中，又有一定而不可易者；复举程子无不可移之说；似不合。”曰：“且看孔子说底。如今却自有不移底人，如尧 舜之不可为桀 纣，桀 纣之不可使为尧 舜。夫子说底只如此。伊川却又推其说。须知其异而不害其为同。”

此一条与前一条相同，显与前引三条异意。朱子注文与其圈外所引程子语即颇多歧异未尽合者。当时朱子门人即多从此上发问，而朱子云，“须知其异而不害其为同”，是即有意作弥缝也。

三

《学而篇》：

有子曰：“其为人也孝弟，而好犯上者，鲜矣。不好犯上而好作乱者，未之有也。君子务本，本立而道生。孝弟也者，其为仁之本与？”

朱《注》：

本，犹根也。仁者，爱之理，心之德也。为仁，犹曰行仁。言君子凡事专用力于根本，根本既立，则其道自生。若上文所谓孝弟，乃是为仁之本，学者务此，则仁道自此而生也。程子曰：“孝弟，顺德也，故不好犯上，岂复有逆理乱常之事？德有本，本立则其道充大。孝弟行于家，而后仁爱及于物，所谓亲亲而仁民也。故为仁以孝弟为本，论性则以仁为孝弟之本。”或问：“孝弟为仁之本，此是由孝弟可以至仁否？”曰：“非也。谓行仁自孝弟始，孝弟是仁之一事。谓之行仁之本则可，谓是仁之本则不可。盖仁是性也，孝弟是用也，性中只有个仁、义、礼、智四者而已，曷尝有孝弟来？然仁主于爱，爱莫大于爱亲，故曰：‘孝弟也者，其为仁之本与？’”

今按：此条引程子，又显与《论语》原义相违。《论语》以孝弟为“仁之本”，而程子必以孝弟为“行仁之本”。所以然者，仍以程子说“性”字与孔 孟不同，牵连及此，乃亦不得同也。《孟子·尽心篇》：

“人之所不虑而知者，其良知也。所不学而能者，其良能也。孩提之童，无不知爱其亲；及其长也，无不知敬其兄。亲亲，仁也，敬长，义也。”

是孟子以孝弟为人之良知良能，扩而充之，乃有仁义；则孟子实亦以孝弟为仁义之本也。《孝经》云：

夫孝，德之本也。

语亦同义。斯知孝弟之为本，乃先秦儒共同义。或人问程子，谓“是由孝弟可以至仁否”，当谓由孝弟可以生出仁，乃合《论语》此条原旨；而程子非之，必谓“性中曷尝有孝弟”。此语实大堪注意。即孟子言性，亦只就其发见于人心者而指之为性耳。人心有善端，故谓之“性善”，此犹谓善者是“性”也。今程子则谓“性中只有个仁义礼智”，此说乃沿袭汉儒以下以五行说性，指仁、义、礼、智、信为五常，谓性中有此五者；与孟子“四端”之说大不同。孟子只谓恻隐之心扩而充之可以为仁，故人心之有恻隐乃仁道之发端；而汉儒以下，乃说成由于性中有仁，发出端倪来而有恻隐之心。乃是先有了“仁”之性，始有人心之“恻隐”。故程子谓“仁是性，孝弟是用”。此处“性”字即所谓“性体”。然“体”“用”之别，先秦所未有，其说始自晚汉；此后佛家承用之，宋儒又承用之。故程子谓孝只是用，只是一种行为，或可说是一种德，却不能说是人之“性”。因性属“本体”，德与行则只是本体所发现之“作用”。此乃晚汉以下之新观念，在孔 孟时未尝有，则宜乎其立说之相违矣。又按：朱《注》：“仁者，爱之理，心之德”，以此六字诂“仁”，其意亦全本程子。孟子曰：“仁者爱人，有礼者敬人。”此说仁是爱人之事，礼乃敬人之事。义与智亦属事。但就宋儒言，性中不能有事，只能有理。故宋儒既主“性即理”，又说“性中只有仁义礼智”，遂必说成“仁者爱之理”矣。

朱子又谓“仁者心之德”。此因仁既属性，不能如孟子径说“仁者，人心”，故必曰“心之德”。人心本具之德属“性”，不属“心”。然《论》《孟》书中所有“仁”字，若一一以朱子此六字说之，必多扞格。正因双方思想体系不同，故甚难弥缝合一。

至“本立道生”之说，朱《注》谓：“君子凡事专用力于根本，根本既立，则其道自生。若上文所谓孝弟，乃是为仁之本，学者务此，则仁道自此而生也。”此一节与《论语》原旨无大相违。惟所引程子说，谓“德有本，本立则其道充大。孝弟行于家，而后仁爱及于物”，此却故意避去一“生”字，而转依孟子改用“充大”字。盖因“仁”既是“性体”中所固有，则不待行孝弟而始生。朱子依《论语》原文作注，不能避此“生”字；然既谓仁为“爱之理”，理则先在，亦不待行孝弟而始生。又“道”字与“理”字含义不同，故可曰“仁道自此生”，却不能说“仁理自此生”。《论》《孟》多用“道”字，少用“理”字，至程 朱始专一以“理”字说之，又必弥缝难合矣。则朱子此注，其依违于孔、孟、二程之间而弥缝求合之情，亦可见。

《语类》有关此章之讨论凡七十三条。兹再摘录数条分说之如下：

> 陆伯振云：“象山以有子之说为未然。仁乃孝弟之本也。有子说：‘君子务本，本立而道生’，起头说得重却得。‘孝弟也者，其为仁之本与’，却说得轻了。”先生曰：“上两句泛说，下两句却说行仁当自孝弟始。所以程子云：‘谓孝弟为行仁之本则可，谓是仁之本则不可。’”

又曰：

> “君子务本，本立而道生”，此两句泛说凡事是如

> 此，与上下不相干。下文却言“孝弟也者”，方是应上文也。故《集注》著个大凡也。

今按：此两条显是勉强曲解，与《集注》原文又不同。朱子此处谓“本立而道生”两句乃泛说，与上下文不相干，“孝弟也者，其为仁之本与”两句方是应上文；岂有如此文理乎？

《语类》又曰：

> 爱亲、爱兄是行仁之本，仁便是本了，上面更无本。如水之流，必过第一池，然后过第二池、第三池，未有不先过第一池而能及第二、第三池者。仁便是水之原，而孝弟便是第一池。

又曰：

> 仁如水之源，孝弟是水流底第一坎，仁民是第二坎，爱物则三坎也。

又曰：

> 问：“‘孝弟为仁之本’，便是‘物有本末，事有终始，知所先后’之意？”曰：“然。”

《集注》原文云“本”是“根本”，与下文“本立而道生”之“生”字相联，已得《论语》原旨。《语类》改作“终始先后”解，与注文不同。水流之喻，又是取之《孟子》“如火始然，如泉始达”之义，仍是不得已而曲解。

《语类》又曰：

“仁者爱之理”，是将仁来分作四段看。仁便是爱之理，义便是宜之理，礼便是恭敬之理，智便是分别是非之理。理不可见，因其爱与宜，恭敬与是非，而知有仁、义、礼、智之理在其中，乃所谓“心之德”。

仁、义、礼、智就《论》《孟》看，皆指行事，而宋儒必转言其指“理”。然朱子注《论语》云：“义者，事之宜”，“礼者，天理之节文”，智字则不特为加注，尚不见有大害。若《语类》此条，则显见牵强。果此四字皆指理，试问何来有不仁、不义、无礼、不智之称？不义只是失行事之宜，岂能谓失宜之理？不智只是遇事不能分别是非，岂能谓不合分别是非之理乎？此因程 朱认仁义礼智是“性”，又谓“性即理”，乃不得不造此曲释。

《语类》又曰：

或问：“仁者心之德，爱之理。”曰：“爱之理便是心之德。公且就气上看，如春、夏、秋、冬，须看他四时界限，又却看春如何包得三时。四时之气，温凉寒热；

> 凉与寒既不能生物，夏气又热，亦非生物之时；惟春气温厚，乃见天地生物之心。到夏是生气之长，秋是生气之敛，冬是生气之藏。若春无生物之意，后面三时都无了。此仁所以包得义、礼、智也。明道所以言义、礼、智皆仁也。”

郑玄以“相人偶”训仁。今若谓仁是人群相处之道，则义、礼、智亦莫非人群相处之道。本此而言仁包四德，犹之可也。此处以仁、义、礼、智分属春、夏、秋、冬四时，《语类》又一条又将仁、义、礼、智分属东、西、南、北四方，青、红、白、黑四色；故知程 朱言性多有承袭汉儒阴阳五行家言，宜其与孟子言性有违隔。

《语类》又曰：

> 举程子说云：“性中只有个仁、义、礼、智，何尝有孝弟来？”说得甚险。自未知者观之，其说亦异矣。

朱子虽尊承二程，然于二程立说，亦非一一墨守。《语类》中对二程说，多有是正或非难语，汇集之当逾数百条以上。朱子注《论语》，遇二程语与《论语》原旨不合者，多依违两可，或曲意调停；独于本章，朱子纵谓二程“说得甚险”，又谓“自未知者观之，其说亦异矣”，然仍一意坚守，绝无游移之意。缘此论“性”一节，乃程 朱思想大体系所关，稍有转侧，牵动甚大，故不容含糊。

四

《八佾篇》：

> 王孙贾问曰："与其媚于奥，宁媚于灶，何谓也？"子曰："不然。获罪于天，无所祷也。"

朱《注》：

> 天即理也，其尊无对，非奥灶之可比也。逆理则获罪于天矣，岂媚于奥灶所能祷而免乎？言但当顺理，非特不当媚灶，亦不可媚于奥也。

今按：此注"天即理也"四字，清儒大肆诟病。若仅谓"天尊无对，逆理则获罪于天矣，故但当顺理"云云，此亦无何不可。今必谓"天即理"，则当云获罪于天即是逆理，或逆理即是获罪于天；然朱子亦似心知其不安，乃改下一"则"字，曰"逆理则获罪于天矣"，则仍见"天"之不即是"理"。《论语》他节"天"字，朱子亦不一一以"理"字作注。又如《孟子》"天之降才尔殊"，岂能云"理之降才尔殊"乎？《中庸》"天命之谓性"，又岂能云"理命之谓性"乎？然此处朱子终下此一注曰"天即理也"。此非朱子之轻率处，而实是朱子之郑重处。此等乃程 朱、孔 孟思想绝大歧异所在，孰是孰非，非训诂考据之所能定也。

孔 孟言“天”，庄周已改易为“自然”字，老子已改易为“道”字，《易》家、阴阳家又改易为“气”字、“阴阳”字、“五行”字，魏 王弼又改易为“无”字。此等转变，就思想史言，不得谓其非有一种重大之进展。惟在万事万物之上既抹去了一“天”，则于万事万物之中，不得不推寻出一“理”。故自王弼下至郭象，即好言“理”字。佛家亦莫能自外，如竺道生亦常言此“理”字。下至宋儒，周濂溪言“无极太极”，言“阴阳五行”，此皆孔 孟当时所不言，皆起孔 孟之后，晚周 先汉始盛言之。若求从此重回到孔 孟，于是濂溪有“立人极”之说。此亦一种不得已也。横渠谓“为天地立心，为生民立命”，此亦犹之濂溪，求于“无极太极”之外立此“人极”。二程始言“性即理”。则人与万物同属此自然界，同此气质，同有一分之理，又何以自异？因此不得不于“气质之性”之外再添上一“义理之性”，亦犹濂溪于“无极太极”外，仍须添出一“人极”也。惟“人极”终不能超于“无极太极”之外，而程子言“性即理”，亦以此“理”字兼包天、人；则朱子“天即理”之说，亦是顺理成章，有非如此说之而不可之势。于是遂发展出其理气论，理在气之中，又必认其当在气之先。故“天即理也”一语，实自孔 孟以下，在思想史上经历了无数曲折波澜，而始成立此一语者。此乃一包涵总括语，经千锤百炼而来。清儒轻肆讥弹，亦仅见其为短识浅见而已。然程 朱与孔 孟在思想大体系上之歧趋，则正由此而显。

程 朱言“性即理”“天即理”，着重此一“理”字，万物不在理外，于是又言“格物穷理”；其本意则为“立人极”，而必取径于格物。然所格者，乃物之气质乎？抑物之义理乎？又岂在气质之外，别有一番义理存在乎？抑且格物有不胜格之势，而人极之立则不可待。无怪象山视朱子为“支离”矣。象山不喜濂溪言“无极”，又不喜朱子之从事于“格物”，乃主回到孟子，而主张“心即理”。然言“心即理”，终嫌单薄。阳明承之，又说到：“人的良知，就是草木瓦石的良知。草木瓦石无人的良知，不可以为草木瓦石；天地无人的良知，亦不可为天地。”如此则良知易简，岂不仍支离流漫到天地万物那一边去？船山承王学之穷，又主回归于横渠。盖横渠《正蒙》独于“气”之上重提一“神”字，“穷神知化”即是“尽性知命”，似较程 朱格物穷理，陆 王反求之心，更为于孔 孟原初本意相近。然“神”字终嫌虚，“理”字较近实，故朱子舍横渠而取二程，亦有其抉择。此等处极复杂，本文只在指示程 朱与孔 孟相异处，不在评定其是非得失。

《语类》讨论此章凡六条，可见当时人对“天即理也”之注文已不觉惊奇，故亦引不起讨论。兹仅引其一则，乃是六条中仅讨论及于“天即理”之说者：

> 问：“获罪于天，《集注》曰：‘天即理也’，此指获罪于苍苍之天耶？抑得罪于此理也？”曰：“天之所以为天者，理而已。天非有此道理，不能为天。故苍苍者即此道理之天，故曰其体即谓之天，其主宰即谓之帝。如父子有亲，君臣有义，虽是理如此，亦须是上面有个道理教如此始得。但非如道家说真有个三清大帝著衣服如此坐耳。”

此条指“苍苍者”为天，又曰“其体即谓之天”，是天亦只指“气”言，亦是形而下者；惟“理”始是一切之所以然，始是形而上。一切理虽若平铺散放，上面则若有一个理教一切理如此，此即“天即理也”之“理”，亦即程子之所谓“天理”。程子尝曰：“吾学虽有所授受，天理二字，却是自家体贴出来。”可见此二字，乃程学特见精神处。至云“其主宰即谓之帝”，其实作为天地间一切主宰者仍此理，非谓真有一上帝存在。朱子意如此。可谓乃程学嫡传所在。

五

《公冶长篇》：

> 子贡曰：“夫子之文章，可得而闻也。夫子之言性与天道，不可得而闻也。”

朱《注》：

> 文章，德之见乎外者，威仪、文辞皆是也。性者，人所受之天理；天道者，天理自然之本体；其实一理也。言夫子之文章，日见乎外，固学者所共闻；至于性与天道，则夫子罕言之，而学者有不得闻者。盖圣门教不躐等，子贡至是始得闻之而叹其美也。

程子曰："此子贡闻夫子之至论而叹美之言也。"

性与天道，孔子罕言之，其门人不得闻。而程 朱则常言之。日与其门人所讨论者，主要即在此。故此章子贡明称"不可得而闻"，而程子必谓其乃"闻而叹美之"，朱子又阐释程子之言，谓"教不躐等，子贡至是乃始闻之"，皆非《论语》原义。又按："性"与"天道"，子贡明明分作两项说，而朱子之注则合为一事，谓"其实一理也"。既谓"性即理"，又谓"天即理"，则此二者宜无大分别。此皆显与《论语》原义不合。

《语类》讨论此章者凡十二条，兹再择引分说如下：

性与天道，性是就人物上说，天道是阴阳五行。

今按：此证程 朱沿袭晚周以及汉儒以阴阳五行说天，孔子当时则绝未有此。综观《论语》各章言"天"字可见。

问："孔子言性与天道不可得而闻，而孟子教人乃开口便说性善，是如何？"曰："孟子亦只是大概说性善，至于性之所善处也少得说。须是如说'一阴一阳之谓道，继之者善也，成之者性也'处，方是说性与天道尔。"

孟子道性善，已与孔子言性略有不同。《易系传》尤晚出。先秦儒家思想，自有此三阶段之演变。程 朱立说，多据《易系传》，而谓

《易系传》乃孔子语；又不认孟子与孔子在思想进展上亦可有异同，而必混合通说之，认为只是一理；所以程 朱与孔 孟终有未合处。

问："《集注》说性以人之所受而言，天道以理之自然而言。不知性与天道亦只是说五常人所固有者，何故不可得闻？莫只是圣人怕人躐等否？"曰："这般道理，自是未消得理会。且就它威仪、文辞处学去，这处熟，性、天道自可晓。"又问："子贡既得闻之后，叹其不可得闻，何也？"曰："子贡亦用功至此，方始得闻。若未行得浅近者，便知得他高深作甚么？教圣人只管说这般话，亦无意思。天地造化阴阳五行之运，若只管说，要如何？圣人于《易》，方略说到这处。'子罕言利，与命，与仁'，只看这处，便见得圣人罕曾说及此。又举'子所雅言，《诗》《书》、执礼，皆雅言也'，这处却是圣人常说底。后来孟子方说那话较多。"

此条两问皆有意思。朱子所答，似未足解问者所疑。《论语》本章，文义明白，随文说之，义本自见，而程 朱必羼以己说，故终亦难于自圆其说。

问："子贡是因文章中悟性、天道，抑后来闻孔子说邪？"曰："是后来闻孔子说。"曰："文章亦性、天道之流行发见处。"曰："固亦是发见处，然他当初只是理会文章，后来是闻孔子说性、天道。今不可硬做是因文章得。”

问：“旧时说性与天道便在这文章里，文章处即是天道。”曰：“此学禅者之说。若如此，孟子也不用说性善，《易》中也不须说‘阴阳不测之谓神’。这道理也著知，子贡当初未知得，到这里方始得闻耳。”

问：“谢氏性、天道之说，先生何故不取？”曰：“程先生不曾恁地说。程先生说得实，他说得虚。”问：“先生不取谢氏说者，莫是为他说只理会文章，则性、天道在其间否？”曰：“也是性、天道只在文章中。然圣人教人也不恁地，子贡当时不曾恁地说。”

以上三条，牵涉到另一问题去。关于“性与天道”之解释，乃程 朱思想与孔 孟歧趋大纲宗所在，已可由上引《论语》诸章朱《注》而见其大概。《语类》此三问所牵连者，乃“性与天道”即在“文章”中见，形上、形下一以贯之，在日常人生中即是妙道流行。此等说法，朱子认为乃学禅者之说。然朱子在此方面，态度颇为游移，故又说：“也是性、天道只在文章中。”又谓：“且就它威仪、文辞处学去，这处熟，性、天道自可晓。”但又谓：“程先生不曾恁地说。”惟谢显道乃程门高第弟子，其末梢流入禅去，亦由二程平常教人本是有禅味。程氏于《论语》此章虽未如此说，然在说他章时，确有类此说法。

此上乃专就其论“性与天道”者言。此下专就其讨论日常人生者言。即此两端，可见孔孟、程朱歧趋所在。

六

《先进篇》：

子路、曾皙、冉有、公西华侍坐。……“点，尔何如？”鼓瑟希，铿尔，舍瑟而作，对曰：“异乎三子者之撰。”子曰：“何伤乎？亦各言其志也。”曰：“暮春者，春服既成，冠者五六人，童子六七人，浴乎沂，风乎舞雩，咏而归。”夫子喟然叹曰：“吾与点也。”

朱《注》：

曾点之学，盖有以见夫人欲尽处，天理流行，随处充满，无少欠阙。故其动静之际，从容如此。而其言志，则又不过即其所居之位，乐其日用之常，初无舍己为人之意；而其胸次悠然，直与天地万物上下同流，各得其所之妙，隐然自见于言外。视三子之规规于事为之末者，其气象不侔矣。故夫子叹息而深许之。而门人记其本末独加详焉，盖亦有以识此矣。

程子曰：“古之学者，优柔厌饫，有先后之序。如子路、冉有、公西赤言志如此，夫子许之亦以此，自是实事。后之学者好高，如人游心千里之外，然自身却只在此。”

又曰：“孔子与点，盖与圣人之志同，便是尧 舜气象也。诚异三子者之撰，特行有不掩焉耳，此所谓狂也。子路等所见者小，子路只为不达‘为国以礼’道理，是以哂之。若达，却便是这气象也。”

又曰：“三子皆欲得国而治之，故夫子不取。曾点狂者也，未必能为圣人之事，而能知夫子之志，故曰‘浴乎沂，风乎舞雩，咏而归’，言乐而得其所也。孔子之志，在于‘老者安之，朋友信之，少者怀之’，使万物莫不遂其性；曾点知之，故夫子喟然叹曰‘吾与点也’。”

又曰：“曾点、漆雕开已见大意。”

今按：《论语》本文“夫子喟然叹曰：吾与点也”凡十字，朱《注》化了一百三十七字，凭空发挥一篇大理论。从来注书无此体例。可见朱子当时心中极重视此一番道理，又因从来未经人阐发到，故不觉详尽落笔也。

又引程子语四条之多，此亦特殊。程子谓“曾点便是尧 舜气象”，此与言“性中曷尝有孝弟来”，皆是极大胆、极创辟语，既是从来未经人道过，道来也实足骇人听闻。惟自朱子以后，二程被世推尊已久，故遂习焉而不察耳。

今问曾点何以便是尧 舜气象？朱《注》以十六字为之说明，曰：“人欲尽处，天理流行，随处充满，更无欠阙。”又另增一番话补足之，曰："其胸次悠然，直与天地万物上下同流，各得其所之妙，隐然自见于言外。"今试问《论语》原文十字，何以真见有此等境界与气象乎？岂不因朱子补入此一段注，读者并正文与注文连续读之，遂亦觉其如此。其实乃朱子意，非《论语》意也。从来皆知朱子《大学·格物补传》，把他自己一番"格物穷理"之大见解装进《大学》，遂使读者疑若古人真有此意。惟《大学·格物补传》，朱子明说是增补进去，非大学本文；而《论语》本章此段之注，则更易使人受其催眠，彷佛若孔子当时喟然一叹实是真有此意想与义蕴。故其影响入人之深，实不下于《格物》一传。如明儒多知辨"格物"，而亦多喜言"与点"之叹，即可知矣。

黄东发《日钞》曾论及此章孔子之叹，云：

> 夫子以行道救世为心，而时不我与，方与二三子相讲明于寂寞之滨，而忽闻曾点浴沂之言，若有独契其浮海居夷之志，曲肱饮水之乐，故不觉喟然而叹；盖其意之所感者深矣。

黄氏乃朱门后学，此条却较近《论语》本章原义，比之朱《注》，遥为稳惬。孔子心在行道救世，《论语》随处可证。此一行道救世之心，亦可即以朱子所谓"人欲尽处，天理流行"之心说之。惟其志既在行道救世，而道终不获行，世终不得救，则何得谓其"随处充满，无少欠阙"乎？当知正为此心天理流行，故道不行，世不救，终觉是一大欠阙。故曰："吾非斯人之徒与而谁与！"又曰："天下有道，丘不与易。”又曰：“甚矣吾衰也，久矣吾不复梦见周公。”又有“欲居九夷”之想，有“吾已矣夫”之叹。孟子尝曰：“天下有饥者，犹己饥之，天下有溺者，犹己溺之。”天下多饥溺，岂遂“胸次悠然，与天地万物上下同流”乎？虽曰“禹、稷、颜回，易地则皆然”，然颜子之箪食瓢饮，居陋巷而乐者，亦以求道为乐耳；不如朱子所谓“即其所居之位，乐其日用之常”也。明道尝谓：与弟伊川，“再见茂叔后，吟风弄月，有‘吾与点也’之意。”此自是二程自己学脉，不得谓孔子在当时亦复如是。

明道又言：“泰山为高矣，然泰山顶上已不属泰山。虽尧 舜事业，亦只是如太虚中一点浮云过目。”惟其如此，故曰“视三子之规规于事为之末者，其气象不侔矣”。然“事业”乃古人所共重，“气象”乃程 朱所独尊。朱子尝言：“程先生所言实，上蔡所言则虚。”今试问气象是实，事业是虚乎？抑事业为实，气象为虚乎？

《论语》称叹尧 舜语亦屡见。《泰伯篇》：

> 子曰：“尧之为君也，巍巍乎！惟天为大，惟尧则之。荡荡乎！民无能名焉。巍巍乎！其有成功也。焕乎！其有文章。”

惟其有“成功”，有“文章”，故得成尧 舜之大。惟天亦然，“四时行，百物生”，皆以事业与成功而成天之大也。天亦岂徒以气象为大乎？

《雍也篇》：

子贡曰："如有博施于民而能济众，何如？可谓仁乎？"子曰："何事于仁，必也圣乎！尧舜其犹病诸！"

是尧舜君临天下，尚不能"济众博施"；如何浴沂风雩，遂可"使万物各遂其性"？此等皆大可商榷。

《语类》讨论此章者共五十条。盖"与点"一叹，乃宋儒当时一重大题目，故争相讨论及此。然细玩《语类》各条，似朱子意态已与注《论语》有不同。兹再略引分说如下：

曾点言志，当时夫子只是见他说几句索性话，令人快意，所以与之。其实细密工夫却多欠阙，便似庄列。如季武子死，倚其门而歌，打曾参仆地，皆有些狂怪。

此一条说曾点"狂怪"，显与《论语注》大不同。又曰：

他大纲如庄子。明道亦称庄子，云："有大底意思。"又云："庄生形容道体，尽有好处。"邵康节晚年意思正如此，把造物世事都做则剧看。曾点见得大意，然里面工夫却疏略。明道亦云："庄子无礼无本。"

此条亦以曾点比庄周，又言明道亦有欣赏庄周语，而引其"无礼无本"之说。所指皆甚平实，远非注《论语》时以曾点拟尧舜之意态。又曰：

只怕曾点有庄 老意思。他也未到得便做庄 老，只怕其流入于庄 老。他却是工夫欠细密。因举明道说康节云："尧夫豪杰之士，根本不贴贴地。"又曰："今人却怕做庄 老，却不怕做管 商，可笑！"

此条仍以曾点与庄 老、邵雍并提，最多只是"豪杰之士，不贴贴地"，那里便见是"尧 舜气象"？其实明道有时也还是不贴贴地，仍有豪杰气。即如云"尧 舜事业如一点浮云过目"，"曾点乃尧 舜气象"之类，皆是。至云"今人却怕做庄 老，不怕做管 商"为可笑，此乃朱子有意作回护语，谓做庄周总比做管 商为佳耳。

问："曾点浴沂气象，与颜子乐底意思近否？"曰："颜子底较恬静，无许多事。曾点是自恁说，却也好。若不已，便成释 老去。所以孟子谓之狂。颜子是孔子称他乐，他不曾自说道我乐。大凡人自说乐时，便已不是乐了。"

此条平实有分寸。曾点浴沂尚不能比"颜子乐底意思"，何能遽是"尧 舜气象"？朱子注《论语》时说曾点心无欠阙，此处却云：自说乐时未便是乐。朱子屡说曾点工夫疏略，此处却说：幸而他只是说，若真做，便成释 老去。此皆见其意态之变。又曰：

事亦岂可废！若都不就事上学，只要便如曾点样快活，将来却恐狂了人去也。学者要须常有三子之事业，又有曾点襟怀，方始不偏。

此条亦不斥三子“规规于事为之末”矣。又曰：

某尝说曾晳不可学，他是偶然见得如此，夫子也是一时被他说得恁地也快活人，故与之。今人若要学他，便会狂妄了。夫子说：“吾党之小子狂简，斐然成章，不知所以裁之。”这便是狂简，如庄 列之徒皆是。他自说得恁地好，若是不裁，只管听他恁地，今日也浴沂咏归，明日也浴沂咏归，却做个甚么合杀！

此条明明说：如曾点之辈，应加以裁正，否则将成无合杀。则朱子之意显然可见矣。又曰：

程子论“三子言志，自是实事”一段，甚好。及论“夫子与点”一段，意却少异。所以《集注》两载之。

此条大可注意。谓程子“论三子言志自是实事一段甚好”，则言外见程子论“夫子与点”一段，在朱子意若有憾矣。其实程子论三子言志，谓：“古之学者有先后之序，三子言志如此，夫子许之亦以此，自是实事。后之学者好高，如人游心千里之外，却自身只在此。”此乃谓三子言志地位尽低，然总还是实事，故夫子亦许之，不如后代学者志高而不实。朱子注《论语》时，依程意，谓："视三子之规规于事为之末者，其气象不侔矣。"如此下语，确与所引程子四节语意相洽。程子此四节话，一论三子，一论曾点，前后语意并无相异。只因朱子后来自己意见逐渐变了，故又改换口气，作此分析。读者于此等处当细辨。

问：再看"浴沂"章程子云云。先生曰："此一段惟上蔡见得分晓。盖三子只就事上见得此道理，曾点是去自己心性上见得那本源头道理。使曾点做三子事，未必做得。然曾点见处，虽尧 舜事业亦不过以此为之而已。程子所说意思固好，但所录不尽其意。看得来上面须别有说话在先，必说曾点已见此道理了，然后能如此，则体用具备。若如今恁地说，则有用无体，便觉偏了。"

此一条，朱子正面阐释程子意思。然谓"如今恁地说，则有用无体，便觉偏了"，则朱子对程子这几段话，仍觉不甚妥惬。又曰"程子此一段话，惟上蔡见得分晓"，则朱子解释二程语，依然要走上上蔡路子。此亦大可注意。又曰：

上蔡说"鸢飞鱼跃"，因云："知'勿忘，勿助长'，则知此；知此，则知夫子与点之意。"看来此一段好，当入在《集注》中"舞雩"后。

此条当与上引一条合看。前引《公冶长篇》“子贡文章性与天道”一节，朱子本不赞成上蔡之说；实则上蔡谓“性与天道即在文章里”，正犹此处谓性与天道即在鸢飞鱼跃上见。此即伊川所谓“体用一源，显微无间”也。朱子所以有取于上蔡此一节话者，殆为其讲到“勿忘，勿助长”，见有下工夫处；所以不取于上蔡“性天文章”一节话者，殆为其不见有下工夫处，故谓“程先生说得实，他说得虚”。朱子此处又谓“程子语若如今恁地说，则有用无体”者，是亦嫌程子语落虚了。可见朱子此等处虽大体仍遵二程，遇为二程语作解释，亦不得不借径于上蔡之说。然朱子究是平实，故在此等处总见其颇费斟酌调护之苦心。后代传说，朱子于易箦前曾悔《集注》“吾与点也”一节未能改定，恐遗误后学。虽无确证，然细读《语类》关于此章之许多讨论，似朱子确亦有此悔。而本章《集注》之有失《论语》原旨，则更可见。明儒仍袭宋儒遗风，张皇“与点”一章，则朱《注》少此一改，其影响亦不可谓不巨矣。

七

《公冶长篇》：

子使漆雕开仕。对曰：“吾斯之未能信。”子说。

朱《注》：

斯，指此理而言。信，谓真知其如此，而无毫发之疑也。开自言未能如此，未可以治人，故夫子说其笃志。

程子曰："漆雕开已见大意，故夫子说之。"

又曰："古人见道分明，故其言如此。"

谢氏曰："开之学无可考。然圣人使之仕，必其材可以仕矣。至于心术之微，则一毫不自得，不害其为未信。此圣人所不能知，而开自知之。其材可以仕，而其器不安于小成，他日所就，其可量乎？夫子所以说之也。"

此条"斯"字显指仕言，谓己于仕事胜任否未能自信也。而朱子以"理"字释之，谓其"未能真知此理而无毫发之疑"，则试问此理又何理乎？

又朱子此章注引程子语，又引谢子语；朱《注》谓"无毫发之疑"，即采上蔡"心术之微，一毫不自得，不害为未信"语来。此章注语当与"吾与点也"注合看。程子谓"曾点、漆雕开已见大意"，《语类》朱子谓"三子只就事上见得此道理，曾点是去自己心性上见得那本源头道理"；亦犹此章引上蔡从心术微处阐述漆雕开已见大意也。细玩本章所引上蔡语，似主要尚不在见此理，而更要在信得及此心之所见。此显是禅味深厚，孔门当时决不有此等意态。

《语类》讨论本章，亦得三十条，兹再节钞分说如下：

上蔡言漆雕开不安于小成，是他先见大意了，方肯不安于小成。若不见大意者，只安于小成耳。

上蔡之意，出仕治民仅是小成，在心术微处用工夫，始可直入圣域也。程子谓子路、冉有、公西赤三子，“皆欲得国而治之，故夫子不取”，此即上蔡所谓“安于小成”者也。漆雕开其材可以仕而不仕，故谓其“已见大意”。上蔡此等处，直是二程真旨嫡传。朱子本章注仅云：“开自言未能如此，未可以治人，故夫子说其笃志。”不谓“其材可以仕而不仕”，下语谨慎，意态亦平易；较之程、谢，显有距离。

问：“漆雕开与曾点孰优劣？”曰：“旧看皆云曾点高，今看来，却是开著实，点颇动荡。”

此又见朱子平实处。“旧看皆云曾点高”，盖自程门相传看法如此。朱子稍后始对曾点常加疑问纠正之辞，而于漆雕开则较多称许。

问：“恐漆雕开见处，未到曾点？”曰：“曾点见虽高，漆雕开却确实，观他‘吾斯之未能信’之语可见。”

程子曰：“点与圣人之志同，便是尧 舜气象。”当时程门意见，似乎认为曾点已见到此理，而又无不自信处，故许为高于漆雕开。朱子却因漆雕开之不自信而称其“确实”。此朱子学脉从二程转手处，尚论者当深细体会。

问：“曾点、漆雕开已见大意。”曰：“漆雕开想是

> 灰头土面，朴实去做工夫，不求人知底人。虽见大意，也学未到。若曾晳，则只是见得，却不曾下工夫。”

朱子意颇不许曾点，就此引诸条皆可见。《语类》讨论“与点”章亦有较量此两人处，今再补录一则于下：

> 若是曾晳，则须是更去行处做工夫始得。若不去做工夫，则便入于释 老去也。观季武子死，曾点倚其门而歌。他虽未是好人，然人死而歌，是甚道理？此便有些庄 老意思。程子曰：“曾点、漆雕开已见大意。”看得来漆雕开为人却有规矩，不肯只恁地休，故曰：“吾斯之未能信。”

朱子不喜曾点语，在《语类》中随处可见；只为程门相传推尊此人，故终还称其有见。至于漆雕开，程子虽以“已见大意”许之，然终不如许与曾点之高；而朱子乃处处倒转此两人之地位。此皆自《集注》已成之后而始有此转变。

八

《先进篇》：

> 子曰：“从我于陈 蔡者，皆不及门也。”德行：颜

渊、闵子骞、冉伯牛、仲弓。言语：宰我、子贡。政事：冉有、季路。文学：子游、子夏。

朱《注》：

弟子因孔子之言，记此十人，而并目其所长，分为四科。孔子教人各因其材，于此可见。程子曰："四科乃从夫子于陈 蔡者尔。门人之贤者，固不止此。曾子传道而不与焉，故知十哲，世俗论也。"

本章朱子注文极平实。引程子语谓"十哲世俗之论"，又是"不贴贴地见豪杰气"。若论相从于陈 蔡时，游、夏尚年幼，决不相及。若论"曾子传道"，则从古皆谓孔子传道于七十子，惟自禅宗 达摩至慧能，始有衣钵，一线单传；孔子宁有信物独付曾参乎？程子谓"门人之贤固不止此"，其心中除"曾子传道"之外，尚有"曾点、漆雕开已见大意"；如子路、冉有所见者小，而转列之十哲，故目之为"俗论"也。

九

《子张篇》：

子游曰："子夏之门人小子，当洒扫应对进退，则可矣。抑末也，本之则无，如之何？”子夏闻之，曰：“噫！言游过矣。君子之道，孰先传焉？孰后倦焉？譬诸草木，区以别矣。君子之道，焉可诬也？有始有卒者，其唯圣人乎！”

朱《注》：

言君子之道，非以其末为先而传之，非以其本为后而倦教。但学者所至，自有浅深，如草木之有大小，其类固有别矣。若不量其浅深，不问其生熟，而概以高且远者强而语之，则是诬之而已。君子之道，岂可如此？若夫始终本末，一以贯之，则惟圣人为然，岂可责之门人小子乎？

程子曰：“君子教人有序，先传以小者、近者，而后教以大者、远者。非先传以近小，而后不教以远大也。”

又曰：“洒扫应对，便是形而上者，理无大小故也。故君子只在谨独。”

又曰：“圣人之道，更无精粗，从洒扫应对与精义入神，贯通只一理。虽洒扫应对，只看所以然如何。”

又曰：“凡物有本末，不可分本末为两段事。洒扫应对是其然，必有所以然。”

又曰：“自洒扫应对上便可到圣人事。”

朱子引程子语后又自加按语云：

愚按：程子第一条，说此章文意最为详尽。其后四条，皆以明精粗本末，其分虽殊，而理则一。学者当循序而渐进，不可厌末而求本。盖与第一条之意实相表里，非谓末即是本，但学其末而本便在此也。

今按：本章朱子注文极为平实明尽。下引程子语凡五则，朱子又为加按语，谓所引第一条“说此章文意最为详尽”，是也。至此下四条，显与《论语》原旨不合。既曰“圣人之道更无精粗”，又曰“物有本末，而不可分本末为两段事”，又曰：“自洒扫应对上便可到圣人事。”凡此，与子游、子夏原意皆有违异。朱子按语谓其“实相表里”，此自朱子语尔。程子语之本真涵义似不如此。但细玩程子原文可见。此又朱子著意弥缝之一迹也。

《语类》讨论本章者共凡二十条，兹再节录分说如下：

问：“洒扫应对”章程子曰四条。曰：“此最难看。少年只管不理会得‘理与大小’是如何，此句与上条‘教人有序’都相反了。多问之前辈，亦只似谢氏说得高妙，更无捉摸处。因在同安时，一日，差入山中检视，夜间忽思量得不如此。其曰理无小大，无乎不在，本末精粗，皆要从头做去，不可拣择；此所以为教人有序也。非是谓‘洒扫应对’便是‘精义入神’，更不用做其他事也。”

今按：朱子此番解释，诚是周匝圆到，无奈程子语意实非如此。抑且朱子在他处亦曾依照程子意说之，如《述而篇》“吾无隐乎尔”章，《语类》有三条，兹摘录其二如下：

> 夫子尝言“中人以下，不可以语上”也，而言性与天道则不可得而闻。想是不曾得闻者疑其有隐。不知夫子之坐作语默，无不是这个道理；风霆流形，庶物露生，无非教也。圣人虽教人洒扫应对，这道理也在里面。

如此条所说，乃颇与程子语意相当。谢上蔡本说“性与天道即在这文章里”，而朱子说“性与天道”章不之取；今说“无隐乎尔”章，仍落到上蔡圈里。此等处，朱子尽只依违。一面觉得程门此等话有理，一面又恐其有流弊，故有时这样说，有时那样说，总不使偏锋话。此皆朱子之极费斟酌调停处。又曰：

> 问：“伊川言：‘圣人教人常俯就，若是掠下一著教人，是圣人有隐乎尔。’何也？”曰：“道有大小精粗，大者、精者固道也，小者、粗者亦道也。观《中庸》言‘大哉圣人之道，洋洋乎发育万物，峻极于天’，此言道之大处。‘优优大哉，礼仪三百，威仪三千’，是言道之小处。圣人教人，就其小者、近者教人，便是俯就。然所谓大者、精者，亦只在此，初无二致。要在学者下学上达自见得耳，在我初无所隐也。”

程子言“圣人之道更无精粗”，又曰“理无大小”，朱子则缓其辞曰“道有大小精粗”。凡二程语露豪杰气，若有不贴贴地处，朱子都把其棱角来磨了。然说本章大义，仍采二程说，则明白可见。而于“洒扫应对”章，则说得更圆到些。

问：“伊川云：‘洒扫应对便是形而上者，理无大小故也。故君子只在谨独。’又曰：‘圣人之道，更无精粗，从洒扫应对与精义入神，贯通只一理。虽洒扫应对，只看所以然如何。’”曰：“某向来费无限思量，理会此段不得。如伊川门人都说差了。且是不敢把他底做不是，只管就他底解说，解来解去，只见与子夏之说相反，常以为疑。子夏正说有本有末，如何诸公都说成末即是本？后在同安，出往外邑定验公事，路上只管思量，方思量得透。当时说与同官某人，某人亦正思量此话起，颇同所疑。今看伊川许多说话时，复又说错了。所谓‘洒扫应对与精义入神，贯通只一理，虽洒扫应对，只看所以然如何’，此言洒扫应对与精义入神是一样道理，洒扫应对必有所以然，精义入神亦必有所以然；其曰‘通贯只一理’，言二者之理只一般，非谓洒扫应对便是精义入神；固是精义入神有形而上之理，即洒扫应对亦有形而上之理。”问：“《集注》云：‘始终本末一以贯之，惟圣人为然’，此解得已分明，但圣人事是甚么样子？”曰：“如云‘下学而上达’，当其下学时，便上达天理是也。”

今按：朱子对此番道理，确曾大费过思量。伊川云：“从洒扫应对与精义入神，贯通只一理。”则“洒扫应对”便是形而上者。此即“显微无间，体用一源”之义。而此一理，从上蔡说，则只在心术微处可见。故曾点之浴沂咏归，此番心情便即是尧 舜心情。尧 舜事业，只从此心情中流出。故说曾点浴沂咏归“便是尧 舜气象”。若把此一番理论再推申，再凝敛，便开象山“先立乎其大者”“心即理”之主张。只为伊川说话较明道多了些、密了些，此下遂有朱子“格物穷理，以求其一旦豁然贯通”之说。然朱子说来说去，仍不能全否定了象山之立论。细玩此条，朱子 同安路上是一悟，如上引《语类》一条，即是同安路上所悟，明白认定说“非谓洒扫应对便是精义入神，更不用做其他事”；但此条则在同安路上悟后，到得看伊川许多说话时，又觉得自己以前说错了，便又说“洒扫应对亦有形而上之理”，“下学时便上达天理”。此见朱子心中仍是依违游移，尽求斟酌调停，总是弥缝难合也。

问：“程子云：‘故君子只在谨独’，何也？”曰：“事有大小，理却无大小，合当理会处，便用与他理会，故君子只在谨独。不问大事小事，精粗巨细，尽用照管，尽用理会。不可说个是粗底事，不理会，只理会那精底。既是合用做底事，便用做去。又不可说洒扫应对便是精义入神。洒扫应对只是粗底，精义入神自是精底。然道理都一般，须是从粗底、小底理会起，方渐而至于精者、大者。所以明道曰：‘君子教人有序，先传以近者、小者，而后教以大者、远者。非先传以近小，而后不教以远大也。’”或云：“洒扫应对非道之全体，只是道中之一节。”曰：“合起来便是道之全体，非大底是全体，小底不是全体也。”问：“伊川言：‘凡物有本末，不可分作两段。’”曰：“须是就事上理会道理，非事何以识理？洒扫应对，末也；精义入神，本也。不可说这个是末，不足理会，只理会那本，这便不得。又不可说这末便是本，但学其末，则本便在此也。”

此条仍是同安路上所悟语。此乃朱子“格物穷理”精神。朱子谓：“非事何以识理？”故不喜上蔡、象山专就心上说。

问：“子游知有本而欲弃其末，子夏则以本末有先后之序，程子则合本末以为一而言之。详味先生之说，则所谓洒扫应对固便是精义入神事，只知于洒扫应对上做工夫，而不复深究精义入神底事，则亦不能通贯而至于浑融也。惟是下学之既至而上达益加审焉，则本末透彻而无遗矣。”曰：“这是说洒扫应对也是这道理，若要精义入神，须是从这里面会将去。如公说，则似理会了洒扫应对了，又须是去理会精义入神；却不得程子说，又便是子夏之说。”

此条问得极清晰扼要。朱子只说“格物”虽有不同，“穷理”则只是一贯，从此上再把程子说与子夏说分疏，便见程子说更高过了子夏说。其实则仍是同安路上所悟，只弥缝更密，说来更圆到。又曰：

> 先传后倦，明道说最好。伊川与上蔡说，须先理会得子夏意方看得。

此条最见调停甚苦，而亦最见分寸。谓“伊川与上蔡说，须先理会子夏意方看得”，下语极斟酌有力。其实二程当时，极多突出语、过高语，学者必先理会得《论》《孟》真意，方可看得。又如读《论语注》，亦须先理会得朱《注》，然后其圈外所引二程语及其他诸家语方可看得。如此分别而看，逐一理会，有离有合，有出有入，可见义理之无穷。若误谓朱子语即是程子语，又误谓程 朱语即是《论》《孟》原旨，即是孔 孟语，则至少已违失朱子“格物穷理”之教矣。

> 问：“程子曰：‘洒扫应对，与佛家默然处合’，何也？”曰：“默然处只是都无作用。非是取其说，但借彼明此。洒扫应对，即无声无臭之理也。”

二程当时，有许多突出语、过高语，有许多“不贴贴地见豪杰气”语，多半借用佛氏 禅宗。纵谓“非是取其说”，然“借彼明此”，已为儒、释作沟通桥梁。故曰“弥近理而大乱真”。究已引进了许多释氏之“近理”处，但又要力辨其“乱真”处。欲究程 朱与孔 孟异同，此等处最当著眼。

又曰：

> 一日夜坐，闻子规声，先生曰：“旧为同安簿时，下乡宿僧寺中，衾薄不能寐。是时正思量‘子夏之门人小子’章，闻子规声甚切。今才闻子规啼，便记得是时。”

又附注另一录云：

> 思量此章，理会不得，横解竖解，更解不行，又被杜鹃叫不住声。

《语类》记此条者又自附一注云：

> 当时亦不能问。续检寻《集注》此章，乃是程子诸说多是明精粗本末，分虽殊而理则一，似若无本末，无小大。独明道说“君子教人有序”等句分晓，乃是有本末小大。在学者则须由下学乃能上达，惟圣人合下始终皆备耳。此是一大统会，当时必大有所省。所恨愚暗，不足以发师诲耳。

今按：细玩此条，朱子当时同安路上一悟，实是思量甚苦后乃得之。即今读此条，当时情况，犹可依稀想像。后人仅读《论语》朱《注》，以为循朱《注》即可明得《论语》本旨，若不检寻《语类》，又焉知此中有如许曲折，如许苦心乎？

记此条者谓此是“一大统会”，诚然诚然。本篇偶拈“吾与点也”章至此，皆在此一统会中。《论语》他章与此“一大统会”相关涉处尚多，本篇仅发其例于此，不复详引。

以上仅就《论语》朱《注》，择取其有关“性与天道”之认识，及有关日常人生之体会者，就此两大纲，各举数条，粗加陈说，而程朱、孔 孟思想歧异处，亦已约略可见。若欲再作深究，此当更端别撰，非本文所能尽也。

（一九六四年二月《清华学报》新四卷二期）

《四书》义理之展演

一

中国人在宋以前，大家都读《五经》，宋以后，大家必读《四书》：《论语》、《孟子》、《大学》和《中庸》。今天我要讲的，就是关于《四书》义理的问题。我们首先要问：《四书》的义理，是共通一致的，还是各别相异的呢？在我个人认为，它们间的义理，是共通一致的。可是从另一方面看，《四书》的义理，又是各别不同的。《论语》是《论语》，《孟子》是《孟子》，《大学》《中庸》自是《大学》《中庸》。

共通一致和各别相异似乎对立，其实不然。《学》《庸》《论》《孟》的义理，是在它们的共同一致下，有其各别相异。大纲领相同，小节目差异。从了解其各别相异之点，去体察其共同一致性，就是我今天讲题的主旨。

《论语》《孟子》本原是独立成书，《大学》《中庸》则是属于《小戴礼记》中的两篇。虽然唐以前就有人注过《论》《孟》，萧梁以后就有人对《中庸》下过讲解，但把这四书视为一个思想体系而予以表章的，却从宋代二程和朱子开始。他们认为四书是一脉相承的，《论语》属孔子，《大学》属曾子，《中庸》《孟子》分属子思与孟子。

就成书的早晚来看，《学》《庸》定在《孟子》之后。从文学史的观点来看，《论语》《孟子》为记言体裁，一若后代的“语录”。《论语》篇章多短，大都为门弟子所记。《孟子》七篇，也是记言。如《梁惠王篇》，记孟子与梁惠王的问答。大抵七篇为孟子自作。朱子说此书文章一贯，文笔绝佳，他的门人未必写得出。

《孟子》比《论语》前进了，主要的是《论语》章节短，《孟子》篇幅长。至于《大学》，一起头：

> 大学之道，在明明德，在亲民，在止于至善。

《中庸》开宗明义：

> 天命之谓性，率性之谓道，修道之谓教。

简单扼要地把全书纲领明白提出。论文章体裁，便知《学》《庸》比《孟子》又进一步。老子《道德经》和《大学》、《中庸》同样文体，上篇：

> 道可道，非常道。名可名，非常名。无名，天地之

始；有名，万物之母。

也将一书主旨，首先提出。《庄子》也是记言文体，与《论》《孟》相同。不过《论》《孟》是实有此问答，《庄子》则多假托寓言，如鲲与鷃鹓之问答即是。其次，《庄子》每篇都有题目，和后来《荀子》等相似，与《论》《孟》之《学而》《梁惠王》不同。总之，由文体演变来看，《庄子》在《老子》先。议论体的《学》《庸》，该在记言体的《论》《孟》之后。

二

兹先讲《论》《孟》，再及《学》《庸》。

孔、孟讲义理，可说完全相同。但在大的义理之下，亦有其各别之相异处。唐以前人，每以周公、孔子并称。但并不以孔、孟并称。宋以后人，始并称孔、孟。《史记》，孔子有“世家”，孟、荀合列一“传”。战国只以孔、墨齐举。《汉书·艺文志》“六艺略”除《五经》外，有《论语》《孝经》，小学如《尔雅》等。读书人从小学、《孝经》、《论语》，再上才读《五经》。《五经》中，惟《春秋》是孔子作，但相传孔子删《诗》《书》，订《周易》。《艺文志》“诸子略”首儒家，由曾子、子思而至孟子、荀卿。孔子上承周公，孟、荀同列子部。这是一项极重要的区别。当时《论语》尚未列为一“经”。待经书中列入《论语》时，尚未有《孟子》。此一经过，见孔、孟在宋以前本不受人平等看待。至宋，才以孔、孟并尊。

而《十三经》之结聚，乃明代以后事。宋代以《孟子》与《论语》、《学》、《庸》并称《四书》，读书人先读《四书》，后读《五经》，《四书》比《五经》更重要。

孔子以“礼、乐、射、御、书、数”六艺设教。孔门弟子分四科：“德行、言语、政事、文学”。言语和政事实是同一事。所谓言语，只是“使于四方，不辱君命”的外交活动。文学殿四科之末，始是侧重在书本方面的学问。前三科颜渊、闵子骞等是孔子早年弟子；文学一科，子游、子夏受业在后，是孔子晚年弟子。可见孔子教学生，开头注重在德行、言语、政事三科。德行一科，不是不理会言语、政事，只是能不急求进身，不苟合取容。虽然本身抱有从政才能，但没有施展抱负的正当机会与环境，便不轻求从政。孔子自己博学多能，早年尝为乘田、委吏，中年当过鲁国司寇。晚年返鲁，见道不行，遂著意在典章文籍上教导后进，俾得传之身后。

孔子曾说：

> 甚矣！吾衰也。久矣，吾不复梦见周公。

他以周公的治平实绩作榜样，想在当身做一番事业。他又说：

> 文王既殁，文不在兹乎？

他把文王、周公的实际勋业自任。所以又说：

> 如有用我者，吾其为东周乎？

文王、周公建业在西周，孔子要在东方再建新周。他在政治、外交、军事、经济上，都有实干的准备，不然他决不敢轻言：

> 苟有用我者，期月而已可也，三年有成。

之语。孔子把他所长分科教授，所以有四科之前三科。

孔子又说：

> 夏礼吾能言之，杞不足征也；殷礼吾能言之，宋不足征也。

这里所说的“礼”，并非指婚、丧、士礼如《仪礼》十七篇所载，而是指的治国平天下的大礼。修、齐、治、平之事，在春秋时皆属“礼”，今应称之为广义的大礼。冠、婚、丧、祭乃是一种狭义的小礼。孔子对整个国家社会天下治平之大礼，不仅西周，即夏、商以来三代传统一切大礼，皆所研寻。只因杞、宋两国不够用来证明，孔子只是心知其意，其博大深微处，无法引用与人共见者来作证。其弟子子张问：“十世可知也？”孔子答道：

> 殷因于夏礼，所损益，可知也；周因于殷礼，所损益，可知也。其或继周者，虽百世，可知也。

殷礼承袭于夏，但有不同。周礼承袭于商，亦复有不同。孔子懂得夏、商、周三代之礼，是在一大传统之下有损有益，有增有减。他了解它们之间的变化，与其所以要变化的道理。从他这一套历史知识来透视此下十世三百年，甚至百世三千年，亦可了如指掌；知其不能越出此一大规范，大准绳。孔子逝世，迄今不到百世三千年。他预知历史必然有变，但有些必然不变。所谓“变”，只是在一大传统下有的增添些，有的减少些。这是孔子一套最伟大的“历史哲学”。用以前学人语，应称之为“历史因革论”。（**清代恽子居即曾提出“三代因革论”一名词。**）但孔子治史，虽是三代一贯而下，而其精神向往则偏重在周代。所以他只推崇文王、周公，又说：

郁郁乎文哉，吾从周。

他并不甚推尊殷代的先王先公。近代有人却说孔子是商民族之后，好像他内心不忘殷商，有意复兴。那真是臆测之谈。但孔子虽说“从周”，也不一意悉遵文王、周公，所以又说“吾其为东周”。他要跟随周代再向前变，却非要上复殷 周之旧。这是明白无疑的。

再看孔子对颜渊问“为邦”，更知端的。颜渊问为邦，孔子说：

行夏之时，乘殷之辂，服周之冕，乐则《韶》舞。

难道只此夏时、殷辂、周冕、舜乐便可包括了国家大政之一切吗？我们又该问为什么历法要用夏代，车制要遵殷代，冠冕用周代，而音乐又要远法虞舜？我们应把此处所举四条会通看。我们今天已距孔子两千五百年之久，当然不能把此四条具体详说。但孔子博采前古，斟酌损益，有因有革，求适当前之意，则显然可见。而其“行夏之时”一项，秦 汉以下终于依照孔子意见，直至于今。可见孔子所谓“损益可知”，是确有历史证验，非同空论。

我们今天来研究孔子思想，不应该单把眼光全放在所谓忠恕、一贯等上面。孔子六艺之学，四科之教，我们都该注意。孟子则说：“仲尼之徒，无道桓 文之事者。”但《论语》孔子极称管仲，人所尽知。孔子又说：“齐桓公正而不谲，晋文公谲而不正。”若我们细读《左传》，便知孔子对桓、文此一批评，乃是恰中要害。《孟子》七篇中讲身心、讲义理，所讲可谓与孔子并无二致，有些处讲得格外详尽，更加邃密。但孟子讲学，似乎偏重在此，所以在他门下，便无四科可分。其论及为邦治国之处，也像是只及其大概。滕文公问为国，孟子虽亦告以三代制度，但孟子自说：

> 此其大略也。若夫润泽之，则在君子。

他学生问“周室班爵禄，如之何？”孟子答道：

> 其详不可得闻。

这和孔子能言夏礼、殷礼，详略精粗，显有不同。谈到民生问题，孟子只说：

五亩之宅，树之以桑。鸡豚狗彘之畜，无失其时。

谈到如何统一天下，孟子只说：

不嗜杀人者能一之。

这就是孔、孟讲学显有不同处。故孔子卒后，其学生为诸侯所争用，就连再传弟子如田子方、段干木、吴起等，也是极受时君重视；孟子学生像万章、公孙丑辈，皆不能在实际政治上有所表现。这当然因时代不同，事变相异，不能一一拘泥比论；但亦可反映出孟子讲学与孔子有不同。

三

孟子以后有荀子。荀子著书极重视“礼”。他书中讲究富国强兵，也多具体说话。他的门人也在政治上多有活动。韩非、李斯更是著例。清人常说荀卿有传经之功。若把孟子与颜渊、曾参相比，荀子则近似子游、子夏。《论语·雍也篇》：“子谓子夏曰：‘女为君子儒，无为小人儒。’”《荀子》书中多论到“儒”之分类，而《孟子》七篇往往高论师道，绝不见一“儒”字。亦可谓孟子重“师道”，荀子重“儒术”。孔子则兼此二者。道远而分，有此两歧。

汉初经师，往往为荀卿弟子或其递传，故汉儒治经，多属荀学系统。但不如清儒之拘狭。汉儒虽在训诂章句上用力，但主要则欲“通经致用”，如贾谊、董仲舒都在政治上发抒重大意见，尤其是董仲舒建议当朝“罢黜百家，一尊儒术”。汉武帝设太学，立《五经》博士，皆遵用仲舒之意。即如张汤，依儿宽判法，大为武帝称赏。宽治《尚书》，为欧阳生弟子，乃伏胜之再传弟子。又如鲁申公，武帝初即位召至京师，他告武帝说：“为治不在多言，顾力行如何耳。”其弟子赵绾、王臧欲为武帝创制变法，遭窦太后反对而止。但此下汉廷重用儒生，至东汉犹然。

综观汉代儒家，大抵可分两大类：一在太学为博士。虽亦通晓政治，要之以讲学为主。一为从事实际政治工作者。两汉治平实绩，不得不谓乃汉儒之贡献。直到季汉大儒如郑玄、王肃，其经学分派，实即是政治分派。康成生平未涉政治，但他的经注，常把当代实际制度为经文作证。他还是治经而通政治的。当时的经学，在政治上有领导地位。王肃对政治上有野心，乃不惜伪造古书，企图先在经学上压倒郑玄。

南朝门第鼎盛，大门第必重礼，尤其是丧礼服制；子与侄及一切亲疏嫡庶承袭爵位和产权等复杂情形，都将由丧服的等差中表现出来。刘宋 雷次宗最善讲丧服，乃与郑玄齐名，一时有“雷、郑”之称。又我们历史上有三次政治大兴革，都欲根据《周礼》来推出新政，一是汉代王莽与刘歆，一是宋代王安石，中间是北周时代的苏绰。苏绰创制，下为隋 唐承袭，开统一盛运之复兴。我们不能否认雷次宗、苏绰都是大儒，他们都能用经术在实际事务上作贡献。直至北宋初赵普，自说用半部《论语》帮太祖定天下，要再用半部《论语》来佐太宗致太平；那是汉 唐儒生一贯相传之抱负。

但孔子所讲的一套治国平天下道理，汉人过于强调了，因而忽略了孟子那一面所偏重的心性义理的另一套。于是道、释两家乘虚而起，把这一套抢去。直到唐 韩愈起而提倡师道，推尊孟子，他说："尧、舜、禹、汤、文、武、周公、孔子之道，至孟轲之死而不得其传。"他自己起来攘斥老、释，自比于孟子之"辟杨、墨"。但昌黎好友裴度，同时也是昌黎的上司，他却是信佛的。他似乎也认为修养心性的一套，应从佛门去求。他同时在政治上有其卓越表现。这是治国平天下的另一套，则是周公、孔子传统。退之同时李翱，也受佛学影响，著《复性书》，提出《中庸》一书，认为《中庸》理论高过释氏。

此后韩、李学说影响宋儒。范仲淹是宋儒中第一个开新风气的人。他内为宰辅，外捍边圉，常说要"先天下之忧而忧，后天下之乐而乐"。范仲淹带兵去西安，张载时属青年，因是关中土著，熟知关中兵事地理，以万言书请谒，献其用兵之计。范文正告诉他说："儒者自有名教可乐，何事于兵？"因送张载一本《中庸》，劝他回家细细研读。欧阳修推奖王安石，希望他做韩愈后起；荆公却以孟子自期，不愿仅为一文学家。此等皆可看出宋代儒风之变，显与汉 唐不同。

但在北宋时，孟子地位虽已提高，却还没有确立。冯休有《删孟》，李觏有《常语》，司马温公有《疑孟》，都是攻击《孟子》七篇的。直到二程子 颢、颐兄弟，才正式提出《四书》，大力表章《孟子》书中义理，主要从教育方面著手，引导人走向理想的人生。南宋 朱子、象山继出，孟子地位始为确定。大体说，宋代理学家接近孟子，近人称为“新儒学”。汉 唐经学家则比较只看重孔子，上与周公并尊，而不免看轻了孟子。所以宋代理学毕竟与汉 唐经学有其不同。到了明末大儒，如顾亭林（炎武）、王船山（夫之）、黄梨洲（宗羲）诸大儒，嫌阳明学之末流陷于空疏，才有再从理学返向经学之号召。

四

以上约略讲了《论语》《孟子》两书中义理的同异，其实只是偏轻偏重之间而已。下面再讲《大学》《中庸》。

《中庸》是一部晚出书，其中杂有不少道家思想。极多论到宇宙、天地、万物，显与《论》《孟》又有微别。《孟子》由历史上推论人性，故其论“性善”则“言必称尧 舜”。《中庸》则根据宇宙大自然来探究人性本原，故开首即曰：

> 天命之谓性，率性之谓道。

若子思作《中庸》，而孟子承之，则孟子论“性善”，不应撇开宇宙万物不理会，而专从历史上尧 舜说起。《中庸》陈义既与庄 老有出入，故能兼与后起之佛学相通。《中庸》一书在南北朝时，已受人注意，后来禅宗亦好谈《中庸》。唐 李翱、宋 范仲淹以及张横渠、程明道、伊川兄弟，对此书颇用力。朱子则教人：先读《大学》以立其规模，次读《论语》以定其根本，再读《孟子》以观其发越，最后才读《中庸》，以穷究其微妙之处。若论思想进程，则《中庸》确是较《论》《孟》微妙多了，却不应把此书来插在《论》《孟》的中间。

《中庸》思想，亦颇与《周易》十传相会通。而十传中亦多采及道家言。其实《中庸》与《易传》皆属晚出。《中庸》有云：

> 今天下车同轨，书同文，行同伦。

子思时代，正是列国分据，绝不能“车同轨”。自李斯作小篆之后，各国习用字体始慢慢统一。至于“行同伦”，也是秦始皇统一后所提倡，至今尚有秦刻石可证。汉代君王自高祖以下，都以“孝”字冠在帝号上，如孝惠帝、孝文帝、孝景帝。偏重“孝”的一伦，也是沿袭嬴秦，有人告秦始皇所谓“陛下以孝治天下”是也。故知《中庸》成书必然在《孟子》之后。但其发挥儒家义蕴，则还是一脉相承的。

至于《大学》有三纲领八条目，而仅言“心”不及“性”，则与《孟子》《中庸》又别。其偏重在八条目，所谓“格物、致知、诚意、正心、修身、齐家、治国、平天下”，既是注重在治平大道上，故后来魏 晋清谈乃及佛家出世，多不喜此书，远不如《中庸》之被重视。宋代理学家极重讲《孟子》《中庸》心性精微，正要与释、道对垒。若新儒继起，不能讲心性精微，则不能拔赵帜立赤帜，把久已陷溺在释、道中的人心挽救拯拔过来。但若只讲心性，不讲治平大道，则何以上承孔子儒家之大统？故朱子教人读《四书》，必先读《大学》以立其规模，正谓精究心性，乃欲期求治平；欲期求治平，则必精研心性。内外本末一以贯之，正是孔子儒学之大规模所在。

但《大学》亦决非曾子撰。如其讲“格物致知”，把“知”与“物”合论，这显然是后出的事。我曾有《推止篇》[1]，详论先秦思想，可分两大趋势：一主推，一主止。孟子主推，贵能扩而充之。荀子主止，故重师法。而：

> 大学之道，在明明德，在亲民，在止于至善。

显是沿袭主“止”一派的。故说：为人君“止于仁”，为人臣“止于敬”，为人父“止于慈”，为人子“止于孝”。先懂得了“止于孝”，始能去尽孝。孝道如何尽？则贵求知。“致知在格物”，该在事物上去求。先秦诸子书中，把“知”与“物”两字连称对用之先后演变，我在《推止》那篇文中详细罗列，可证《大学》之为晚出书。《大学》又说：

> 自天子以至于庶人，壹是皆以修身为本。

《大学》虽不能指说它是荀学，但确有许多处有荀子思想之存在。

总之，《大学》《中庸》都是晚出书，大约为战国末年乃至秦初的作品。说它们晚出，也并不贬损了他们在学术史上的地位和价值。先秦有许多伟大思想家，留下许多不知名的不朽巨著，《大学》《中庸》亦是一例。

---

[1] 编者按：此文收入《中国学术思想史论丛（二）》。

五

子贡说：

> 夫子之文章，可得而闻也。

此所谓“文章”，便是孔子所讲的礼乐制度。所遗憾的是，当时门人没有把它详细记载下来。这些礼乐制度，便是修身、齐家、治国、平天下的具体项目。子贡又说：

> 夫子之言性与天道，不可得而闻也。

《论语》上只有“性相近也，习相远也”一语，孟子乃推阐出性善论。孔子说天道，不过云：“天何言哉？”到《中庸》却说到“天命之谓性，率性之谓道”。朱子教人先读《大学》，就懂得人之为学，不仅应该知道如何诚意、正心，还要知道如何修身、齐家、治国、平天下。再读《论》《孟》，则一切心性治平之道都在内。至于《中庸》，则应放在最后读，因其更广大、更微妙。若一开头便读《中庸》，常会由于体会未到，持守未定，而流入于释 老。

我们今天研究孔 孟学说，应该体、用并兼。但今天讲的，似乎忽略了其实用。孙中山先生认为宋 明以后讲“修身”以前的“诚意”“正心”之学嫌多了，讲“修身”以后的“治国”“平天下”之道则嫌少了。在宋代理学家，他们讲学主要在求对付释 老，这也无可厚非。汉 唐人则在政治统一以后，要多留心于治平实绩。这正与宋 明儒各走了一偏。我们今天的教育，正应该效法孔子通六艺，开四科，不该专讲“性与天道”，却忽略了“文章”。我们要使青年们纵不梦见周公、孔子，至少也得梦见孙中山先生。

（一九六八年十一月三日台北 孔孟学会第五十九次研究会讲，载于一九六九年四月《孔孟学报》第十七期。）

孔子思想与此下中国学术思想之演变

一

在孔子前，远自羲 农、黄帝、尧 舜、夏、商、周三代，中国早已绵历了两千五百年上下的历史传统。孔子把此一段长时期的历史传统，融会折衷，开创出他一番思想和理论，后人称之为集大成。孔子以后，孔子思想有如中道而立。凡属在思想上有建树、有创辟，必然会和孔子思想有交涉。不论是反孔抑尊孔，孔子思想俨然成为中国此下思想史上一会合的中心。

孔子以下，先秦 战国百家争鸣。反孔的不提，尊孔的主要有两大派：一孟子，一荀子。孟子主“性善”，荀子主“性恶”。两家意见正相反，长期不能获定论。两汉以下，儒学中衰，道、释两家，递兴迭盛，经历了魏 晋 南北朝、隋 唐、五代一段长时期。孔子思想与儒家学术虽未熸息，只与道、释如鼎足分峙。抑且孔子与儒术，仅以应世济俗；若论宇宙真理，人生原则，道、释两家转踞在上，儒术似未足相抗衡。

北宋理学崛起，儒术复兴。理学家长处，在能入虎穴，得虎子。兼采道、释两家有关宇宙真理、人生原则方面，还本儒学，加以吸收或扬弃。遂使孔子思想崭然以一新体貌、新精神，超然卓出于道、释两家之上，而又获一新综合。此事成于南宋之朱子。但即在朱子同时，理学家中即有与朱子持异议、唱对台戏者。厥为陆象山。朱子亦自说，他所讲在“道问学”方面多了些，象山所讲，在“尊德性”方面多了些。后人称之曰“朱、陆异同”。此一争辨，亦如战国 孟、荀性善恶之争，同样长期未获一解决。

明代王阳明继起，偏袒象山。理学中遂分程 朱、陆 王两壁垒。直至满清入关，明遗民讲学，此两壁垒依然存在。厥后乾 嘉学派，盛推两汉经学，与宋 明理学树异帜。自标其训诂考据工夫，以与宋明儒所主心性义理之学相抗衡。直至清末，西方学术思想东来，当为以下的中国学术思想界又开出一新形势。

今姑不论以后，且综述以前。自孔子迄今，亦将两千五百年，孔子思想依然是此两千五百年一段长时期历史一中心。不论反孔、尊孔任何一方面，均不能抛弃孔子思想于不闻不问之列。专就尊孔一面论，有孟、荀异同，有朱、陆异同，有汉、宋异同种种争辨。若我们要研究孔子思想，即不啻该要研究自战国迄清末此一段两千五百年长时期的中国思想史。我们不能一刀切断，把战国 孟、荀以下全部割去，专就《论语》一书来研究孔子思想。只为初学入门言，要研究了解孔子思想，断当从《论语》一书入手。而以成学到家言，亦自当以《论语》一书作为此一研究之最后归宿。

本讲简之又简，运用单刀直入方法，想要在《论语》一书上、下编二十篇中，单举一章，试来扼要叙述孔子思想之纲宗所在；为此下孟、荀异同，朱、陆异同，汉、宋异同，经历两千五百年长时期的中国儒学史上这几项大争议，作一综合性的解答。并试拟为此下中国在学术思想上，在此前古未有之一种新形势之下，究可有何种新趋向？走上何种新道路？来作一大胆探测性之提示。

二

《论语·公冶长篇》最后一章云：

> 子曰："十室之邑，必有忠信如丘者焉，不如丘之好学也。"

此即为我所要单独提出的一章。在我认为，此一章正可奉为孔子思想之纲宗所在，亦可凭以判断此下孟 荀、朱 陆、汉 宋种种争辨之主要依据。

孔子不多言"性"，《论语》中仅有"性相近，习相远"一章。故子贡有"夫子之言性与天道不可得闻"之叹。但上引"十室之邑，必有忠信如丘者"，此即言人性相近，并其相近处是善非恶。是孔子亦言性善，惟与孟子不同。孟子曰："圣人与我同类者。"凡同类者皆相似，因曰："人皆可以为尧 舜。"此则成为全称肯定语，又悬格太高，遂启后人疑问争辨。《论语》本章，仅言人类大多数如是，不说尽人皆然，此则争辨较少。又仅说"忠信"，不言仁、义、礼、智四端，其间大有分寸。

孔子平日最重言“仁”，又常与“礼”与“智”并言。礼有轨迹可遵，而智则有上智、下愚之不移。孔子教人，一面守其易遵之礼，一面企其难及之智。双方配合，走上仁道。仁道人人可能，但亦少人能及。孔子似乎在人之最后成就上，并未明白主张人人有平等之可能。只是天生本质相近，如“忠信”。而别立人生至高标准，如“仁”与“智”。人能忠信，可称一善人。仁且智，才始是圣人。今若责人不忠不信，人不甘受，必怒于言色以报。但若说此人不是一圣人，则此人自俯首悦服，不觉愧怍。

孟子教人为尧 舜，乃曰：“非不能，是不为。”意存责备。孔子则曰：“若圣与仁，则吾岂敢。”是孔子并不自居为圣与仁。孟子把教人标准提高了，不免说得容易。孔子把教人标准放低，“十室之邑，皆有忠信”，待其人做到高处去，则自见困难。孔子自己，只以“学不厌，教不倦”自负。颜渊最为孔子称赏，但亦称赏其“好学”而已。《论语》二十篇，即以“学而时习之”一章开始。《论语》一书中孔子论学语，屡见不一见。孔子自说，他忠信与人同，好学与人异。我们要学孔子，亦只有从我与孔子同处，学孔子与我异处；即是学孔子之“好学”，学孔子之“学而时习”，“学不厌”。此是惟一正办。

又《学而篇》第二章，即继之以有子曰：“孝弟也者，其为仁之本与？”第四章，又继之以曾子曰：“吾日三省吾身。为人谋，而不忠乎？与朋友交，而不信乎？传，不习乎？”“传”即孔子之所传，即指上文“忠信”言。可知孔子教人为学，方其在家为子弟时，即教之以孝弟；及其成人处世，即教之以忠信。人不能为不孝不弟、不忠不信之人。孝弟、忠信乃为人基本，当终身以之。其实孝弟、忠信，亦属一事。未有在家不孝弟，而出门处世能忠能信者。亦未有处人能忠信，而在家不孝不弟者。孔子身后，有子、曾子，在门弟子中最受尊敬，故七十子后学编集《论语》，首以此两章承孔子论学、论仁之语。开宗明义，昭灼甚显。

今再要约言之。人当初生幼弱之年，即知孝知弟。逮其成人涉世，即知忠知信。人之有学，则必本此以为学。孔门之教，务使人皆为一孝弟、忠信之人。由此以学，及其所至，则尚有更高标准，不能限一格相期。故孔门弟子分四科，曰德行、曰言语、曰政事、曰文学，而要之必以孝弟、忠信为本。故孔子曰："性相近，习相远。"孝弟、忠信是在始学基层相近处；逮其学成行尊，乃成相远；不仅是流俗陷阱使人相远。

三

今再本《论语》本章进论孟 荀、朱 陆、汉 宋之异同。

孟子道"性善"，比较与孔子意为近。荀主"性恶"，谓善者是伪。"忠信"非不善，"十室之邑"之忠信，不能谓其皆出于伪。故后人阐扬孔教，多采孟子。然论为学之重要，则荀子若较胜。两汉经学传衍，荀子贡献，实居孟子上。宋儒始特提孟子，少及荀子。惟程朱唱为"格物穷理"之教，朱子于训诂考据，汉 唐经学传绪，亦所留心。掇拾兼通，博大周详。能于"尊德性"大前提之下，不忘"道问学”。又程 朱皆言孟子为学尚粗，不如颜子。而象山乃讥朱子为“支离”。自谓其学由读《孟子》书而自得之。阳明更特提孟子之说“良知”。流弊所及，乃谓“满街都是圣人”，端茶童子亦是圣人。使孔子来端茶，亦无以胜此童子，是不啻谓十室之邑之忠信，皆已是孔子。孔子纵博学，亦无以逾乎十室之邑之忠信。则岂不诚是“归而求之有余师”，更何待于“学不厌”与“教不倦”而终生以之，不知老之将至乎！然则“尊德性”之后，断断不能不继之以“道问学”。为学必先“博文”而后知“约礼”，不能谓仅“约礼”，不必从事于“博文”。惟颜子好学，能道出孔子“博文约礼”之教法。故孔子亦以“克己复礼”告颜子。“礼”易知，“己”不易知。苟非博文，则童子端茶，即已是彼之约礼，但更从何处懂得有“己”之当“克”？“尊德性”属行，是约礼。“道问学”属知，是博文。不博文，无以知性尽性，更从何处去约礼？

至于清儒义理、考据，汉 宋之争，更属粗疏。只知“道问学”，不知“尊德性”。纵谓宋儒考据有差，亦不能谓其所讲一切义理俱无当。象山有言：“纵不识一字，亦将还我堂堂地做个人。”十室之邑之忠信，固不能如孔子之好学；然不得因其不学，即斥其不忠不信。童子端茶，仅凭一心，不烦更有训诂考据。戴东原讥当时人为学，尽是“抬轿子”，不是“坐轿子”。其实东原亦何尝真坐进轿子？从另一观点言，童子端茶，反而是一面抬轿，一面即已是自己坐进轿子了。清儒尽教人如何读书，却不教人如何做人。仅求博文，不知约礼。孟 荀、朱 陆，在读书方面，一字一句，考据训诂，或不如清儒精密。但他们都懂得“吃紧为人”，懂得着重在做人上用心。清儒只讨论读书问题，如何当得上汉儒之所谓“通经致用”？清儒最多是仅“通经”，而不能“致用”。亦幸值乾 嘉盛世，故能各自埋头做一读书人。道 咸以下，天下乱了。一部《孝经》，挡不住一群黄巾贼；一部《皇清经解正续编》，亦何尝于近代中国国运，尽了几分责任？

孔子说：“十室之邑，必有忠信如丘者焉，不如丘之好学也。”清代乾 嘉以下诸儒，毕生孜孜矻矻，论其为学工夫，亦是既忠且信。除却其著书成学不论，即论其平常为人，亦不能说他们不忠无信。只是他们学非所学。人之天生本质，依孔子言，大家还是和孔子一般。乾 嘉以下诸儒亦如此。只清儒所群相从事之所谓汉学，应与孔子所好之学有不同，并亦与孟 荀、朱 陆所好之学有不同。同为学孔子，而其学之蕲向与途径则有别。因此乃有所谓先秦儒、汉儒、魏 晋 南北朝 隋 唐儒、宋 元 明儒、清儒诸分歧。然而或多或少或远或近，要而论之，亦同为学孔子。故我们不能不说孔子思想之与儒家学术，乃为中国学术思想一主干。中国历史人物，亦可谓大致尽由孔子思想与儒家学术所陶铸。因此，中国文化传统，亦可谓尽由孔子思想为中心而演成。除却孔子思想，将无由有中国人与中国文化。

四

今试再要约言之。人之主要成分，大要不出两端：

一为其天生本质，此属“性”。孝弟、忠信，凡属人，大都相似。

一为其后天之“学”与“习”。则可以因地、因时、因于外面环境种种不同，而各有传统，各有需要，而互不相一，乃至于相远。

中国文化之重点，在其重视人性，尤在其重视人性之善良部分，而继之以后天之学，以求尽量发挥其先天之性之善良部分而求至乎其极；务求本于“性”以为“学”，即本于“学”以尽其“性”。故中国人传统论学问，论德性，尤重于“天人合一”。德性原于先天，然贵能致力于后天之学问，以期其畅遂发展。学问起于后天，然贵能一本之先天之德性，以求其圆满归宿。

继自今，世界棣通，人类文化当日趋于大同，始可有长治久安之和平。然人性之同同于天，世界各大宗教，上帝创世，由于原始罪恶而人类降生，以及灵魂回归天堂诸说，此等皆尚待科学证明。只有孔子言“性相近，习相远”，人生本质“忠信”相似，此可以证之己，证之人，证之古今中外，而未易持异论。至于自然科学之日新月异，层出累进而不穷，亦未必尽属进步。苟若违于人性，则种种技能术艺，适足增人之不安，滋人之苦痛。今日世界种种问题，多由此而起。当知因于人生需要而创造科学，其事易。因于科学开新而求改进人类，其事难。故“道问学”之与“尊德性”，其事相因。一切自然科学，仍是一种明性、尽性之学。人类亦从自然生，仍在自然中，岂能违“性”以成“学”？

又近代社会种种演变，已逐渐激成两大潮流。一曰“个人主义”，一曰“集体主义”。而莫不从功利观点起步。所争各为财富，而所失则在人性。人性无不好群居共处，既不愿一味封闭自我，摆脱大群；亦不愿专为供奉大群，牺牲自我。孔子所主张之仁道，即为求人、我各得，群、己两遂。此始合于忠信、孝弟之天生本质。遥想全世界人类内心之所终极想望，亦并无以逾此。但为现世界种种束缚，种种纷扰：有民族之各别，有国家之各别，有历史传统之各别，有种种利害得失之复杂形势，与夫种种思想理论之交错纠结；而陷人于莫适所守、莫知所从之困恼。欲解决此等问题，则有赖于孔子之所谓“学”。“学不厌”，当永久向此学；“教不倦”，亦当永久向此教。惟此乃为大仁大智，可以导人于大道。故人必“忠信”以为质，必“仁智”以为极。人类一切问题，则必当从人类自身内心之忠信、仁智求解决。忠信本于先天，仁智成于后天。必两者合一，乃可为人类永久向前指点出一条唯一的出路。

人类今日种种现象，已非远在二千五百年前孔子之所知。因此亦不复能即凭二千五百年前孔子当时之所学，解决当前人类之诸问题。然断不能谓当前人类，已非二千五百年前孔子当时之人类。“十室之邑，必有忠信”，孔子时如此，今日人类如此，更复两千五百年后，人类当亦如此。认定了“人性”，知加以尊重，乃始可以言“学”。由“尊德性”而继之以“道问学”，只此是一条唯一不变之大道。一切谋财害命之奇技淫巧，皆所当禁。一切背情伤义之个人主义与集体主义，亦所当绝。一切大思想、大理论、大发明、大创造，莫要跑得过快过远，先要照顾着十室之邑、愚夫愚妇、人所同然之“忠信”本质。惟此乃是人之所以为人之基本。

所不幸者，乃是此辈十室之邑之忠信，乃有不克在此复杂世界中争存自立之权利与能力。一旦此基层垮了，上面建筑亦必随而垮。人类真正的学问要求乃在此：如何使人类相近的天生本质，孝弟、忠信，历世弥新，永不变坏，永不消失？尤其如何在当前世界权利争存愈演愈烈之形势下，如何能保存与发皇此“忠信”？此中乃有大技巧，大术数。中国古人言“不学无术”。此等救世救人之大技巧、大术数，乃必由一套大学问中来。有此一套大学问，乃为人类中之大智大仁，亦即是人类中之大圣。孔子教人“学不厌而教不倦”，即由此为学，亦由此为教。故孔子之所学所教，一面说，已是两千五百年前一番陈旧过去之事；一面说，还是现在我们面前一番崭新方兴之事。

孔子思想，实在太伟大了，要研究此，不仅在《论语》，并在先秦以下直至晚清两千五百年来的全部思想史上；并在我们当前现实，一切人、一切事之种种实际问题上。我在此单独提出《论语》里一章所言，请大家注意。只要大家由此生起一番好学心，则孔子即在我眼前，即在我心中。

有为者亦若是，请大家努力吧！

（原题《孔子思想与中国文化》，一九七三年台北 孔孟学会讲。载于一九七三年八月《孔孟月刊》十一卷十二期。）

孔子思想与现实世界问题

前几天，有一位美国朋友来学校，他问起：孔子思想如何引用到世界现实问题上来？

我想这问题，是极有意义的。或许有人会想：孔子远在两千五百年以前，他的思想，对现代世界，可能是无所用之了。但我们也得想：这世界，跨进了二十世纪，学术思想日新月异，门类愈添愈多，科别愈分愈细。任何一专家，几乎无不针对著人类现实问题求解答，求应用。然而此五十年来，人类问题，却愈变愈复杂，愈来愈纠纷。因有太多问题积压著，解决不了，才引起大战争。战争仍然不能解决问题，于是第一次世界大战之后，接踵来第二次。两次世界大战之后，人类问题，益更严重了。到如今，几乎有时时爆发第三次大战可能之威胁，使人心惶惶，若不可以终日。这又为何呢？

本来，世界是整个的，人类是全体的。各项学术思想，分析太细，钻研太狭，针对著甲，可能损碍了乙。注意在目下，可能抵触到将来。人类当前最需要的，还该有一个更综合、更普遍、更恒久的指导原则，来作解决一切问题的共同基准。若没有了这个更高原则与共同基准，人类社会，将终不免于治丝益棼，欲解还结的。

说到这里，令人会想起“哲学”来。是否该由哲学家来担此责任呢？所不幸的，我们通读人类的哲学史，似乎所谓哲学家们的兴趣，是在提出问题上，而并不在解决问题上。因此在人类现实问题之外，乃别有所谓哲学问题；这已够哲学家们麻烦的了。

于是又令人想起“宗教”。是否宗教家宜肩此职务呢？所不幸的，人类可以在同一“信仰”之下，而信仰了两个不同的上帝。又可在同一“上帝”之下，而展衍出两个不同的信仰。而一部人类史，因于宗教问题而引起难解难分，甚至于大流血大屠杀的惨剧的，已是屡见不一见。若我们认为宗教信仰可以为指导人生的最高原则，则势必在现有的各项宗教中间先引起一番剧烈的大斗争。

其次，要说到“科学”。科学已为人生出种种作用，但科学并不能指导人生来解决问题。这一层，似乎可以不烦深论。

现在让我们说到孔子。孔子既不是一位科学专家，又不是一位专门的哲学家。因孔子思想，既无一套完整的形而上学，又没有一套严密的思想方法，如逻辑与辨证法之类，又没有一套鲜明的认识论。若要硬派孔子为一位哲学家，实在有些拟于不伦。他又并不是一个大教主，他的思想学说，并不建立在叫人信仰上。

然则孔子思想究竟重点何在？其价值又何在？窃谓孔子思想之重点与价值，正在要替人类提出一个解决种种问题之共同原则。此原则繄何？用现在话说来，只“道德”二字便是。

何谓“道德”？这也不需像一般哲学家的特有概念般，先要把来作一明确的界说。孔子所讲的“道德”，只是人们同有之一种“心情”，同能之一种“行为”；所谓“直指人心，当下即是”，只求如此这般，在人生实践中一经指点便够了的。

现在且举几个实例来说。即如“忠恕”，便是一种道德。只要以忠恕待人，受者决不会拒绝或不欢迎。在施者的心情上，也决不会感到不愉快或不满足。又如“爱敬”，这也是一种道德。只要以爱敬对人，受者也决不会拒绝或不欢迎。施者的心情上，也决不会感到不愉快或不满足。

一个人人“忠恕”与相互“爱敬”的社会，种种问题，总可有办法解决。不忠，不恕，无爱，无敬，那样的社会，无法解决的问题，自会不断地产生。

科学专家知识，是超道德的。在道德基础上，一切科学，各门专家知识，全有用。在无道德与不道德的基础上，一切科学，各门专家知识，不仅会变成没有用，而且还会有害。如科学家发明了原子能，岂不可在和平的场合使用，但也可在大量杀人的战争场合使用吗？

宗教固然也应以道德为主体，但一进入宗教信仰，便先要上帝呀！天国呀！灵魂呀！创世呀！尽从那些远处去兜圈子。而宗教信仰上的种种争论，则正在那远处。远处争论不休，近处却搁在一旁了。

哲学家除却极少数，如主张“唯物史观”“阶级斗争”等理论的外，也并不在主张反道德和不道德。但一进入哲学思辨，又是逻辑呀！认识论呀！形上学呀！牵而益远。道德问题则成为曲终奏雅，强弩之末了。

只有孔子思想，是单刀直入，直凑单微的。他主要只在人类道德上建基，然后再扩而充之，由修身而齐家，而治国，而平天下，以达于全人类。再引而申之，由“明心见性”而“万物一体”，而“天人合一”，以达于全宇宙。

在一切科学各门专家乃及宗教信仰以至哲学思辨中，若要在人类社会发生好影响，生起好作用，全少不了道德一味。而道德又是人人可知，人人能行的。不像一切科学与各门专家，便叫人有知有不知，有能有不能。又不像宗教信仰与哲学思辨，彼此有异同，相互有派别。而人类道德则应该推之四海，树之百世，无彼此异同可争的。

孔子言道德，扼要言之，可说有三本原：

一、本之于人类之心性。这并不是说人类心性全是合乎道德的，只说一切道德亦皆出于人类之心性。

二、本之于社会。道德只是人生实践，由社会观察而悟，由心性修养而得。人事相交，只要合乎道德的，便和而顺。只要不合道德的，便不和又不顺。察乎外，反乎心，便知人生道德是什么了。

三、本之于历史经验。一部人类史，有了道德，便会有进步，种种问题也可寻求解决的办法。没有道德，便会无进步，种种问题，便会愈出愈多而永难解决了。

因此，孔子思想，是最为近人而务实的。

孔子之学，向后展衍，有两条路：一条是简易的，直捷的，三言两语，可以当下指点，可以终身奉行。这一条路，发展于象山与阳明。另一条路，是细密的，繁复的，千门万户，阶级层次井然，要学者循序渐进。这一条路，发展于二程与朱子。前一条路，可以普遍大众化；后一条路，可以特殊学术化。但其从三大本原而归于道德中心，则是并无二致的。

根据上述，孔子思想应该仍可以引用到世界现实问题上来，自是无疑义的。至于如何具体而实际地把来应用，则正有待于我们之努力了。

（一九五八年九月在香港 新亚书院为纪念孔诞作，原载《新亚生活》一卷九期。香港《人生杂志》一九一期转载。）

孔子与中国文化及世界前途

一

中国历史文化传统，乃以儒家思想为其主要骨干。孔子则是中国儒家之创始人，为此后历代儒家所尊奉。上自唐 虞 三代，中国古代历史文化，孔子集其大成。下迄今兹，两千五百年来，人物之薰陶，政治制度之建立，社会风尚之归趋，文学艺术之发皇，人生理想之大目标，凡属中国历史文化中之重要项目，莫非由孔子思想而生根发脉，以至于枝叶繁衍。故孔子思想，实为中国历史文化传统中生命活力之所在。

但严格言之，孔子并不纯为一思想家。与其称孔子为一思想家，不如称孔子为一教育家，更为妥当。但孔子亦不如我们所想像的所谓一般的教育家。因孔子设教，乃是有教而无类。不论男女老幼，各项职业，各项地位，乃至民族之别，时代之异，孔子之教育理想与教育精神，乃以全人类为对象。

然孔子亦并不如全世界人类中其他之宗教主。儒家亦始终不成一宗教。凡属宗教，必信奉一超乎人类之上之天帝或其他天神。其一切教义，则假托于此天帝或天神而发出。故凡属宗教，必带有一种出世倾向。一切宗教之重心，乃并不在此人类俗世中。佛教虽不信奉一天帝或其他天神，但其创始人释迦牟尼之受其后世佛教徒之崇拜，乃亦相似于其他宗教徒之信奉上帝或天神。抑且佛教徒之出世精神，尤较其他宗教为加强。中国儒家，就宗教目光视之，则尽只是俗人，无信仰，非教徒。而孔子亦只是一俗人。从其出生以至死亡，一切事迹记载甚详，绝无丝毫神话气氛夹杂其中。后人过尊孔子，不免有少许神话成份渗入，但究不为一般儒家所重视，所认许。孔子教义，乃全自人类历史文化传统中提出，上自尧 舜，下至文王、周公，皆属实人实事。孔子教人之主要宗旨，只在教人如何在人群社会中做人。并重在教人如何在其男与女、老与少、知识、职业、家属、国家民族，以及人生种种分别中，各自做一人。后来宋儒称之曰“理一分殊”。就做人的道理言，应该各人各一样，但同时又是大家都一样。

孔子亦常言天，但孔子所言之天，不如宗教家言上帝之具体而确切。孔子曰：“知之为知之，不知为不知，是知也。”天不可知，然人乃受天命以生则可知。天命极普泛而广大，人之受于天者有限，然其禀赋之在我者则更亲切而易知。故孔子不教人“知天”，而教人“知天命”。抑且人与人为同类，天之所命于人，与人之所禀赋于天者，在其相互间大体相同。我能由人以反己，又能推己以及人。历史上从古到今之人，莫不有其所同然。而人中有聪明杰出之圣人，知天之所以命人，较之其他人远为深至。圣人以下，又有贤人、善人。我能博观于人，又能择人中之圣人、贤人、善人为师法，则可从“知人”而即以“知天命”。知天之所命，则知人之所当为与所不当为，所可为与所不可为。以人群社会与历史演变之种种祸福成败为证，则我之所知于天之所命者，岂不信而有据，简而易从？故孔子教义，其重要点乃在以人教人，然后由“人”而上合于“天”，从“可知”以达于“不可知”。故孔子之教，乃为一种人文教。与世界其他宗教，有其同而亦有其不相同。

二

孔子教义，由后世儒家之推衍引伸，其“天命”之在人者名曰人之“性”。孟子与荀子有人性善恶之争。然如荀子说：人之性恶，不能不有所师法以达于善。故荀子亦主师法圣人。但圣人同亦是人，与其他人为同类。故荀子之说，终不如孟子之说为圆满，更为此后儒家所信奉。故儒家多主人性善。人之所当师法者仍在“人”，而其极则可以不背于天，而与“天”合一。

人与万物同生天地间，同受天命以生。人有性，物亦有性。不仅有生物各自禀赋一天命之性，即无生物亦复各自禀赋一天命之性。下至宋儒，乃从“人性”推广论及“物性”，而说“性即理”，特地提出一“理”字。故宋学又称“理学”，亦称“性理之学”。物各一性，一性各一理。天地间有万物，即可有万理。万理同出于天命，同存在，同表现于天地间。故万理虽各相异，而有其相同，可以相通而合一。宋儒则称之曰“天理”。“天理”者，即此众理之会归一理。使众理皆消失，此一理亦将不见其存在。故曰“一物一太极，万物一太极”，而“太极”乃是一“无极”。太极实即是一理。一共通之理，同时亦是一分散之理。此理亦可称是一本体。有本体乃有现象。然取消一切现象，则亦无本体可见。天于何见？即由人类与万物之身上见。若没有了人类与一切有生、无生之万物，则天亦无由见。故人当从人类自己身上乃至一切有生、无生之万物身上来见天。主要则应从人类与万物之“性”上见，“理”上见。故宋儒又说“天即理也”。宋儒性理之学，显然仍从孔子教义推衍引伸而来。“天”与“理”乃异名而同实。此非违背了孔子义，乃是阐申了孔子义。

远从上面所说，可见中国 孔子乃及此下儒家教义，不仅涵有一种宗教精神，并亦涵有近代西方自然科学精神。在中国儒家则称此为“格物之学”。在《易经·系辞传》中，凡能“开物成务”者，皆是“圣人”。开始结绳为网罟，以作渔猎之用。斫木为耜，揉木为耒，以作耕稼之用。造为货币，以供商业之用。制为衣裳之制，以供政礼之用。刳木为舟，剡木为楫，服牛乘马，以供交通之用。重门击柝，以供防暴之用。断木为杵，掘地为臼，以供食用。弦木为弧，剡木为矢，以供战争之用。上栋下宇，创造宫室，以供居住之用。发明棺椁，以供埋葬死者之用。创造文字，以供人文社会一切之用。凡属古人在历史文化上之一切进步，其有关于物质制造，乃至社会习俗上之种种创兴发明，远从包牺、神农氏起，皆由人类中不断有杰出圣人之不断贡献。凡属“圣人”，则必上通天志，下达物宜，以善尽人情。随时随地，以起变化。上则效法天象，下则制作器用，而人道乃由此光明而畅遂。故在中国儒家教义中，“宗教”与“科学”乃能相通会合，一以贯之，而其主要枢纽则在“人”。此即观于上所称引《易经·系辞传》之一节而显然可见。

人道中最主要者在于“尽性”。《中庸》上说：“尽己之性而后可以尽人之性，尽人之性而后可以尽物之性。”尽性工夫应分此三步骤。近代自然科学，主要偏重在能“尽物性”。但须有一先决条件：求“尽物性”，必求其于人类为有利，不能求其于人类为有害。故尽物性，必求其合于人性者而尽之，不当尽其与人性不合者。故尽物性，必先懂得“尽人性”。如何了解人性？则莫如先了解己性。己之性即是人之性。自己了解自己性情，其事为易。若自己不先了解自己性情，如何能了解到人类全体之性情？先了解己之性，与人之性，而求能有以尽之；更进而了解到物之性，而亦求有以尽之；此则人性、物性、己性可以相通合一。由“知性”而“尽性”，即可以由人而达天，故曰“尽性知命”，亦曰“可以赞天地之化育”。由是观之，可见中国儒家本亦由一种宗教精神为基本；及其推衍引伸，乃可以发展出一种科学精神；再由此种科学精神回头来充实圆满其宗教精神。以儒家原来语说之，可谓由“尽性知命”推衍到“格物穷理”。而“格物穷理”亦即所以完成其“尽性知命”之理想。此二者，如环无端，可以相贯而相成。

三

再讲到如何来尽性知命，格物穷理？其工夫则全在人心上用。故《孟子》曰：“尽心以知性，尽性以知天。”“心”与“性”与“天”之三者，有其层累而上之阶次。自孔 孟以下，至于宋儒，莫不最看重人之“心”。故宋儒性理之学，又可称为“心性之学”。其实孔子以下中国儒家之最大贡献，即在此心性学上。近代西方心理学，有智、情、意三分说。在孔子早以知、仁、勇为三德。“知”即是此心之理智部分，“仁”则是此心之情感部分，“勇”则是此心之意志部分。但孔子教义，著重在全人生之全心体上。人生之主要主宰在其“心”。孔子之主要教义，乃从全心体来主宰全人生，由全人生来参悟天命真理。孔子主张以人参天，因心见性，并不单一从此心之纯理智方面来推寻真理。故孔子思想，乃与西方一般偏重纯思辨、纯理智之哲学家有不同。

中国儒家，每以“性情”二字连举并说，亦常以“心情”二字连举并说。宋儒说：“心统性情。”毋宁可以说，在全部人生中，中国儒家思想，则更看重此心之“情感”部分，尤胜于其看重“理智”的部分。我们只能说由理智来完成性情，不能说由性情来完成理智。“情”失其正，则流而为“欲”。中国儒家，极看重“情”“欲”之分辨。人生应以“情”为主，但不能以“欲”为主。儒家论人生，主张节欲，寡欲，以至于无欲。但绝不许人寡情，绝情，乃至于无情。若使人生成为一寡情、绝情、无情之人生，此种人生绝对要不得，而且亦无可能。但若使人生成为一多欲或纵欲的人生，此亦绝对要不得。此种人生，不可大，亦不可久。“理智”作用，正在指导人生中“欲”的部分，使欲之要得者求能尽，欲之要不得者求能节。节之又节，求能尽量减少，以至于无。“欲”的部分受指导，则“情”的部分一归于正，乃始可以“尽其性”。

所谓欲之要得者，孟子称之曰“人之大欲”，如人生中之饮食男女是也。此种“欲”，与生俱来，实即是人之“性”。“情”从“性”出，故人有好生之情，有夫妇之情。饮食男女，亦皆在人之性情中。然若由饮食男女转生出种种人欲来而不知节制，则多欲转成寡情乃至于无情，人生种种大灾祸皆由此起。故宋儒严分“天理”与“人欲”。“天”“人”可以求其相合而为一，“理”“欲”则对立不并存。中国儒家并言“情理”。天人相合，只在“情”上合，不能在“欲”上合。

宗教家无不主张节欲。但饮食男女之欲，应节而得其分，此即情之所在。若节而过其分，则亦将损伤性情。哲学家太过注重“理智”，不顾到人生中“情感”部分，则其所探求之真理，亦是各偏一方，而不见真理之大全。由科学发明人生种种日用必需品，此是其长处。但亦因科学发达而易于导奖人生向多欲方面发展，此则是其短处。由此短处，可以发生出种种大病害。故在科学所发明的种种自然真理之上，更须有一番人文真理之指导。此一番人文真理，则必须以人生中之“性情”部分为主脑。此则正是孔子教义与中国儒家思想最大贡献之所在。

四

孔子教养以“仁”为中心。所谓“仁”，即是指导各个人在人群中如何做人之大道。而仁则在人心中，与生俱来。故仁即是人之性，而主要乃表现在人情上。一应理智之发展，应有其指导原则，即不能离仁、违仁而走向不仁的路上去。仁中有爱，但爱不即是仁。

“仁”与“爱”之分辨，亦为中国儒家所重视。因单讲爱，则易流入于“欲”。欲的分数多了，反易伤其爱。如男女之欲过了分，则必伤害到男女间之情。男女间之“情”亦是仁，是性；而男女间之“欲”则可以不是仁，非性。孟子说：“仁者爱人。”乃是先有了“仁”，乃发出此“爱”。但亦有不仁之爱。此种爱则是欲非仁。人心有许多爱易流于不仁。故可说人性中有爱，但“爱”不即是性。“仁”始是性。犹如说人性中有欲，而“欲”不即是性。“情”始是性。儒家主张“尽性”。惟“仁”可以尽性，惟“情”之得其正者可以尽性。仅言欲与爱，皆不足以尽性。不仅不足以尽性，并易有离性、违性者之夹杂而转以害其性。故儒家言“性”，不即是言自然，乃有一番更远大、更精探的人文真理在内。同样理由，孔子言“天”，此下儒家亦言天，但可言“天即理”，不可说天即是一自然。欲是一自然，但不即是天、是理。

所以孔子言“知天命”，其中即寓有一番人文真理，寓有一番宗教精神。若一意探求自然真理，物物而求之，事事而求之，而昧失了其全体大通合一之所在；分别而观，在每一物每一事上，若各可有利于人生；但积累既久，综合观之，此等四分五裂之小利，终必成为人生之大害。换言之，研穷物理，必旁通之于人情，不能以满足欲望为归极。故孔子教义中之人生理想，上通天而下及物，从“知天命”而达于“尽物性”。其主要枢纽则在“人”，在人之“性”，在人之“情”，而主要关键，则在每一人之“心”。故孔子教义，乃是一种“人文教”，主要乃是一种“心教”，乃本于每一人之心之全体而为教。

人自婴孩初生，及其青少年时期，身体发育未全，就其智识技能方面言，尚不足独立谋生，乃必依存于其家庭中父母亲长之抚养与照顾；但就其心情言，其对于父母亲长之一番亲切感，与其一番相引而起之敬爱之情，此即其将来独立成人入世为人之一种基本心情。故孔子教义，乃以教“孝”、教“弟”为教“仁”之准备。婴孩青少年时期，不能入世尽仁道，但却可在家庭中尽孝道、弟道。孝弟之与仁，即是同此一心，亦即同此一道。若使人之一生，待其入世为人，独立为人，而仍能保其处家庭中为子女时之心情，不失其对外围人群所应有之亲切感与敬爱心；一人如此，此人即可为圣人。一世如此，此世即不啻如一天堂。在儒家说来，此是一“天道流行”之世界，乃是一“大同太平”之世界。故孔子教义，乃就于人生之全过程而设教，亦就于人生之全范围而设教，自修身、齐家直至于治国、平天下；而每一人之家庭，即不啻如每一人之教堂。

孔子教义，在于智识才能方面，并不忽视。在孔子当时，七十弟子中，有政治家、理财家、外交家、军事家；有以学问家身分而从事设教，或以自由人身分而从事经商；各就其性之所近之可能方面而发展。但主要在不失人生共同之大方向，以共同努力于此人生之大道。

此下中国历史上之各项人物，如在政治、经济、外交、军事、教育、商业乃至各项专门知识技能方面，几乎绝大多数都从孔子教义、儒家理想所产出。所以全部中国史，可说全由孔子教义、儒家理想所支配，所形成。中国民族不断展衍，中国社会不断推扩，中国历史不断绵延，直迄于今。其间孔子道昌，则为兴盛世。孔子道晦，则为衰乱世。要了解孔子教义与儒家理想之全部意义与价值，则必从中国历史来探求，证明，衡量，判断。

五

孔子教义与儒家思想，对于此下世界人类前途亦当有其贡献。全世界人类各大宗教，在其原始意义上，都不免轻视了人类之现世界，而重视了另一世界之存在。其对于上帝之人格化，以及上帝创世、诞生人类方面，都不免有过于具体与确切之想像与描述。现代人对于自然方面各项智识逐步开展，尤其如天文学、生物学，遂使宗教观念逐渐淡薄；而人类对于历久相传一番最高最终极之信仰，亦将失其存在。此将使人类陷入一近视之黑暗中，只在目前种种小利害上相冲突。只有孔子教义，能使人保存一种对于宇宙大自然之最后不可知之最高主宰之存在，而不失其敬心与爱心，而不受现代乃及将来不断的科学新知识之摇动与破坏。其主要关键，乃在即以人类现实世界为中心，就其种种可能性而上探前古，下窥今后。又推至于人类世界之上，与人类世界之外。故孔子教义，乃是以人尊天、以人合天，而绝无尊天抑人、主天蔑人之倾向。

人类对于自然界种种物理之追寻与探究，其主要路向，应一本于以人生大道为出发，以人生大道为归宿。先标出一条人生大道来，可使人类心智不至浪用，不使散漫无统，不至踏入“物”为主而“人”为奴之陷阱中。“物”与“人”与“天”，此三者，有其一定之层次，不可迷失。孔子教义与儒家理想，始终保持此层次，故“格物穷理”与“明心见性”与“知天知命”，三者相通合一。以宇宙大自然为一整体，而以人类之共同心情为之主。“民吾同胞，物吾与也”，以天地万物为一体，以“正德、利用、厚生”为格物穷理之目标。穷格物理之所极，即所以窥见天心之仁。自然科学方面之日益发展，可以无损害对宇宙大自然有一种敦厚真挚之宗教精神。“理智”与“情感”相辅前进，“人文主义”与“自然主义”相得益彰，可以为现代科学补偏而救弊。

就一般哲学思想言，常不免有一种心、物之争。物质界与精神界，每易分道扬镳。宗教家高悬一灵魂界，谓其超出于物质界。科学家则偏重物质方面，就生理学来研究心理学，以狗与鼠的心理来为研究人类心理之参考与入门。于是心理学成为自然科学中一部门，而有“无灵魂的心理学”之称。孔子教义与儒家思想，则不太过分注重心、物之别。既不是一种唯物论，亦不是一种唯心论。因人心而推论到天心，天心即从人心见。物可以无“心”，但物必有“性”。在“性”中，必有一种好恶之动向。故虽无心，亦若有心。但并不认有灵魂界之单独存在，并亦不认有超脱物质以外之“心”。心的精神，只从物质中见。就人之一生言，身体可以毁灭，但生前的心活动，死后仍有其影响存在。“身”是“个别”的，“心”则可以是“共通”的。心有同然，舜之孝即如周公之孝，亦如闵子骞、曾参之孝。故曰：“孝子不匮，永锡尔类。”人类历史文化，即此人类共同心之所表现而完成。人类之“身生活”，既短暂，又各自分隔；而人类之“心生活”，则可成为一共同体，历久传递。孔子称此曰“仁”。故曰：“仁，人心也。”又曰：“仁者寿。”人生之不朽，即不朽在此仁体中。此体仍表现在人群社会，更不须于物质界以外来另立一灵魂界。仁道大行，尘世即天国。人而成仁，即可在此尘世复活，在此尘世永生。

其次说到“个人主义”与“集体主义”之分别。就孔子教义言，每一人，必当在大群中做人。若离开大群，即与鸟兽无别。故曰：“鸟兽不可与同群，我非斯人之徒与而谁与？”但不能以大群来抹杀个人。孔子说：“为仁由己，而由人乎哉！”纵在一个不仁的社会中，每人仍可自成其仁。须待人人能仁，此社会始是一仁道光昌的社会。但在一仁道光昌的社会中，若其人不自勉力于仁，则此人仍将是一不仁之人。孔子教义，只教人在大群中做人，但大群不能代己做人。个人由于集体而得其个人之意义。集体亦由于个人而有其集体之价值。依于孔子教义，永将不有“个人主义”与“集体主义”之冲突。

再由此说到“自由”与“组织”。人生贵能有自由，但同时亦不能无组织。但其组织，应由自由来，不由强迫来。但在个人自由的资本主义方面，发展出大企业，大团体，亦何尝不损害到个人自由？若尽是在物质人生方面争取自由，极其所至，资本主义非彻底破坏，亦将大量变质。将来的人类社会，在此经济物质生活一方面，若非另找新出路，则双方竞争日烈，终会同归于尽。

在孔子，虽然提示了一番普遍指导全人类的人生大道，但在孔子当身，及其后儒家之信奉其教义，益后益盛；而从未有一组织，如各宗教之有教会；但亦不妨其教义之传播。孔子及儒家，既不提倡“组织”，因亦不提倡“自由”。信受孔子教义之中华民族，初看像是没有一切严格之组织，因此其民族中各分子，莫不有其一分高度之自由；但中华民族同时乃是一极富团结性的民族，所以能日扩日大，由一民族组成一国家，而至今存在。

在孔子教义中，经济物质方面的人生，亦并未忽略过。而且中国地大物博，远自战国时代起，即有极盛的国内商业。汉以下，又有不断的国外商业之继起，亦复甚为发达。但中国社会，从未有资本主义之产生。中国人亦永不向极端的物质人生的道路上前进。因此中国几千年来的历史过程中，对内对外，其爱好和平之特征，可以常持不变。

说到政治，中国虽是一广土众民之大国，但亦绝没有极权政治之发现。不了解中国传统政治者，乃谓中国所推行的乃是一种君主专制政体。又谓孔子教义与儒家思想，乃因专制帝王之提倡而得势。这些都是不明中国历史详情的人所凭空想像的一套谰言。正因中国没有君主专制，所以也没有民主革命。孔子教义，只是一种“中庸之道”，兼容任何相反之两面，而不向任何偏向之一面来反对压迫另一面。所以中国民族极富和平性，而鄙视斗争性。

（一九七二年九月台北《东吴学报》第二卷）

孔子思想与世界文化新生

一

孔子思想，在世界人类各项大思想中有其一份独特之地位与性格；此一层，我们当首先认取。

世界人类各项大思想，其表现方式，不出两大型：一为宗教，一为哲学。

孔子思想，乃针对世界全人类，无古无今，无地域之隔阂，无种族，无国界，无老无幼，无男无女，无智愚，无贵贱贫富，无种种职业阶级，无一切分别而设教。在此方面，孔子极似一大教主。孔子思想，应可成为世界一大宗教。

但全世界每一宗教，必先有一超世绝俗之大前提，于人类之外有一上帝，于现实世界之外另有一归宿，如所谓“天堂”者是。佛教虽无上帝信仰，而亦同有其一套离世绝俗之归趋，即其所谓“涅槃”境界。故世界一切宗教信仰，必与现实人生相判别，相隔离，而后其种种教言，乃有所根据而安设。惟孔子思想，于现实人生外，不需先有一信仰。其种种教言，乃不需一离世绝俗之前提。故孔子思想乃不成一宗教，而孔子亦非一大教主。

说到世界人类各项哲学思想，更是千差万别，然亦同归一致。他们虽不要人先立一信仰，但在他们各自间，则必同有一套思想方法；换言之，乃是他们一套各别的思想格律，要人接受。凡属哲学思想，必然有其层次，有其曲折，有其体统，有其组织，外于人生实际，而先自完成其一套。因于为此一套层次曲折体统组织所限，而各派哲学思想之内容，乃亦如宗教般，在其相互间极难有会通合一之可能。全世界古今各项哲学，其出发点各不同，其归宿点亦各不同。虽各自探求“真理”，而真理终不免为诸家哲学所分裂。除共同必有一番思想方法、思想格律外，论其思想内容，则无可资人以共守。

孔子思想，不需人先立一信仰，此层极似哲学。但孔子思想，乃若无层次，无曲折，无体统，无组织，似乎并无一套特定之思想方式与思想规律，而使孔子思想终亦不成为一套哲学的思想。

孔子思想，有其一番宗教精神，而终于为非宗教。有其一番哲学智慧，而终于为非哲学。吾侪必循此求之，庶可见孔子思想在人类其他思想中所具有的一份独特地位与性格。

二

孔子思想，扼要言之，乃在即事论事，即人论人。极具体，但可达于极玄远。极亲切，但可达于极超脱。极平实，但可达于极幽深。极分别，极零碎，但可达于极会通，极圆成。论其出发点，则人人尽知尽能。求其归宿处，亦人人易到易达。而其中间过程，则可以极广大，极多端。

人类观念，本可有种种分歧，乃至于种种对立。但融入孔子思想中，则无不可以达于圆通而合一，无对立，乃至无分歧。

在宗教上，必有一“天”“人”对立。但在孔子思想中，则“天人合一”，融为一体。既不尊天而抑人，亦不倚人而制天。

在哲学上，每有一“心”“物”对立。但在孔子思想中，则“心物合一”，融为一体。既不尊心而蔑物，亦不崇物而贱心。

在现实人生中，每见有“大群”与“小己”之对立。但在孔子思想中，则“群己合一”，又自融为一体。每一小己，莫不可为大群之中心；而每一大群，亦莫不成为小己之外围。非外围无以立中心，无中心亦无以见外围。群之与己，乃共见为一体，不见为对立。

在现实人生中，又每有“自由”与“规律”之对立。但在孔子思想中，则“自由”与“规律”之二者又自合一，融为一体。即在相互自由中见规律，亦即在规律中涵有相互之自由。

此只略举其大者。其他人类各项观念与各项思想之分歧与对立，就孔子思想言，乃无不可以交融合一，见其相成，泯其相反，而整个人生乃只见一大道。

今试问：孔子思想何以能到达此境界？简言之，实只有“就人论人、就事论事”之两语。惟其如此，所以能极亲切，极平实，极简易，极单纯，不烦先立一项隔离人生之高远信仰，亦不需一番摆脱实际之曲折思辨。孔子思想，乃得成为一项普遍的常识，不需任何条件，不历任何阶段，而为尽人可知、可行，与夫可信而可守。

孔子思想，乃是一种“人文本位”者，或说是“人文中心”者。孔子只就此本位、此中心来论人事，来求人文之实际。一切人文，则无不从天地大自然来，亦仍必在此天地大自然中。一切人文本身，则仍是一天地大自然。换言之，天地大自然，亦即在人文中见。故即人自可见天，即人生可以见自然。而孔子思想，则并不拘碍在此人文小圈子之内而违蔑了天地与自然。但亦不远离人文圈子之外，而单独向于天地大自然中任何一项目、一场所，个别追寻，个别深求；必待从此觅得一观点，一理论，然后再回头来向于人文实际作领导，施束缚。孔子思想，始终并不曾脱离人生，而先向远处绕大迂回，然后以此等迂回回头来安放在实际人文本位之上。此乃孔子思想之最大特出处。

然孔子思想，亦并不曾要先破弃了在他以前人类社会所曾有的各项宗教观念与宗教信仰，来独自创建其一套人文理论。更不要先把人文事实放在一旁，来先创建他一套新的宗教信仰。孔子思想之最大贡献，不在其有所排拒，而在其多所会通。

又如在实际人生中，有物质的人生，亦有心灵的人生。此事尽人反躬自知，明白易见。然在一切实际人生中，何时何处，则应以物质为重？何时何处，又应以心灵为先？孔子亦只就事论事，并不曾要先超脱了实际，凭空定下一原则，究竟当重心，抑重物？更不需要冥搜穷索，究竟此天地大自然，与夫人生大群，乃始于心，抑始于物？其终极本质，系属唯心，或唯物？或是心物对立，或是心物合一。如是种种，皆可成为哲学思辨上的大问题，而在孔子思想中，则不需重视。

又如在实际人生之心灵活动上，粗略言之，有情感，有理智，有意志。此三者，究系三分，抑系合一？究是谁为主，而谁为从？究应孰在先，而孰在后？孔子就事论事，亦不在此等问题上先作思辨，先下结论，先绕了大圈，然后再来向实际人生作一硬性的，而又是悬空的，不切各种情实的指导或规律。

孔子就人论人，就事论事，则只在每一人之实际人生即其日常人生而来作示范举例。既不就某一人来抹杀另一人，亦不就某一事来抹杀另一事。其思想范围，与其思想项目，似乎极零碎，极多端，但其间有一共通大原则，即每一人之人生，则必在天地大自然中，又必在人类大群集体中，而获得其各自个别之人生。而极其所至，则每一个别人生，乃亦各得为其大群集体人生乃至为天地大自然一中心、一基点。

盖孔子思想，虽只是就人论人，就事论事，极平常，极切实，但就每一人，而可推而通之于任何人；就每一事，而可推而通之于任何事。故虽极平常切实，又极高远圆通。既可从任何一人一事推而通之于大群，亦可推而通之于宇宙；又可从任何时任何境而通之于一切时与一切境。故曰：每一人与每一事，各别可以立为人群与宇宙一中心、一基点。

三

试粗举《论语》中几项浅显之例以为证。

> 子适卫，冉有仆。子曰："庶矣哉。"冉有曰："既庶矣，又何加焉？"曰："富之。"曰："既富矣，又何加焉？"曰："教之。"（《子路》）
>
> 子曰："士志于道，而耻恶衣恶食者，未足与议也。"（《里仁》）

可见孔子论大群人生，论政事，则主先"富"后"教"。论个别人生，则"衣食"虽若先要而转居次，"志道"之心虽属后起而当为主。此即就人论人，就事论事，有其通则，然更不烦凭空立论，必求衣食与道，即物与心之孰重而孰轻。

> 子游问孝。子曰："今之孝者，是谓能养。至于犬马，皆能有养。不敬，何以别乎？"（《为政》）
>
> 子夏问孝。子曰："色难。有事，弟子服其劳。有酒食，先生馔。曾是以为孝乎？"（《为政》）

此又见每一人居家事父母，与其居国从政事有不同。孝父母，决不能脱离物质生活之奉养；然曰"敬"，曰"色难"，则是一种心的表现。虽不抹杀物质人生，而仍以每一人之心之所表现者为尤要。

孔子思想重言孝。无男女，无老幼，每一人之对其父母，则必当有一番温暖亲切之情；此乃就于人心之大同，而此心则起于自然，非由任何人凭空建立一番理论而强人人以如此。然能推此心则为仁为爱。能推此仁爱，则又必有义、礼、智种种诸德从之而生。人心之种种活动，皆当以孝为本。故有子曰：“本立而道生。孝弟也者，其为仁之本与？”可见孔子思想，乃建本于每一人心之自然，而又使其相互间可以达于大通合一之境者。故奉以为人道之大本也。

或谓孔子曰：“子奚不为政？”子曰：“《书》云：‘孝乎惟孝，友于兄弟，施于有政，是亦为政’，奚其为为政。”（《为政》）

孔子志欲行道于天下，自亦必以政治为重。然政治非人人所得为，又非时时所得为。不如在家孝弟，则是人人得为，又时时得为者。每一人之在家庭中，亦有种种事。干此种种事，亦可谓即是在家庭中为政。为子女者，本此孝友心，在家庭中干种种事，其事亦即一家之政，其人亦即不啻是一家之主。家庭固以父母为主，然就子女之孝心孝行言，此子女之孝心，亦即不啻各自为其家庭中一主，一中心。推而极之，修身、齐家、治国、平天下，亦即此心之一贯而畅遂。人人具此一片孝心，一片仁爱心，亦即是其人修身、齐家、治国、平天下种种大事所从出。而此一片孝心，一片仁爱心，则居中而为之主也。

天地大自然生此人类，在天地大自然中是否有一上帝？若有此上帝，此上帝又何为而生此人类？在孔子思想中，此等皆可不加深论。惟既有此人类，则就人论人，必求在此人类大群中，各各有家可齐，有国可治，而求此人类群居之天下亦各得其平。孔子则只望人人能参预此工作，人人能负担此责任。就事论事，则在人与人间从其各自具有之一番温暖亲切之仁孝心情做起。而孔子又专就人之自幼俱有之一片孝心作指示与教导，以求人类之共登此大道。有子在孔子弟子中，孔子没后为群所推奉之一人，其“孝弟为仁之本”之遗言，骤视若浅显易知，推而求之，实有其深义之存在。

孔子思想，务使每一人能具有人生崇高之意义与价值，务使每一人在每一时每一境中对每一件事，能各自对于其群体广大人生有其一分之贡献；而又求此项贡献之可以不朽而常在；而在其相互间，又求其可以和协而一致。必如是，乃可使人类文化日进无疆，以达于圆满成就之理想。而孔子所指导于人者，则只就每一人之日常人生中，就其易知易行，可守可信者而加之以指导。

兹再举曾子所言一条以为证。曾子、有子，皆在孔子身后为群弟子所推尊；而此两人之言，即上引有子一条，与此引曾子一条，乃同列于《论语》之首篇，与孔子之言交错并列。此乃七十子后人，编纂《论语》，自具深意，非偶而然也。

> 曾子曰：“吾日三省吾身，为人谋而不忠乎？与朋友交而不信乎？传不习乎？”（《学而》）

此处曾子所提出人心之“忠信”，亦如前引有子所提出人心之“孝弟”。此皆人人所具有，与生以俱来，不学而自能。而且孝弟、忠信，其实只是一心，非有孝、弟、忠、信之许多各别心。人之幼年，在家庭中对父母兄长知孝弟，及其稍长出门，在社会自知对人对朋友有忠信。人类孝弟、忠信之心，其对大群人生贡献何在，此可不烦深论。但若人人不孝不弟，不忠不信，则人类大群文化，断无理想之前途，此层已尽人可知。而且孝与不孝，弟与不弟，忠与不忠，信与不信，此项辨别，亦可不烦他人指点，人人可以反省而自知。孔子思想，即在此等日常生活，人人可知可行处，亲切平易，指示出了人生之大道。

所谓孝弟、忠信，不专存于一心，亦必从而表现出种种事。其事不专限在每一人心之内部，而必牵连到其对人、对外之种种。而此种种，则在每一时每一境中，又可有各不同之相异。此种种各不同之相异，虽同出于一心，而千差万别，千头万绪，乃不能用一语道尽；而必待于各人自凭此心以善尽其所表达，以各求其至善至美之所在。于是在人人所可知可行可信可守中，乃有不断之学问与斟酌，选择与抉别。故孔子思想，在其发端处，虽若人人可知可行，可信可守，极平实，极亲切，极简易，极单纯；而在其各自前进之过程中，及至其各自所欲到达之终极点，则需要学问上极广大、极精微、极高明之无穷追寻与研究，而有待人人各自之努力。

在《论语》第一篇之首章，孔子即教人以“学而时习”。曾子之三省吾身，其第三项亦曰“传不习乎”。孔子又曰：

> 十室之邑，必有忠信如丘者焉，不如丘之好学也。
> （《公冶长》）

故在孔子思想中，乃蕴藏有一项极广大、极精微、极高明之学问境界。此一境界，论其最后所到达，孔子乃从不举以教人，抑且孔子亦从不以其一己之所学而自满自足。在孔子，只教人以“学而时习”，其所自许，则曰："吾学不厌而教不倦。"又曰："下学而上达。"其所学，则只在每一人之日常生活中之平易亲切、可知可行处，故谓之曰"下学"。能下学，则自能"上达"。而其上达所到之境界，则孔子从不轻易凭其想像或曲折立论，而故为高深以示教。子贡在孔子弟子中，乃最敏锐、最能感受之一人。子贡有言曰：

> 夫子之文章，可得而闻也。夫子之言性与天道，不可得而闻也。（《公冶长》）

所谓"文章"，乃具体之事而散见乎外者。此皆可以下学，可以与人俱知。而"性与天道"，则待每一人之上达而自得；高下深浅，可以各自不同。故孔子平日不轻以此教导指点人。遂使孔子思想，乃与世界人类中其他所表现之各大宗教、各大哲学、各大思想，俱有其不相似。颜渊在孔子弟子中为孔子所最称道，许其最能得孔子之传者。然颜渊有喟然之叹，其叹曰：

> 仰之弥高，钻之弥坚，瞻之在前，忽焉在后。夫子循循然善诱人。博我以文，约我以礼。欲罢不能。既竭吾才，如有所立卓尔。虽欲从之，末由也已。（《子罕》）

孔子只称颜子一人为"好学"，然亦惟颜渊一人，乃知孔子之教有其终于高不可及之一境。

孔子亦尝自叹：

曰："莫我知也夫！"子贡曰："何为其莫知子也？"子曰："不怨天，不尤人。下学而上达。知我者其天乎！"（《宪问》）

此乃孔子由于不断"上达"，而终极于人文境界中无穷尽而最高之一境；此一境已是不能与人共知，故孔子自叹，谓知我者惟天也。孔子思想，本从人文境界而上达于宇宙大自然之最高原理处。孔子之所谓"天"，即是此宇宙大自然之最高原理所在与其所从出。故曰：只有天或许能知我。若此宇宙大自然中之最高原理，果有一上帝为之主宰，或由上帝而建立，则亦可谓惟上帝为能知孔子。故孔子思想虽不成为一宗教，孔子虽非一宗教主，但孔子本人，则有一番极伟大、极崇高之宗教精神，至少当与举世人类其他各大宗教之各大教主相彷佛。

但孔子则只是一教育家。惟孔子之所教，实可以遍及于任何时代任何环境中之任何人。凡属信受孔子之教者，皆可使其黾黾勉勉，不懈不息，而在其各自之实际人生中，各有一番最高、无穷尽而不易到达之境界。此亦是孔子与全人类中其他教育家若相似而实不相似处。

故在孔子思想中，其所指导，乃具有两境界。一则尽人可知可行，即在其日常人生中，可以当下即是。每一起点，同时即可是一终点。人人可到达，亦即可以当下各得一圆满之成就。此即如上之所举，由每一人之孝弟、忠信之由内以及外，本之心而见之事者。此虽若小道末节，然使人人可以下学而自得其性，人人可以上达而自通于天道。人生至是，亦几可以无憾。但此一境界，同时乃是一无穷尽、无终极之境界。乃使人人在此境界中，永当上进，永无休止，日新不已；而人生则只在此一不懈不息之过程中向前。

四

自孔子没后，中国社会上自由思想风起云涌。由孔子思想展演而成者为儒家。其他举其最主要而拥有甚大影响力者有墨、道两家。墨家注重于群体人生，其理论根据，则上推而本之天。墨家思想与其行动，极为接近于一种宗教团体。墨家思想之缺点，则在每一人之心理上，只提倡一种宗教情感而忽略了其他自然情感的多方面。并在个人生活中所应有之多种自由方面，亦未被重视。举天来压低了人，举团体来压低了个人，使人人崇拜其伟大，而终于为不可行。其次为道家，展演出一种自然哲学与个人主义。其自然哲学之展演，成为一种极透彻的无神论。其个人主义之展演，成为一种极端的个人自由，而趋向于无政府。道家思想与墨家适处于相反之两极端。道家之所谓天，乃成为一种纯自然。而道家之所谓人，则成为一纯个人。孔子思想在墨、道两家间，则适成一"中道"。若谓墨家属于宗教性，则道家属于哲学性。此两家思想，皆在人文圈子外先建立了一套理论，而回头来指导人生，拘束人生。其在实际人生中，有选择，有排拒。而孔子思想则即人生论人生，乃可于墨、道两家有调和，有折衷，使墨、道两家思想可以相互间有其相通而不至于相反。因此在以后之中国思想中，终于接受了孔子思想，而道家退处于次要，墨家则成为不重要。

于墨、道两家外，尚有法家，则过分重视了政治与法律，而忽略了天与自然之一面；又其在人文圈子内，只由政治上层来统制了社会下层。又有农家，则过分重视了社会下层之经济与生产，以普遍劳动来实现经济平等；重视了社会，而忽略了政治，又忽略了人文界其他种种之活动与意义。此两家亦适处在相反之两极端。而且法家从道家转出，乃放弃了道家最重视的个性自由。农家从墨家转出，乃亦放弃了墨家最重视的尊天精神。所以法、农两家，虽从墨、道两家转出，而都丧失了其所从来的高一层向往。而孔子思想，则既保有墨家的尊天精神，又保有道家的个性自由精神，而皆不走上其两端之过分而相反处。墨、道两家，已从孔子思想各走上了一极端。而农、法两家，又从其极端处落于低浅。由于农、法两家之偏滞与固执，而更益显出孔子思想乃为人文思想中之一“中道”。

除上述四家外，又有名家，专在名字与观念上推演其思辨工夫，形成为一种纯哲学的，而乃至陷入于诡辩。又有阴阳家，专务于观察自然，而把道家之纯自然哲学变成为一种多神或泛神论。此两家，名家近于墨，阴阳家近于道，而较墨、道两家思想则远见为褊狭与浅俗。又且名家由墨家之宗教性转向了哲学性。阴阳家由道家之哲学性又转向了宗教性。不归于此，则归于彼。总是走向违离人文之极端。只有孔子思想，不离人文，一务平实，只是一种常识的。既不要先建立一个玄远的信仰，也不要演绎成一番幽深的思辨。非哲学，非宗教。只在日常人生之亲切处见玄远。只在日常人生之平实中见高深。只成为一种普遍通俗性的常识，而在此常识中，蕴藏著无限真理，可以与人共见；又使人人若为不可及，而有待于学问上无穷之追寻。把孔子思想与名家、阴阳家相比，更易见得孔子思想只是在人文本位上一条平易的中道。而其宏大高深，则又远出于名家、阴阳家之上。

除却墨、道、法、农、名、阴阳六家以外，其他尚有各家思想，更属自《郐》以下，不烦指数。秦 汉以下，中国大一统，中国人终于选定了孔子思想奉为一尊，而孔子思想终成为中国思想之大宗与主流，把此来消化融会了其他各家思想之长处，又把此来修饰裁改了其他各家思想之短处。而“孔子思想”乃与“中国思想”成为异名同实之一体。

魏 晋以降，佛教东来。中国僧人，先以庄 老道家思想与之相迎合，继以孔子儒家思想与之相扶会。迄于隋 唐，中国佛教宏昌。天台、禅、华严，皆由中国僧人自立宗派，自创教义。而尤以禅之一宗，在中晚唐、五代以及宋初，几于掌握了中国思想界之最高领导权。循禅宗之主张，即尘俗可以证涅槃，即日常可以成正果，即身而即佛，即现前而即究竟。不烦玄远之信仰，不经曲折之思辨，即就日常人生中，作一言片辞之指点，不立文字，单就一心，即可使人自证自悟。化宗教信仰为现实常识，使人人当下有一入门，并使人人当下得一归宿。禅宗实可称为是孔子思想之一种借尸还魂。所不同者，孔子思想究竟重在入世；而禅宗设教，终是未能把佛家传统之出世精神尽情洗涤。于是乃有宋代理学之代兴。

宋代理学，可谓是孔子思想之复活。理学家指导人生，亦从日常现实中获得最高真理。从各自内心启键开钥，进入修身、齐家、治国、平天下种种广大的人生实务，而一以贯之。每一人，在其一切时，一切境，种种条件下，各可获得人生最高真理。而相互配合，以完成一人之最高理想与最高境界。不待人生大群之俱得跻此境界，而无害于每一人之先自各达此境界。而每一人之先自各达此境界，乃即为大群全体之跻此境界开辟了一条亲切、平实、简易、单纯之大道。可以融化各种宗教、各种哲学于实际人生中，而实际人生中一切干济事为，皆可在此一大道上配合无间，无冲突，无扞格。不弃一法，而万法归宗。只有一套教育方法，可使人人“己立而立人，己达而达人”。群己一体，天人一体，以共赴此人生之大理想。

五

今天的世界，则正已走了一条群言庞杂、思想纷歧的道路。各地旧文化各就衰颓，而各地的新文化则尚待萌茁。举世遑遑，莫知所向。举要言之，有宗教与科学之冲突。宗教注重心灵启迪，科学注重物质驾驭，而不免内面的心灵世界与外面的物质世界相冲突。就内部心灵世界言，纵使人人皈依一宗教，人人信仰一上帝，人人追寻一套哲学，但在其相互间，则又不胜相异，不胜冲突。就外部物质世界言，科学真理，其相互间，虽若可以相通合一；但此科学上相通合一之真理，只可凭以对付物质界，不能用来对付心灵界。在物质方面，今日的世界固已突飞猛进；而在心灵方面，则益形纷歧，益形晦乱。其间则有国与国之冲突，民族与民族间之冲突，又有每一行业间之冲突。物质愈进步，冲突愈尖锐，亦愈紧张。冲突愈复杂，愈扩大，而愈难有解决。

在此种种冲突中，所谓人生真理，乃益形晦乱，益形分歧。而实际人生，乃益见有种种不可调和之对立，不复再有相互融通之协调。其最大者，有“唯心”“唯物”之各趋极端，有“大群”“小己”之互不相容。主张集体人生者，每把大群集体来吞灭了小己自由。主张个人人生者，又把小己自由来淹没了大群集体。而物质人生与心灵人生，尤难调和合一。各项宗教信仰，则已逐渐衰退，不能再用来诱导实际人生，而获得一亲切平易简单之解决法，而徒启相争。而各项哲学思辨，则又各有立场，各有演绎，各有组织，各有结论。虽若各自有其曲折深微之处，而要之分歧割裂，乃使哲学思想几若成为人类智慧一种争奇斗胜之游戏与玩艺。而此项游戏，乃亦有不可复继之势。要之在下面，既脱离了大多数人之自然心灵，而各自进展；而在上面，亦无法接触到人生与宇宙自然相融合的最高真理之共通面，以相与而有成。

若说要退后一步，主张保守，则人类思想已往业绩，如各项宗教与各项哲学，已成为强弩之末，支离破碎，无可凭之以求应付世界人类当前之局面。若说要向前一步，主张进取，则今天人类在继续前进上所犹可期望者，只剩有科学一项。单就物质方面谋进步，而使人生其他各方面，全得追随在物质进步之后而亦步亦趋，喘息以赴。此项进步，最多亦只是物质的，而非全部人生的。而全部人生则转将因于物质进步，而反见其紊乱与后退。

今天的世界人类文化，不仅如上举，有宗教、科学冲突，有国家与国家、民族与民族间冲突，有心物冲突，有群己冲突；而且复有贫富冲突，即资本与劳工间之冲突；有新旧冲突，每一社会上中老年人与青少年人起冲突；而甚且有男女冲突，夫妇冲突；如是等等，纷见迭出。人与人间，一若惟有冲突之存在。人类之所由犹得以相互团聚，犹得人与人间相互结合以成为一体而不致于急激破碎、分离以去者，则惟赖各种经济机构。其背后则纯属物质的，而非心灵的。又一则为政权组织，拥有强力加以控制。则只见为强迫的，而非自由的。要之都只是在外面加以一种黏合，而非由人类本身内心深处之自有其黏合与融和之所在。

今天的世界，由于物质进步，而使全世界人类日趋于接近。而正为此物质进步，人类日相接近，而使全世界人类在其心灵上，乃失却其黏合融和以共成为一体之主要成分，而更走向各自离散与敌对之一途。于是人心苦闷，恳切要求能有一转变。而此转变之曙光，则不幸而日益黯淡，日益渺茫。不仅无可接近，甚至无可瞻望。

今天的世界大问题，正本清源，首应著重于“教育”问题上。而今天人类所能寄望之教育，将是一套崭新的教育。此项新教育，则不能单一寄托在古老之宗教信仰上，亦不能单一寄托在古老之哲学思想上，更不能单一寄托在专限于物质方面之各项科学的知识与技能上，更不能寄望在狭义的国家与民族之各别相争上。此项新教育，则必当以全体人类为其共同对象，不问国别、种族别、职业别，乃至男女、老幼、富贵、贫贱种种人生境遇中之种种差别相，而有其一套共通的教育宗旨与教育方法。更不能有种种条件限制，如所谓小学、大学，普通教育与专门教育等，应使人人有接受此新教育之可能。只要其是一人，即应包括在此新教育之对象中。纵是种种人间相千差万别，此一教育理想与教育方法则纯一无别。不论种种零碎事项，都能在片言只语之指点下，可以使其各自反于心，各自达于外，而共同趋赴于同一目标，而不见有冲突，不见有差歧。

求之人类以往之教育宗旨与教育方法，能符合此一理想者，则惟有孔子思想。

六

孔子思想并不是宗教，但在孔子思想中，具有极深厚的宗教精神，与尊天敬神的观念。孔子思想虽不曾由此推演出一套宗教信仰，但在宇宙大自然中之具有一项最高真理，与夫此项真理之是否出于一上帝？或由一上帝为之主宰？苟有人在此方面探索，只要其探索所得，无碍于实际人生之向前，在孔子思想中，亦不曾对此加以深闭固拒之态度。不惟佛教为然，其他如回教、耶教等诸大宗教，均能在中国社会上和平相处，不发生严重冲突。此即为孔子思想对于诸大宗教富有包容性之一个具体明证。

孔子思想并不曾完成为一套自然科学，但亦并不反科学，抑亦容许各项科学有其各自之发展。如《大学》言“格物穷理”，《中庸》言“尽物性”，《易传》言“开物成务”，又言“形而上者为道，形而下者为器”，及《书》之言“正德、利用、厚生”，都只在自然科学所能完成之种种事物上标示出一个人文目标，使自然物质与人文理想相得而益彰。抑且在中国历史上，不断有自然科学方面之专家，如算数、天文、历法、水利、建筑、农业、音乐、医药种种专门人才，皆曾有其伟大成就；然几乎绝大多数全是崇奉孔子思想之儒家。以前如此，以后当亦可然。孔子思想之发扬光大，将决不会是反科学的，此亦无待深论。

孔子思想，乃以人类全体为其教育目标，无国别、无种族别，无男女老幼、贵贱贫富、智愚敏钝，种种人生间之自然别与人为别。故曰“有教无类”。又不论时间别，孔子思想极尊传统，但亦极重开新，随时随地，随于人类社会之种种事象差别中，皆直指人心以为教；直指人心之全体，兼顾于感情、理智、意志，人心多方面之种种功能与活动以为教；又必本于人心之所同然者以为教。如教父以慈，教子以孝，教为人下者忠其上，教在人上者敬其下。一以贯之，则是一种忠恕之道。无彼无我，易地则皆然。在人类的性情上开出理智，在人类之理智中完成性情。在人类之大群体中涵容一切个人，在一切个人之相互结合中团聚成为各种之群体。由家达于国，以达于全民族、全天下，而完成一世界人类之大群，使之相安相乐，无往而不各得其所。个人可以极自由，而不害有共守之规律。规律可以极细密，而不害于各人之可以各得其大量之自由。孔子思想，与夫孔子之教育目标，则只站在人文本位上。由大群人以至各个人，由各个人以至大群人，莫不本于一心，以相通合一。而如何来教导培育此人心，则从人人之易知易能者开始，而向于天道与人性之难穷难尽处趋赴。而即在于各人之易知易能处，可以使各人获得其当下各自圆满之归宿。

孔子思想，几可说全部尽在《论语》一书中。《论语》共分二十篇，四百九十八章。论其总字数，不出一万二三千字。然两千年来，中国学人对此书之解释发挥，其散见者不论，其成为专书者，不下四五百部。其中惟南宋理学大儒朱熹之注，最得《论语》之精义。元、明、清三代以来历七百年，朱注《论语》，乃为中国识字读书人一部人人必读书。然此七百年来，遇朱《注》有小错失，加以纠正，亦复不少。本文作者，在七年前曾为《论语新解》一书，尽量保存朱《注》所得之精义。其小节错失经后人纠正者，亦尽量收入。将《论语》全书，逐篇、逐章、逐句、逐字一一加以注释发挥。然亦不超出三十万字。自谓以现代人观念、现代人文字阐释《论语》，此书用力，较勤较备。若使现世界各民族，各文化传统，各以其所用文字，根据作者此书传译，庶于《论语》本义错失可少。孔子道大，自可就各文化传统中，各本其自己所有宗教、哲学种种异见，而各自斟酌采择，以求会合融通。庶乎使错综复杂、冲突多歧之现代文化，渐次获得一共同之趋向，与夫一共同之道路，而相与以有成。要之，孔子思想，本于人心，达于大同。始乎人文，通乎天地。其亲切、平实、简易、单纯之教育宗旨与其教育方法，必将为世界文化奠其基础，导其新生。此则本文作者之所馨香祷祝以期也。

（一九七一年十月十日为孔孟学会作）

孔子与世界文化新生

一

文化是人生的综合体。因此要对某一文化加以分析批评，必先注意到那一个文化中所包括人生之各方面；又必注意到此各方面人生之如何配合协调，而始形成为此一文化之整体。研究文化，与研究自然科学不同。文化学之本身，无论如何，总脱不了含有某种价值观念。因此从文化学立场看人生之各方面，应有一种高低轻重的分别。大概言之，任何一种文化人生，必然由三个阶层所凝合。最低的，即最先的，亦是最基本的，第一个文化阶层，是属于物质经济方面的。没有物质生活，没有经济条件，根本无所谓人生，亦无所谓文化。由此发展到第二阶层，则为政治法律、社会礼俗，群体集合之种种规定与习惯。文化是集体的，没有这一阶层，也同样无文化可言。循此再发展，乃有最高的，亦即最后的，最终极的第三阶层；此一阶层，包括宗教、哲学、文学、艺术等项，属于纯精神部门。我们可以说，文化是物质的、集体的、精神的，三部门之融合体。

以上所举，却恰恰没有提到自然科学。照现代人观念，似乎自然科学应该是人类文化中最主要的一项目。但仔细分析，自然科学，就其实际应用方面，影响及于物质经济人生者，早已列入第一阶层。依照文化价值言，此一阶层，消极作用大，积极作用小。换言之，即缺乏的影响大过于富裕。借用经济学上一术语，也可说它有一种“报酬渐减”的趋向。你在电灯光下祷告，或思想、写作、歌唱，并不比在油灯底下更有效、更灵敏、更深刻，或更精妙。质言之，物质生活提高，精神内心生活并不一定相随提高。有时，转因物质经济生活太复杂、太滞重了，反而把人类内心精神生活的境界和造诣降低、冲淡了。这两百年来自然科学之突飞猛晋，转使人类对于宗教、哲学、文学、艺术方面种种启悟，种种成绩，反而逊色了，便是眼前一个极显著的例。就文化第二阶层言，自然科学之贡献，为奴不为主，只是一种工具，不是一种目的。共产主义和资本主义，同样要运用自然科学。侵略的与和平的，也同样要运用自然科学。再就文化第三阶层言，自然科学的智识，必已变质成为一种宗教，或哲学，乃始对于人类文化有深刻切实的影响。哥白尼的天文学，达尔文的生物学，以及十九世纪盛极一时的唯物论，都是在宗教上、哲学上形成了问题，而始影响及于文化之内层的。

近代人观念，都以为自然科学是在追寻宇宙客观的真理。此一观点，实亦大可商。在相对论所谓“四度空间”的另一坐标系之下，由飞翔的鸟群和潜泳的鱼类来看欧几里德几何学，并不见得它是客观的真理。如在蚁群或蜂群中，也出现一个达尔文，必将有另一系统的生物进化论。可见自然科学在整个人类文化价值中衡量，彻头彻尾是工具性的。它既不曾替人类发现了超人类以外的宇宙客观真理，自更未曾替人类发现了人类文化内部本身的真理。它只在人类文化演进中，作一项有力的工具。近代人太过看重了自然科学的地位和价值，这是近代文化一弱点，一病征。这一层言之甚长，此处只稍引其绪，未能细加分剖。

二

我们要衡量一种文化，而批评其利病得失之所在，必要在上文所述的文化三阶层中，求得其核心或领导势力之所在。西洋中古时期，我们可称之为“基督教”的文化。在那时，不仅哲学、文学、艺术，种种精神生活方面，全为宗教所支配，全以基督教为核心，而接受其领导；即政治法律，社会礼俗，第二阶层的一切，也都在基督教领导下，遵循其节制，追随其向往；而第一阶层物质经济生活，则显然处在一种不重要的地位，只求消极性的满足程度之递减，不求积极性的享受程度之递进。这一种文化，不是没有弊病的。“富人入天国，如橐驼穿针孔”，它明对物质生活极端轻视。“上帝的事由上帝管，凯撒的事由凯撒管”，它又把政治事业推之门外。把它所蔑视而拒绝的，来由它支配，让它领导，这弊病已够大了。而且人类的精神生活，本由其物质的、集体的生活中孕育而长成；精神生活只该由物质生活、集体生活再提高，但它还是人生中一境界；而基督教的终极理想，则要超越人生。因此不免要蔑视人生，隔绝人生。则宗教之终极目的，无异要超越文化。把超越文化的理想，来领导文化，自然要在文化本身内部发生严重的弊害。

自十四世纪文艺复兴运动之后，现代的西洋文化，渐渐游离了宗教的核心，摆脱了宗教的领导，而产生一个新的核心，新的领导势力，这便是“个人主义”。此所谓个人主义，乃指一切以个人为基点、以个人为中心的一种主义。法国大革命，揭橥“自由、平等、博爱”三口号。此三句口号，仍以个人主义为背景。“民主政治”即在此三句口号上建立演进。少数服从多数，重量不重质，把数字来代替了真理。但数字是一种纯形式的，空洞的，无内容的。三块瓦砾，也可说多过了两粒珍珠。民主政治只问三与二的多少，不问瓦砾与珍珠的贵贱。数字多是珍珠，数字少是瓦砾。这一理论，若非追寻到个人主义的最后根据，是说不出它精要的意义的。

然而个人主义，若非另有一更高的领导，则仍还是空洞的。个人渺小而短促的生命，在此长宙大宇中，在此广大深博的文化机构中，究该如何呢？自由也该有一领导，否则天空地阔，你使用你的自由，究竟向那一条路前进呢？近代西洋文化，正为在个人主义之上没有一个更高的领导（**原来是宗教**），于是文化核心，渐渐从第二阶层堕落到第一阶层，从个人主义堕落到物质主义；于是在民主自由的政治中，酝酿出一个资本主义的社会。最先的资本主义，也还以个人主义为核心。此即一种个人意志的无限向前的自由之满足。但渐渐再转移，个人主义却把资本主义作核心了。此即说，个人自由的无限兴趣，大部分都集中在物质与经济生活方面了。于是最近代的西洋文化，遂堕退到以第一阶层为核心，为领导；一切文化中心的前进意义，全集中在物质生活上，全偏倾在经济问题上；于是“唯物史观”“共产主义”，遂应运而起。

个人自由是一种哲学，唯物史观与共产主义也是一种哲学。这一种哲学，博得多数人信仰，便成为一种宗教。现代人常讥讽共产主义是一种变相的宗教，试问：法国大革命前后的个人自由与民主政治，何尝不成为当时一种变相的宗教呢？若由此论之，则似人类文化之核心与领导力量，始终在第三阶层，并不在第一、第二阶层了，这亦是人类文化经过相当时期之演进以后所应有的现象。但我们对此解释，仍得作进一步分析。如上文所指，个人主义是空洞的，自由主义也是空洞的，最多不过是在第二阶层中，对政治问题上的一种要求或理论。这一种要求与理论，反映到第三阶层去，形成了一种过分重视个人自由的哲学。外形是第三阶层在领导第二阶层，实际是第二阶层在领导第三阶层。换言之，那种个人自由的哲学，只是一种政治哲学，而非一种超政治的哲学；因此也非一种指导全部人生终极理想的哲学。近代西方哲学，若真以个人自由为核心，为领导，它便没有能超出第二阶层。在民主政治的初期所逐渐发展出来的资本主义，此即通常所谓“资本主义”，其实只是个人主义的一面相。

若照人类文化演进之真的价值观点，则必须由第一阶层超越到第二阶层，仍须由第二阶层超越到第三阶层。人类文化之理想的核心与其领导力量，必须在第三阶层中产生。第三阶层，虽说是超越了第一、第二阶层，但仍必包含有第一、第二阶层之存在。基督教的弊病，在其超越而不包含，在其排拒蔑弃了第一、第二阶层，而仅求完成其第三阶层之终极向往，成为一种逃俗出世而达到天国的、纯精神的、违背人生现实的向往。理想的精神生活，固应超越物质生活，但仍必包含有物质生活。理想的民主政治，固应超越个人主义，但仍必包含有个人主义，只是在此基础上更高一层。

三

现在我们希望世界有一文化新生，第一必希望有一具有世界性的哲学或宗教，来作核心的领导。在人类文化演进过程中，从来没有一项全新的事物，突然出现过。因此，此项新哲学或新宗教之产生，必然仍将在旧文化中有它深厚的渊源。基督教和佛教，在先也曾具备过此种资格；但它们同样因为过猛用力，要求超越第一、第二文化阶层，而连累它在第三阶层中站不稳。它们同样的对于人类文化之整体表现了一种消极而反抗的姿态。回教则因它的创教主同时即是政治领袖，容易使它陷落到第二阶层中，而失却其超越的领导功能。只有中国儒家，它本身不是一个出世的宗教，孔子自身也不是一个领导出世的教主。孔子的教义，虽已超越了第一、第二阶层，但站稳在第三阶层中，一面并没有像一般宗教般对文化整体之消极性与反抗性。他的教义中，显然对第一、第二阶层的文化生活，尽量保留它们在文化整体中所应有之地位；但亦要求它们必须接受一种超越它们的、在文化第三阶层中的精神核心之更高领导。这是我们在希望世界文化新生中很值得提出注意的一件事。

我们要希望有个具有世界性的领导的真理与信仰：

第一，我们必先希望它能超越群体的现实生活，即第一阶层中物质经济生活之束缚。

第二，我们再须希望它能超越群体的现实生活，即第二阶层中政治法律、社会礼俗生活之束缚。

第三，则须希望它能仍在人类文化立场上，回头来领导它所已经超越的群体的政治性、个人的经济性的生活之各方面，好让它们集凑在更高的一个核心，而接受其领导；俾使文化各阶层，得一相互间的融和，而凝成为完好的一整体。

换言之，这一个核心领导，必然是入世的，而非出世的。这一种精神，必然是超越的，而仍然是包含的。这一个真理和信仰，必然是客观的，而同时仍属于人类自身的。

基督教、回教，建筑它们的真理与信仰在超越人类以外之上帝，而提供了一套很具体的想像。这已与近代自然科学之发现相冲突。佛教则即就人类文化本身内部，来拆卸破坏其组织与机构。它虽并没有信仰一个超越人类而外在之上帝，但佛教之终极向往，仍是人类文化之取消，是虚无的涅槃境界，而非人类文化之继续成长与发皇。若论自然科学，则仅能为人类文化成长发皇途中一项重要的工具，它本身并不能领导人类文化走上一特定的积极的趋向。自然科学所发现的真理，对人类文化依然是一种超越而不包含。二加二等于四，也可说它乃超越了人类文化而存在，但也可说它并不包含人类各种文化之实际的存在而存在。因此有人说，纵使没有人类存在的区域，二加二仍然等于四。其实二加二等于四，正由人类文化所发明；只因它并不是人类文化本身内在之真理，而只供人类文化在其前进途中之一种方便与运用。人类文化之本身，则只是人类本身一种实际生活。此种生活之所以称为文化，乃在其超越了各个人、各集体在各地域、各时期之实际生活，而有它客观的存在。我们必将对此客观存在，具备一种价值的即真理的认识与崇敬心情，而产生出在上文所举的文化第三阶层中的一种精神意识来。由于此种精神意识，才始有对人类文化理想之终极目标的向往。非此，则人类文化终不得一个圆满向前的发展。

民初新文化运动以来的中国人，常认近代西洋文化只是民主政治与科学精神。这是一种浅见。民主政治以多数为真理，并不能超越文化第二阶层集体的要求。科学精神所注重的重心，在人类以外之自然界，不在人类生活之本身。它至多是站在人类立场，发现了自然界一些可供人类运用的真理；并非即是人类生活自身内部在其演进上达的过程中所必须具备的真理。像基督教之“博爱”，佛教之“慈悲”，孔子教义中之“仁”，此乃人类生活自身内部在其演进上达的过程中，所必须具备的真理之最易指出的具体实例，但在自然科学中将遍寻不获。只有在注意到人类生活在其自身的演进上达的过程中，才始可能获得此项真理之认识。此即历史文化学之贡献。历史文化学之最高发展，应该超越了各个人、各集体、各地域、各时期，而仍包含此各个人、各集体、各地域、各时期的种种生活之实际存在。此项认识，是超越的，同时又是包含的。这是另一种人类文化的认识。只有中国儒家精神，孔子教义，始终紧握住这一点。

最真实的人生，还是在一切地域、一切时期、一切群体中的各个人的人生。抹杀个人，将无群体。然而人永远还是人，在一切地、一切时、一切群中的一切个人，均有它的相似点。此种相似点即所谓“人性”。在人性中有几项为人类文化演进上达的主要元素而不可或缺的，此即人性中之文化真理。中国儒家谓之“道”，即上文所指基督教之“爱”，佛教之“慈”，孔子教义之“仁”。此乃人类文化中具有真实内容的客观真理。自由是空洞的，并不具有任何内容。照孔子教义说，仁爱慈悲，乃人性中所自有。因此，放任人类自由，可以自然走上这条路。但人性中并非只有此慈悲一项天性。因此放任人类自由，也可违离这条路。必须在人类文化演进上达中，客观的指示出人类这一天性，而加以培养与教育。基督教则把这一天性认为不属于人类自身，而转以属之于上帝。佛教则并不以此一天性为人类文化演进上达之一项主要元素，却认此为达到它理想的涅槃境界之一项方便法门。

四

近代西洋文化，一面高抬个人自由，一面提倡自然科学，但另一面又不能放弃基督教的博爱教义。而在此三项中，并不能提出一个会通合一之所在。这即表现了近代西洋文化之缺陷。于是宗教与科学，演成分道扬镳、齐头并进的形势。其相互间种种冲突，种种矛盾，难于协调，难于融和，这是近代西洋文化内心一大苦痛。虽西方人亦有明知抹杀个性、抹杀仁爱，以仇恨与斗争为核心领导，对人类文化前途是一条危险的死路；但他们目下所现有的那种以耶教博爱、个人自由与科学精神所形成的鼎足三分的旧文化，却实感有招架无力之弱势。于是只有依赖原子弹，以杀胜杀。或是依赖物质经济之借贷与贿赂，希能收买信仰，换取思想。这是近代西洋文化内心的更大苦痛。

至于孔子教义，不仅不放弃人性中的仁爱，而且也并不曾否认人心中有仇恨；乃至人性中所有一切动向，在孔子教义中，均不想施以藐视与鄙弃，只求在人性中指点出“仁爱”一项来，特别加以培养与教育，作为人生之核心领导。只求其他人性动向，在此核心领导下，得到融和协调的发皇。这一种发皇，既无背于基督教的博爱精神，也无背于近代西洋的民主政治与个人自由，自然科学也一样可以听他的支配与运用。至于这一种超越性的人类文化展演途中所必具的客观内在真理，又如何来把握与认取呢？此在孔子教义中，有一极真切极简易的方法：一切地、一切时、一切群中的一切个人，只要能反就己身，认识自性，把来与历史文化的客观存在相印证，相对照，即可相悦而解，莫逆于心。因此，孔子教义中的客观真理，并不抹杀个人，也不抹杀自然。这一种超越性的文化真理，其自身即建基在自然的人性上。你既把握到这一真理而真切认识之，你将自见其超越，你将自然有一种崇敬的心情油然而生；你自将宁愿牺牲小我个人，来向往此一真理而奔赴；自将宁肯牺牲小我个人，来求这一真理之实现与完成。孔子教义中这一精神，实是道地十足，不折不扣的宗教精神。因此，在孔子教义所形成的中国文化里，可以不需别一宗教，也可以容纳任何一宗教。只在不蔑弃不排拒第一、第二阶层中的人生条件下，而容纳各种宗教之共同精神，即是一种牺牲救世的精神，即是发源人类于天性中的一种仁爱慈悲的精神。

在孔子教义领导下所形成的中国文化，自然也不免有许多可能有的缺陷，因此也不免有堕退与逆转的时期。这是任何一类型的人类文化所不可避免的本身内含的弱点。正因有此弱点，才有待于一切时地、一切人群中之一切个人之不断的努力。近代中国，则正当本身文化走上了一个堕退逆转的途程中。在它与近代西洋文化相接触时，尤其相形见绌的，则在中国文化没有像近代西洋那种为人类文化最有效用的工具，即自然科学之发明。然而这决非文化本身内部的致命伤。近代的中国人，误认为非彻底破坏自有文化传统，将难接受到自然科学。于是破坏了身体来改穿衣服，破坏了胃肠来改进饮食。然而中国民族，是世界现存人类中最能保留历史，尊重历史，来从历史中求取文化客观真理的一民族。中国文化，是最能注意到把文化三阶层来调和统一，由超越一二阶层而同时包含一二阶层的第三阶层的精神生活来作全体核心领导的一文化。中国文化之被误解，被忽视，必将成为期求当前世界文化新生的一个大损害。若本文上述文化理论，有它不可破灭的见到处，则孔子教义，仍将为后起的世界文化新生运动中，求在人类历史本身内部觅取文化真理者，唯一最可宝贵的教义。中国文化与孔子教义，决然将对此大业有很重大很可宝贵的启示与贡献。因此特在二千五百零一年的孔子诞辰，撰述斯篇，以待中国及并世有心此文化新生大业者，作为一参考。

（一九五〇年九月香港《民主评论》二卷五期）

民族自信心与尊孔

一

任何一民族之形成与发展，必有与其他民族间少许相异不同之特殊性之存在。此种特殊性，可称之谓“民族个性”，或径称“民族性”。

若无此项民族性存在，即不能有民族之形成与发展。

此项民族性，乃由于外面天地大自然之影响，以及人类自身之历史积累，与夫文化创进，多方配合，长期陶铸而完成。

因此，“历史”“文化”“民族”，乃属三位一体。无此民族，即无此民族之历史与文化。无此民族之历史与文化，亦即无此民族之存在。

二

中国民族，有其可大、可久之显著特性。

中国民族，拥有长时期五千年一线相承、传递不绝之历史演进与文化体系，现存全世界其他民族，无一可与相比拟。此为中国民族有其可久特性一明征。

中国民族，拥有广大人口达于七亿之多，占全世界总人口五之一。其他民族，亦绝难相匹。此为中国民族有其可大特性一明征。

何以中国民族能有此可大、可久之两特性？此因中国人中之大多数，经于教育修养，风俗薰染，使其各以可大、可久为其人生之理想与趋向之目标。由各个人之人生理想与其趋向目标又推而及于家庭组织、社会经济、政治制度、各项群体结构，亦无不同向此理想与目标而前进。

狭小的期图，短暂之攫取，永悬为历史炯戒，文化明训，相率鄙弃而不顾。

此项民族特性之呈现，亦可以“和平中正”四字说之。

中则不偏，正则不邪，惟其不偏不邪，故能和平相处。小己之完成，即为大群之完成。而大群之完成，亦即是小己之完成。

三

中国民族此项理想，尤以儒家教义为中心。而中国儒家，则共奉孔子为宗极。

孔子生在中国民族长期历史文化演进之中期。上面集前古之大成，下面开后代之新统。后人尊之曰“至圣先师”。“至圣”指其为中国民族理想人生之最高标准，“先师”指其为中国民族教育方针之最先启导。

亦可说，中国民族长时期历史文化，乃融摄凝合于孔子之一身。古往今来，中国人之共同理想，内心向往，乃集中于孔子一身而人格化了。孔子乃为中国人具体的，同时亦是理想的代表。

孔子人格，亦惟可以“可大可久”四字尽之。

孔子身后，战国时代，异说蜂起，百家争鸣。有尊孔，有反孔。然而反孔的各派思想，终于不可大，不可久。迄于两汉，孔子遂定于一尊。

魏 晋 南北朝迄于隋 唐，尊孔之风稍熸，道、释、儒三家鼎峙，孔子与老聃、释迦并尊。但宋以下，孔子仍居独尊之地位。

最近六十年来，西化日亟，孔子地位又趋动摇。反孔呼声，纷兴迭起，不啻成为近六十年学术思想界一新风气。

与此互为表里之一端，即为民族自信心之堕落与消亡。

传自西方之新观念、新名词，层出不穷，凭为依据，来批评解释中国的一切旧事物。

最普遍流行，亦最值注意的，乃在历史方面。

四

双方民族不同，斯即双方的历史路线与文化体系亦可随而不同。此一观念，似为近六十年来国人所逐步遗弃。

西方一些观念和名词，乃根据他们的历史事实而发生。但我们似不认为双方历史可走不同路线。遇有双方不同，则认为他们是前进而现代化了；我们则是落后，尚在他们的中古时期。

即如说：中国自秦以下两千年，只是一部帝皇专制史。

在中国，秦以下，固是不断有专制帝皇出现，但传统的中国政治制度，则决非是一套帝皇专制的制度。

巨眼先瞩，卓然不群，则只有孙中山先生一人。他采取了中国传统政制里的考试、监察两项，来创造他的五权宪法。若使中国传统政体只是帝皇专制，则何来有此考试与监察之两制度？

我曾独称中国传统政府，自汉武帝表彰《六经》，尊重孔子思想以下，乃形成为“士人政府”，即由社会读书士人经选举与考试来充当政府官吏，政府即由此辈士人所组成。自汉迄清，此制不变。

我又称中国传统政府，自汉武以下，乃是一“文治政府”。所谓文治，乃指其以学术来领导政府；而代表学术者，则为此辈尊孔之士人。

惟其如此，所以中国传统政治，绝不走上“帝国主义”路线，亦绝不走上“资本主义”路线。此为中国民族历史文化与西方绝不相同一要端，亦为中国民族历史文化可久可大一要端。

“专制政治”一名词之外，又有“封建社会”一名词，同样广泛流行。

在中国历史上，秦以前为封建政治。此与西方历史中古时期的封建社会绝不同。我们把自己历史里属于政治制度上之“封建”一名词，来翻译西方历史中古时期的一种社会形态而亦称之曰“封建”。名词混淆，遂使观念错乱，引生出种种流病。

中国古人只说封建制度，并不曾说封建社会。若称封建社会，试问此社会，究由谁封谁建？可知“封建社会”一名词，根本不成立。

我又独称中国社会为“四民社会”，即士、农、工、商之四民。而士为四民之首，因此有“士人政府”之建立。中国历史中之“士”，乃属于社会之中层，向上由他们来组成政府，向下由他们来领导民众。在我们自己的历史里面，社会与政府，本是上下一贯，血脉相通的一活体。现在我们好用西方名词，在上是帝皇专制，在下又是封建社会。试问，既有帝皇专制在上，又如何允许封建社会存在在下？在西方历史上，先有封建社会，后有专制政治；专制政治出现，封建社会即消灭，并不能同时并存。如何中国能使专制政府与封建社会上下并存？却不见人加以说明。

孙中山先生在此，又是远识深虑，有他一套特出的见解。他的“民生主义”，主张节制资本，这是中国历史上一条老路。中山先生根据文化国情，不主张追随西方资本主义路线；乃求超出现代西方资本主义、共产主义相互对垒之社会两形态，而别有其本源于自己民族历史文化传统，自本自根而建立起一套此下中国社会之新理想。

惜乎孙先生此项理想，并不为现代国人所了解。其所手创的“三民主义”，仍必在西方政治思想中，比附之于美国 林肯总统“民有、民治、民享”之三语，始易为国人接受。但其间意义实有绝大不同。“民生主义”既与“民享”一语涵义有别；“民权主义”主张“权”在民众、“能”在政府，亦与“民治”一语涵义相差；而“民族主义”则更不与“民有”一语之涵义相类似。

孙先生的“三民主义”，必以民族主义为首，必以自己民族的历史文化为背景、为基础，必从自己民族之传统个性为本源，而发挥出自己民族建国兴国从来所有的那一番精神命脉，乃始为可久而可大。

不幸而现代国人之民族自信心，已堕落到崩溃边缘，故使孙先生终于感发“知难行易”之慨叹语。当知中山先生此语固是一番哲学，亦是一项现实。

不先自知，何能自信？

而中国民族之历史文化悠久博大，欲求自知，亦非易事。

在民初即有新文化运动。有人主张民族自谴，要坦白承认中国事事不如人。若有人指出中国民族亦有长处，亦有许多存在价值，不当事事模仿钞袭，舍我从人，即会被认为顽固守旧。

但中国人有一最足自傲处，即是在中国人中产生了一孔子，而孔子在此下中国的历史文化上又有莫大之影响力。此刻要对中国民族文化深自谴责，其第一目标，自然会落在孔子身上。

因此，在当时，早有“打倒孔家店”“礼教吃人”“非孝”等种种言论出现。

现代中国，既是一力追求西化，自己旧的都该丢，则孔子自当受谴责、自当受反抗。

五

以上是说的近六十年来在国人中所流行的历史观。再进而言在近六十年来在国人中所流行的人生观。

“个人自由”一名词，已逐步成为近六十年来，国人最所崇奉的一条金科玉律。谁也不敢有疑义。

在上是两千年的专制政治，在下是两千年的封建社会。在此两千年中的中国人所最缺乏的便是个人自由。

在社会上感有不适，便说是两千年专制遗毒。在家庭中感有不适，便说是两千年封建余孽。

中国民族，究竟是怎样一民族？中国已往历史，究是怎样的一部历史？中国已往文化，又究是怎样的一种文化？提出此一问题，不免使国人会视若陌生，而且会多滋怀疑。

其实当前我们，在物质上西化尚浅，在心理上西化已深。

大家喜新厌旧。中国只像是代表了旧的一面。不仅孔子已旧，中山先生也已旧。

旧的都该丢，只要能脱胎换骨，连我自己也该丢。此是六十年来的思想潮流。

今天我们，敢于反对五千年来之旧传统，但不肯反对此六十年来之新潮流。

六

今若要鼓舞我们来从事对中国民族历史文化的本质和价值从头作研究，此是一项艰辛工作。不先恢复我们的民族自信心，将无从说起。

但真肯从头作研究，其事也不难。

孔子是中国人具体一缩影。懂得了孔子，自会懂得中国人，以及中国民族，中国历史和中国文化。

且从头读一部《论语》，也自会懂得孔子。

但亦待懂得了中国人，中国民族，中国历史和文化，乃始能真懂得孔子。断不是从一些外来的新名词、新观念中可懂得孔子。

从事政治工作的人，应该切切实实地来研究，孙先生的“三民主义”，主要应从中国民族历史文化中去求了解，求发挥。

从事学术工作的人，应该切切实实地来研究孔子，更应从中国民族历史文化中去求了解，求发挥。

我们须待有了真知识，才能有真信念。

我们要信孙先生，要信孔子，必须对孙先生与孔子有知识。

其实信孙先生，信孔子，也只是信我们自己中国人，信此五千年来创造中国历史文化的中国人。这即是中国民族。

若使对中国民族无信念，对当前的中国人无信念，即对孔子、孙中山，自会无信念。

孔子与孙先生他们都已成过去，不再能感受西化。西方在向前，我们只有追随著西方也向前。则一应过时的中国人，惟有搁置一边，不再理会。

以如此意态而来尊孔，也只是虚有其名，说不上真尊孔。

所以要真尊孔，惟有先恢复民族自信心。

但真尊孔，也为恢复民族自信心的主要一条件。

（一九七三年十二月二十七日《青年战士报》）

孔子之史学与心学

一

春秋时代，乃一礼文繁缛之时代，又为一政治、社会、种种人事方面将次崩溃转变之时代。故其时人心激动，而有种种之新思想与新观点。此数者交织互染，乃有下一时代新学术之产生。其时则有无数术士，环绕于贵族阶级之四围，而为之执行其种种繁缛之礼文。此所谓“术士”者，易以今语译之，当称“艺士”或“艺人”，盖指其擅种种之专艺。此种专艺，约言之，可分礼、乐、射、御、书、数六类。习书数不必能射御，执射御亦不必通礼乐。其能通习六艺者则尤为上选。彼辈皆凭此“六艺”以献身于贵族卿大夫而参加其集团，此在当时则称为“儒”。许氏《说文》：“儒，术士之称。”是证也。孔子亦当日一术士，即通习六艺之儒者。孔子亦因此而进身于贵族，而为之服务。其先尝为鲁之委积吏，主管仓谷出入。后又为乘田吏，主畜字牛羊。其后乃益明习于当时贵族阶级之种种礼文。然孔子不仅习其礼，抑又进而究其礼之意，乃觉当时所谓礼者实多非礼。

《论语》：

> 子入太庙，每事问。或曰："孰谓鄹人之子知礼乎？"子闻之，曰："是礼也？"

此事盖在孔子青年，乃十足表现出孔子对当时贵族阶级许多非礼之礼之一种反抗精神。大抵当时鲁太庙中种种礼乐均属非礼，故孔子伪为不知而问以示讽刺；或者乃笑孔子，误以为其真不知礼，故孔子曰："这些就算礼了吗？"以此为反诘。今试设一简譬。如一游人入外蒙古，对其政府礼堂悬列宁像片，因问此何人之像？当知问者并非不知此系列宁之像，乃不知此处缘何悬挂此像，故疑以设问耳。此种态度，春秋名卿大夫间亦早有先例。如《左传》文四年：

> 卫 宁武子来聘。公与之宴，为赋《湛露》及《彤弓》。不辞，又不答赋。使行人私焉。对曰："臣以为肄业及之也。昔诸侯朝正于王，王宴乐之，于是乎赋《湛露》，则天子当阳，诸侯用命也。诸侯敌王所忾而献其功，王于是乎赐之彤弓一，彤矢百，玈弓矢千，以觉报宴。今陪臣来继旧好，君辱贶之，其敢干大礼以自取戾。"

孔子尝称宁武子"其知可及，其愚不可及"，此处正是宁武子大知若愚一绝妙好例。孔子初入鲁太庙神情，即模拟宁武子意态而变化用之也。特在宁武子当时，不过是贵族阶级内部自身对于外交礼文上之一种讲究与机警；一到孔子身上，却变成一个艺士正式起来批评和反对当时贵族阶级之种种现行礼法。这是时代变动下绝然不可相提并论的两件事。

孔子正式的批评和反对当时贵族阶级种种现行礼法者，在《论语》里屡屡见到，如：

> 孔子谓季氏，八佾舞于庭，“是可忍也，孰不可忍？”

又：

> 三家者以《雍》彻，子曰：“‘相维辟公，天子穆穆’，奚取于三家之堂？”

这些都是正面公开的批评。当时的贵族礼，实际便即是当时的政治；因此孔子对于礼的批评，实际即是孔子当时对于政治的批评。他说：

> 天下有道，则礼乐征伐自天子出。天下无道，则礼乐征伐自诸侯出。自诸侯出，盖十世希不失矣。自大夫出，五世希不失矣。陪臣执国命，三世希不失矣。天下有道，则政不在大夫。天下有道，则庶人不议。

这里孔子以一艺士身分而反对政出大夫之非礼。但艺士议政，本身亦是一非礼。故孔子说：“天下有道，则政不在大夫。天下有道，则庶人不议。”孔子之议礼，同时即是其议政。故：

齐景公问政于孔子，孔子对曰：“君君，臣臣，父父，子子。”

这里孔子把政治问题归重到礼上，但同时又把礼的问题归重到日常人生上。“君君，臣臣，父父，子子”是礼的问题，同时亦是政的问题，但同时又即是人生日常问题，所谓伦常问题是也。于是孔子遂由他的政治论转入到人生论。

二

孔子反对批评当时贵族阶级一切现行礼之根据则在历史。由孔子明习礼文，对于当时一切现行礼之历史本源与其掌故沿革皆探索明了。故曰：

殷因于夏礼，所损益可知也。周因于殷礼，所损益可知也。其或继周者，虽百世可知也。

又曰：

周监于二代，郁郁乎文哉！吾从周。

又曰：

文王既没，文不在兹乎？天之将丧斯文也，后死者不得与于斯文也。天之未丧斯文也，匡人其如予何！

又曰：

甚矣我衰也，久矣我不复梦见周公。

在古代之所谓“礼”，本即是全部规定了的贵族生活，亦即包括了古代全部的政治。在孔子心中，则礼的范围更大了，不仅包括了政治与贵族生活，亦复包括了全部人生。孔子在历史演变中研穷了自古到今的种种礼，即是研穷了自古到今的政治与人生。其够标准合理想者，此在孔门则谓之“道”，道之具体表现则曰“文”。孔子认为那种政治和人生之沿积，到他时代而穷了，故曰：“文王既没，文不在兹乎！”此说只有他知道得这些。而他理想中最仰慕的人物则是周公，因周代礼乐起于文王，定于周公。他说：“如有用我者，吾其为东周乎？”他要想来一新周道，把当时的政治和人生全部整顿刷新。当时人说孔子知礼，只以为他熟习得许多现行礼；但孔子的真学问，则在根据历史，知道自古到今之沿革变迁，遂能跳出现代圈子，把自古到今的沿革变迁来批评现代；故曰：“我非生而知之者，好古敏以求之者也。”又曰：“述而不作，信而好古。”又曰：“默而识之，学而不厌。”这些都是孔子之历史学与掌故学。

三

孔子研究史学，却为种种因革变迁的礼文找出一个本原，这就成为是孔子的历史哲学。孔子认为一切礼的本原，不在外部，而在创礼与守礼者之内心。这是孔子之心学。孔子的心学，是孔子的历史哲学之最后的结论。故曰：

> 礼云礼云，玉帛云乎哉？乐云乐云，钟鼓云乎哉？

又说：

> 人而不仁，如礼何？人而不仁，如乐何？

“仁”与“礼”是孔子常常提到的两件事。“礼”是外面的节文，“仁”是礼之本原，即指的人之心。此后孟子说：“仁，人心也。”此语便把“仁”字解释完尽。当知仁只是人之心，但此心必在人与人相交接时始十分透露，故汉儒又把仁字另作解释云：“仁，相人偶也。”相人偶，便是指的人与人相交接。我们应把汉儒解释来补充孟子的语义，则仁是一种社会心，乃人与人相偶处时之心。其实人生根本属之社会。一言一思，尽若是他一己私事，但依然脱离不了社会关系。试问若无社会，若无历史，则此人便根本不能有言，不能有思；换言之，即不能有其心。故孟子曰：“仁，人心也。”其实语义已圆足。因“人”字已包含社会性，已包含了“相人偶”。严格言之，世界上并无可以不相人偶之人，亦即不能有不相人偶之心。礼是一种相人偶的事，其本原由相人偶之心来。换言之，即“礼”从“仁”来也。

《论语》里说到“仁”字处最多，但大体不离上述之根本义，仁只是人心。孔子只怕人对此心态不易把捉，遂又提出一“孝”字来。孝是子女与父母相人偶时之一种心态，此种心态，人人有之。人能识得孝心，自能推广识得仁心。有子曰：“孝弟也者，其为仁之本与。”便是此意。孝弟只是人在家庭对父母兄长相人偶时之一种心态。待其跨出家庭，进入社会，与其他一切人相人偶，则那时的心态并不是孝弟，而其为一种仁心则一。在孔门又特拈“忠恕”二字说之，故曾子曰：“夫子之道，忠恕而已矣。”忠恕、孝弟全是仁，全是人与人相偶时之一种心态。若人心没有孝弟，便不能有家庭。若人心没有忠恕，便不能有社会。若人心没有仁，便不能相人偶，不能有礼；换言之，即不能有种种人与人相处之道也。

四

由上述说，孔子思想便由史学转入了心学。《论语》里“学”字有涉史学者已举例如上，今再举其涉心学者。

哀公问弟子孰为好学，孔子对曰："有颜回者好学，不迁怒，不贰过。不幸短命死矣。今也则亡，未闻好学者也。"

"迁怒"如怒于甲者移之于乙，"贰过"如过于前者复于后。此皆非相人偶之道。此等学问自指心学，因其须在自己心上用工夫。又：

颜渊 季路侍，子曰："盍各言尔志。"子路曰："愿车马衣裘与朋友共，敝之而无憾。"颜渊曰："愿无伐善，无施劳。"子路曰："愿闻子之志。"子曰："老者安之，朋友信之，少者怀之。"

此条虽未明点出"学"字，但为孔门师弟子志愿所在，是即孔门师弟子之为学目标。程子说此条云："夫子安仁，颜渊不违仁，子路求仁。"又曰："子路、颜渊、孔子之志，皆与物共者也，但有小大之差尔。"此条程子皆以"仁"字说之。缘三人所志，即其理想所欲到达者，均属一种内心境界，均不从外面事物功利之占有或成就着眼；此种内心境界，又非专从小己之愉快安乐及欲望满足等而言，乃均指人与人相处即"相人偶"时之一种彼我融和无隔阂无分别之心态；此即孔门之所谓"仁"也。当知人类正因有此心境，故能产生"礼"，故能产生"道"。此种心境，则为一切"礼"与"道"之本原。故孔门师弟子皆有志于此，惟三人所怀想之境界则自有高下深浅之别耳。

故孔子一切学问，皆从此种心地建立基础，而此种心地则为人人所同有。故子曰：

> 十室之邑，必有忠信如丘者焉，不如丘之好学也。

可见孔门言学，必从“忠信”生根。忠信犹言孝弟，惟孝弟专指家庭子弟言，忠信则指社会每个独立之个人言。孟子要指点此种心地不烦教学而皆有，故举孝弟言之，谓是人之“良知良能”。孔子此处，则重在指点人心之本质大体相似，故举“忠信”言之。故人人之忠信本质，可以与圣人相近，而圣人之学问习得则乃始与人人相远，故曰：“性相近，习相远。”此处则已透露出孟子之性善论。

孔子之心学

一

今天我要讲的题目，是“孔子之心学”。先把题目略作解说，再申述内容。

儒家应分两段落去看。前一段从汉至唐，后一段由宋到清。前一段的儒家，都讲周公、孔子。后一段都讲孔子、孟子。此是一大不同处。汉 唐儒，我们可称之为“经学儒”。宋 明儒，可称之为“理学儒”。经学儒看《五经》更重过《四书》。理学儒看《四书》更重过《五经》。清代有一部分学者，标榜汉学，反对宋 明。其实，他们仍受宋 明影响，仍当归入宋 明系统。大体言之，汉 唐儒重事功干济，宋 明儒重心性义理。而清人则既不讲求事功干济，又不探讨心性义理，乃别有所谓考证之学。在经济、义理两方面，遂均较前儒为差。

宋 明理学中，又分为两大派：一曰程 朱理学，一曰陆 王心学。因陆 王主张“心即理”，而程 朱则主张“居敬穷理”。后人遂疑居敬穷理，则似理在心外；心即理，始是理在心内。于是遂分之以为二。依我个人意见，程 朱同亦主张理在心。而且穷理工夫主要端在心，仍必从心做起；因于格物而所穷得之理，非与吾人心中之理有不同。穷外界事物之理，即是穷吾人内心之理。因此程 朱之学，亦可谓是心学，只与陆 王所讲稍不同。或许是讲得更精些！

亦可谓陆 王从“心即理”出发，程 朱则以“心即理”为归宿。陆 王说心即理，则不须另要功夫。而程 朱说心即理，则非另下一番功夫不可。所以我们只能说程 朱与陆 王的心学有不同，却不能说程 朱不注重心。换言之，亦可谓宋 明理学，包括程 朱与陆 王两大派，莫非是“心学”。

宋 明理学家，虽欲跨越汉 唐，毕竟是从先秦来。陆象山最喜称述孟子“必先立乎其大者”之语，大者即指“心”。王阳明提倡“致良知”，“致知”二字由《大学》来，但称“致良知”，“良知”二字则亦据孟子。故陆 王之学皆本于孟子。孟子曰：

> 尽其心者，知其性也。知其性，则知天矣。（《尽心篇》上）

此是孟子讲心学之明证。而且七篇中，讲心性者特多。孟子固为陆 王所推尊，但亦同样为程 朱所推尊。故我们只可说，程 朱、陆 王乃是同源异流。而孟子亦可称为是心学。不仅孟子，即荀子亦极善言心。我们亦可称荀子为心学。更由孟 荀上推孔子，则知孔子亦可称心学。“心学”乃为儒学之主要骨干所在。在此方面，汉 唐儒似不

如宋 明儒，更扼要，更紧切。

今天所讲“孔子之心学”，当从《论语》讲起。《论语》二十篇，极少讲“性”字。子贡曰：

> 夫子之文章，可得而闻也。夫子之言性与天道，不可得而闻也。（《论语·公冶长篇》）

讲及“心”字亦极少，不过六七处。然则为何说孔子所讲的一套学问亦是心学呢？我们读《论语》，其中所讲，多为事物，但“因心见事”，“因事见理”。宋 明儒程 朱、陆 王所讲，其实均不出此。一部《论语》，向内没有讲“心”，向外没有讲“理”，只讲一件件的“事”。但我们只要就孟 荀、程 朱、陆 王来读《论语》，便知孟 荀、程 朱、陆 王所讲“心学”，其实均奉《论语》为大宗。今天所讲，主要是讲《论语》二十篇中孔子心学之大概。其未是处，请在座诸先生指教。

二

我们讲宋代理学，有一最有名的故事，亦可谓因此而开出宋 明两代之理学。程明道、伊川兄弟十五六岁时，去见周敦颐 濂溪，濂溪教他们“寻孔 颜乐处”。此语一针见血，实宋 明理学生命大动脉所在。《论语·述而篇》有云：

饭疏食，饮水，曲肱而枕之，乐亦在其中矣。

程子曰："非乐疏食饮水。虽疏食饮水，不能改其乐。"又《雍也篇》有云：

贤哉回也！一箪食，一瓢饮，在陋巷，人不堪其忧，回也不改其乐。贤哉回也！

程子曰："颜子之乐，非乐箪瓢陋巷，不以贫窭累其心，而改其所乐也。"此两处程子语，便从濂溪之指导而来，今若问孔 颜所乐究系何事？最简单之回答，当云："所乐在心，不在外界事物。"宋 明理学家最主要之宗旨，即是要认取孔 颜之心，探讨其心所乐何在。此乃程 朱、陆 王共同精神之所在。而孟 荀精神也莫能外此。

宋学开先，群推范仲淹。他的名言有云："先天下之忧而忧，后天下之乐而乐。"我们可以说，范文正之忧乐，乃以"天下"作对象。如是，岂不将使人有忧无乐？然苟其人心中无乐，恐亦不足以担当天下之大任。故后来理学家虽亦极尊范仲淹，而论理学开山，则终必推尊周濂溪。因范氏究不能和孔 颜的忧乐相拟。稍后明道又说："十五六岁，与弟伊川受学于濂溪，即慨然有为圣贤之志。再见周茂叔，吟风弄月，有吾与点也之意。""与点"一章，见于《论语·先进篇》。此章始自明道提出，由宋迄清，学者都加重视。此章载子路、曾皙、冉有、公西华侍坐，子曰："以吾一日长乎尔，毋吾以也。居则曰不吾知也。如或知尔，则何以哉？"子路率尔而对曰："千乘之国，摄乎大国之间，加之以师旅，因之以饥馑。由也为之，比及三年，可使有勇，且知方也。"冉有对曰："方六七十，如五六十，求也为之，比及三年，可使足民。如其礼乐，以俟君子。"公西华对曰："宗庙之事，如会同，端章甫，愿为小相焉。"此三人，一志于军事，一志于财政，一志于外交，独曾皙则曰："异乎三子者之撰。""暮春者，春服既成，冠者五六人，童子六七人，浴乎沂，风乎舞雩，咏而归。"夫子喟然叹曰："吾与点也！"这是《论语》中一篇极好的小品文。明道释之曰："孔子与点，盖与圣人之志同，便是尧 舜气象也。"明道之释此章，似乎有些过分重视了内面心性之乐，而过分看轻了外面事功建树；与上引范仲淹语，正反各有所偏。孔子常常称赞颜回，而其赞曾点，则只此一见。实则此章孔子之"与点"，只在教导其他三子莫要过分重视了外面事功。一切事功皆须有外面条件，故不该奉以为为学之大目标。即如此章曾皙"舞雩咏归"之乐，亦仍有外面条件，如暮春天气，如冠者五六人、童子六七人之伴侣，如沂水、雩台之环境。缺了条件，便感不足。但讲到颜回所乐，则可以无条件，甚至可以有反面条件，"人不堪其忧"，而"回也不改其乐"。此其乐之所以为可贵。而且曾点之乐，也可说近是享受式的，所谓江上之清风，山间之明月，虽曰取之无尽，用之不竭，要是有条件，而且仅止于享受。而颜子之乐则非享受，乃是一种进取。其言曰：

欲罢不能，既竭吾才，如有所立卓尔。虽欲从之，末由也已。（《子罕篇》）

此是颜子一种最高之追求，亦是一种无限之进取。绝非当身一种眼前享受。然亦无外面条件限止，所以为真可乐。

惜乎曾、颜所乐之不同，宋 明两代的理学家，没有在此处加以透切发挥，而每混合为说。于是他们太看重了心性，太看重了心性享受，而忽略了事功，更是忽略了学问。至于清儒，虽若重视学问，而于点、于回，两皆失之。当知颜子之乐，乃由“学”而来，亦即于“学”中所得。孔子又极称颜子之“好学”。而孔子亦复以“好学”自称。《公冶长篇》：

子曰：十室之邑，必有忠信如丘者焉，不如丘之好学也。

濂溪亦曰：

志伊尹之所志，学颜子之所学。

范仲淹可谓有伊尹之志，但未深入认识到颜子之学。今问孔 颜所好究为何学？胡瑗（安定）掌教太学，出此题为问。伊川撰论，极为安定所称赏。此值伊川少年时，盖亦由濂溪之教导也。

三

今请由此进而讨论孔子之所谓“学”。《论语·学而篇》首章：

子曰："学而时习之，不亦说乎？有朋自远方来，不亦乐乎？人不知而不愠，不亦君子乎？"

此章"说"字、"乐"字、"不愠"字，只是一义，即指心境之乐言。孔子毕生所学内容，此刻暂置不论。但孔子学时此一种内心境界，则在此《论语》首章已明白悬举。我们此刻正当从自己所学来体会孔子之境界，亦当从孔子所悬举之此一种境界来考验自己之所学。但也不能单在境界一边张望过甚，便会陷入明儒如王心斋《乐学歌》所咏。当须由此深入，乃可透悟到孔子之心学。在《论语》最后一章，则曰：

不知命，无以为君子。

"命"便是外在条件，"知命"便是知有此条件，但非不顾此等条件之谓。必使外面条件不足以改变自己内心境界，此始谓之"君子"。《论语》首章末章之所谓"君子"，此一层大堪玩味。

《论语·宪问篇》：

子曰："古之学者为己，今之学者为人。"

明道释之曰：

为己，欲得之于己也。

真能得之于己，内心境界宁有不悦、不乐而转有愠焉之感？程子又释之曰：

为人，欲见知于人也。

孔子一生，不见知于人，故曰："知我者其天乎！"（《宪问》）可知虽外面一切条件不够，亦可终不害于此心之悦乐。此所谓"君子无入而不自得"。能自得，能内心有乐，始可以感染及人。明道又释之曰：

古之学者为己，其终至于成物；今之学者为人，其终至于丧己。

丧己宁复有乐？而且己之已丧，他人于我，又复何得？

当知人心最难把握。必得让自心有一条路向前，始有可乐。一人之心如此，天下人之心亦复如此。人人心中有乐，斯乃天下太平，反之人人心中没有一条路，不知由何处向前，则天下必乱。孔子为学大道，即在开示天下万世人心此一条向前之路。《为政篇》：

子曰："吾十有五而志于学，三十而立，四十而不惑，五十而知天命，六十而耳顺，七十而从心所欲不逾矩。"

此章孔子自述毕生为学经过，然所讲正是此内在之一“心”。“十五志学”不必讲。“三十而立”之“立”字，即“己欲立而立人”之立。这不是如今人般在经济上、职业上之所谓立，而乃是一种人格上之立；所谓顶天立地，独立不惧。人格上的立，即是心性上之立。立于己，立于内，而非立于人，立于外。且看下一句“不惑”二字。“不惑”是心上清清楚楚。群言淆乱，世道纷歧；纵是外面一切利诱威迫，而我能不摇不动，不退不转；此始是个性自由，非如今人所谓之个人自由。循此而后中天下而立，至于“知天命”。知道不行，即是知天命。知其不可为而为之，即是知道不行，而还是要行，亦是知天命。至于此下“耳顺”与“从心所欲”两阶层，更为心学造诣上之更高境界，此处暂不详论。所以孔子一生学不厌，教不倦，乐天知命。学之所在，即乐之所在，同时亦是人生真意义与真价值所在。即此是“道”，更何所谓“道不行”！

当知人生之真意义与真价值，决不在提高欲望，使欲望获得满足之谓。欲望多在外面物质上，即不能无外面条件。此且不论。当知自己一身也即是物质。要使外面物质进步，先应使此身进步。所谓此身进步，则当指日常生活言。知得要求日常生活进步，便当知先注重于主宰吾此身之“心”之进步。故一切之学，必以心学为主要，为究竟。

《论语·里仁篇》：

> 孔子曰：“吾道一以贯之。”曾子曰：“唯！夫子之道，忠恕而已矣。”

“忠恕”二字，就是指此心。中心为“忠”，如心为“恕”。心之在内者为忠，在外者为恕。譬若对朋友：直以己心施之朋友，即为忠。莫以己心之所不欲而施之，即为恕。程子说：“忠者，天道。恕者，人道。”天道，即自然之道。依照吾心自然之道做去，即是人道。忠是体，恕是用。一就是忠，贯就是恕。对外面万事万物，只有我此一心。修身、齐家、治国、平天下，一切只凭我此心忠恕，就可达到。

今天我们确是完成了许多“物”，那是连孔子也不曾梦想到。但又却各自丧失了自己一颗“心”。失去了自己一颗心，即是失去了自己这一个人。因而外面物质纵是不断进步，而各自内心总是感到不满足，不快乐。今天的世界，已然只见为是一个物世界，不见为是一个人世界。一切只为功利，不忠不恕；只见有物，不见有人；甚至不见有我，主要还是不见了我之此心。试看小孩子们多么快乐！小孩子们的快乐，那亦是天道。成年人则失去了小孩时那一颗天赋我们的“赤子之心”，所以总觉得不快乐。人类已能登上月球，若只论物的世界，我们也已发展到高峰；而人的世界则日趋沈沦。只须每天清晨读报纸上所报导，便可得知。孔子说“富贵如浮云”，今天的人类，上不在天，下不在地，只如在浮云中，一片模糊，变幻莫测。

四

以上略举《论语》少许章节，便足证明孔子所讲的也是心学。宋 明诸子只是就此发挥。平心而论，汉 唐诸儒比较少讲到这一边，所以为宋 明儒所不满，但《论语》只是孔子门人与门人之门人所记下。此刻要说到《春秋》一书，则是孔子所自著。《春秋》二百四十二年，孔子只写下了一万八千字。然后人言《春秋》，《三传》以下，到今无虑千万人，千百万言；其中只孟子一句话，便最说中了《春秋》之作意。孟子说："《春秋》作而乱臣贼子惧！""惧"字正指在人之内"心"言。在此二百四十二年间，"弑君三十六，灭国五十二"。平均计之，不到七年，即一君被弑。不到五年，即一国被灭。那真是乱世已极。而孔子《春秋》于此二百四十二年中，"贬天子，退诸侯，讨大夫，以达王事"。那些天子诸侯大夫，为孔子所贬、所讨、所退的，那是孔子之所遭际。王事则是孔子之所志所学。汉人说孔子"志在《春秋》，行在《孝经》"。孝行于一身，道明于天下；《孝经》即是"忠"，《春秋》即是"恕"。孔子作《春秋》到今两千五百年，中国由大体上说，常是一个大一统的局面，广土众民，日扩无疆；不像欧洲人到今天还没有一统过。这是何故？这便是孟子所说"《春秋》作而乱臣贼子'惧'"。如果乱臣贼子无所"惧"，大家争为乱臣贼子，一如春秋般，怎会有此两千五百年国家民族大统一、大团结的局面？这也并非说中国此下便无乱臣贼子，只是乱臣贼子心中知惧，比较上亦就少见。至于后世乱臣贼子何以会知惧？此处便是有一番心学妙理，正是孔 孟以下，中国儒家所主要讲究的。

孟子引《诗经》，说："他人有心，予忖度之。"孔子作《春秋》，乃是一项大智先见，深入人心，使两千五百年的人心，大家有一戒惧。孔子诚不愧为中华民族的大圣人。换言之，乃是中华民族之大孝子，大忠臣。孔子以"心"教"心"。把他一个"心"来贯穿两千五百年人的心，通达古今。使中华民族两千五百年来成为世界最大之民族。非有此心贯彻在内，何以得此！吾们此刻，正应把握此心，完成此心，不使涣散，不使沦亡才是。

诸位当知，非有此心，民族将会破碎，历史将会斩断。非有此心，物质纵进步，人道将萎缩，世界末日亦终于会降临。此心在人，人之善保此心，则贵能有学。我们应该反求诸已，也即是反求诸已心。《论语·公冶长篇》：“十室之邑，必有忠信如丘者焉，不如丘之好学也。”当知所学，亦即以此“忠信”为学。故孔子以“文、行、忠、信”为四教。现在我们应效法孔子，从自己内心出发，去从事学问；在心的基础上建立人世界，再由人世界来建立物世界。后先缓急，本末内外，不应失伦失序。心为本，物为末；心在内，物在外。故心为先急，物为后缓。我们今天当研究孔子之心学，再由孔子下及孟 荀乃至宋 明 程 朱、陆 王，将此一套心学发挥，即是发挥了儒家之最要义。而主要则在自己。从自己开始，到自己归宿。且求自己此心常感悦乐，便是我学得失最亲切之证验。只因中国人讲此一套讲得太多，盼望诸位莫以为只是些老生常谈而忽之，则甚幸甚幸。

（一九七〇年九月《孔孟学报》第二十期）

孔孟的心性学

一

今天我要讲的题目是“孔 孟的心性学”。诸位要研习孔 孟学说，首先应该知道孔子、孟子的学说究竟是怎么样的一种学说。

第一点我要说明的，孔子不是一位宗教家。大家往往把孔子和释迦牟尼、耶稣、穆罕默德一并视为“大教主”，因为他们四位哲人所讲的话，都是为全人类而讲。人从幼小至老大，都应该听他们话。不像其他人讲话，只一部分人要听。如今天的国学研究会，只对国学有兴趣的人才来听。在此会上发表的言论，也不是对全体人类的教训。惟有上述四位哲人，他们才能向人类全体发表教训。但孔子所讲并不算是一种宗教，宗教“教主”首先要人有一番信仰，如天堂、地狱、灵魂等，但孔子不然；并不在他话前要别人先有一番信仰。

孔子的话也不能算是一套哲学。每一哲学家，都有一套思辨法轨，教人依照他的思辨法轨来作思辨。但孔子也不是。那么我们该把孔子放在学术中那一部门来讨论研究呢？孔子不是文学家。也不是史学家。似乎在哲学的领域里，谈到孔子更相宜。于是现在的大学课程中，便把孔子搁在哲学系的课程中去讲。但孔子究竟不是一位哲学家。哲学著重理智思辨，而孔子所说的话，以一般哲学的情形来说，似乎太简单。而且有近于独断式的，不见有反覆思考之痕迹。一部《论语》，也不是一部结构谨严的哲学论文，里面都是零碎话语，都是孔子日常对门人或时人随口所说。所以严格讲来，孔子不能算是一位哲学家，姑且勉强以哲学家视孔子，最多亦只能了解得孔子之一部分而非其全部。如此说来，孔子学说到底该说它是什么？我今天姑试称之曰“心性之学”。

二

诸位一定先要知道如何是心性学，才始能读《论语》。心性之学可深可浅，如《论语》第一章：“学而时习之，不亦说乎？”好像非常浅显；但真要去研究这番话，就必须反求诸心，这就比较深远了。“反求诸心”这句话，不需要下什么思考论辨工夫，只要求之于心，就是大家共同有的一个“心”：爱快乐。孔子只是教人如何寻求快乐。他说完了第一句，接著说第二句：“有朋自远方来，不亦乐乎？”明儒王心斋说“学只是乐，乐即是学”。是否如此？必须大家自己求之于心。孔子只是问你是否快乐呢？这要你自己作回答。但不是要你运用理智去思辨，也不是勉强你非信它不可；乃是希望你自己的行为加进去，亲身来体会。

孔子学生中有极聪明的。孔子到今两千五百年，学孔子、信孔子的都不是糊涂人。孔子学说所以能到今天屹立不坠，那里是由于历代帝王提倡？只是由于这一番学说之本身有其存在的价值。说完了“不亦说乎”，“不亦乐乎”，孔子又说：“人不知而不愠，不亦君子乎？”只因孔子学问境界太深了，人们不易了解。但孔子也并不因此而感到不快乐。孔子只是直本已心，直指人心，揭示出人心一番共同倾向。关于“快乐”与“不快乐”的症结所在，孟子在此方面也有他的精辟的见解。《尽心》上篇：“孟子曰：‘君子有三乐，而王天下不与存焉。父母俱存，兄弟无故，一乐也；仰不愧于天，俯不怍于人，二乐也；得天下英才而教育之，三乐也。’”第一乐，是青年时期的快乐；第二乐，是中年时期的快乐；而第三乐，则是老年时期的快乐。这与《论语》首章“学而时习之”是青年，“有朋自远方来”是中年，“人不知而不愠”是晚年，同是指著一人之终生言。或许有人要问：我不感觉读书有什么快乐，倒是看电影才快乐；也不感觉教育英才有什么快乐，倒是上馆子吃喝才快乐。这里我得告诉大家，这不是孔子、孟子的话有了问题。乃是此人之心有了问题，原来他的心是走失了。

孟子说人有“本心”，有“放心”。何谓“放心”？如人家里养了鸡犬跑到外面去走失了，但那主人还知道向外面去找回来，而人的本心走失了反而不得找，实在是可悲！鸡犬只是跑到外面去，鸡犬还是鸡犬，并没有真失掉，只要把它们找回就得。“本心”也是一样，它也只是放失到别处去了，本心还是本心，并没有真丧失，只要把它找回来就可以。你若能求本心，把本心找回，你自会发现读书和教育英才的乐处。这些问题和真理不在外面别处，只在各人自己内心里面，所以此种学问，我们称之曰“心学”。

我们要懂得心学，主要有两个办法：一是问问自己，一是看看别人。小孩子的心，是父母初生他下地时就有，这叫做“自然心”，也即是本心。俗语说“一片天真”，本心总是天真的。你们试回家看看，小弟妹他们所表现在外面的那一片天真，就知道孟子所说“本心”的意义。“天”字的意思，不消说。试说“真”。“真”的对文是“假”。假是外面借来的，须从内心发出才是真。诸位读《论语》第一章“学而时习之”认为学可乐，那是假知识。一定要从自己生活里来达到孔子所指点的真境界，才知有此真快乐。

人生最快乐的时期应是小孩子时期，因为他们能保全著一个真。不论古今中外人同样喜欢回想童年快乐，但却永远再得不到；因为小孩子时那份纯粹天真早就丧失了。诸位都在青年期，心地也比较纯洁，在心里面还没有夹杂多少渣滓，因此也比较快乐。等到入身社会，成家立业，有了负担，慢慢地此心就不像以往那般纯洁了。等到进入中年，日夜热中功利。及至老年，朽腐败坏。那份天真、纯洁，早已荡然无存。世俗的人生率多如此。假如青年人还能存有孩子气，中年人仍然不失其本心，如是慢慢地存养，到了老年，孟子说：“大人者，不失其赤子之心者也。”人到老年还能不失赤子心，那是何等伟大！亦是何等快乐！就生理上说，大人是一成人；但就心理上说，小孩子却像一真正的成人。做了大人失去本心，反不快乐，怎能算是“成人”？在生理上，他是日益壮健，在生意上，他是日益凋零了。

三

现在我们再来讲“性”。中国人认为一切有生物、无生物莫不有性。如茶有茶性，喝到肚里能解渴助消化提精神。我前几天在电视上看到在一座大山深泽里有许多虎、豹、猴子、蛇、鳄鱼等动物，它们相互吞噬、搏杀；其所显露的都是他们的生性。这也是一片天真。虎、豹、蛇、鳄鱼都有它们共同的性。论其最先最纯真的一面，那就是好生、求生、保生。在这一点上，我们人也跟虎、豹、蛇、鳄差不多，人性也都要求生、保生。这并不是一件坏事。若我们说好生、求生、保生是一个“因”，则动物和人都一样。可是由于外在的“缘”有种种相异，动物和人的“可能性”之发展也就大不相同了。原始人，或称为自然人，也还跟禽兽差不远。但人类毕竟和其他动物不同，人有“灵性”。有了灵性，则“可能性”之变化较大。经了长期变化的结果，使我们人的社会和动物的社会形成了两个截然不同的天地。人的生存的天地今称“人文”社会。那是我们人类经过了五十万年以上的努力，才能得到今天这般的成果。人性所以超越禽兽之上，就在其可能性的变化这一点上。所以说：“人之异于禽兽者几希！”

就大本大原即好生、求生、保生之性来说，人跟禽兽一样。但人因为有可能性的变化，所以最后就和禽兽相差遥远。在这种变化上，我们可有两条路：一是道义的，一是才能的。

现在先谈才能。人因具有才能，始能造成我们今天的生活。才能自“性”来，所以又叫“才性”或是“性能”。假若诸位为学，能学自己性之所近的，则“学而时习之”，自会感得快乐。但若学自己性所不喜的，学非己性之所近，等于说违著自己的本性而学，这就是走错了路，当然会只觉有痛苦。孔子说："性相近，习相远。"性是"因"，习是"缘"。但不能迷于"外缘"，反而失却了"本因"。

于是再说到道义。人之心性本有其共同部分，慢慢发展，慢慢分离。此项发展与分离，则莫不与外缘相关。如目前社会，影响青年人重视功利，大家进大学首先考虑到的是出路问题，而太过忽略了我们自性的最可能发展；因此进了学校也不会感到快乐。关于人性的可能发展，有些是师长也不知，父母也不知，朋友也不知，只有各人自知。但各人也可自己不知，到后始知。孔子学生，分德行、言语、政事、文学四科，孔子各就他们的性之所近分别施教，使自成才。而我们现在的教育制度一切是抄袭外国现成形式，不顾来学者的性向。投考者填志愿，有填了近数十乃至一百的，这又那里是"志愿"？我们要知"职业"只是人生的手段，"道义"才是人生的目的。进学校从事学问目的何在？岂只是为了求出路？但谋职易，求乐难。今人谋职，正为自添烦恼，自增苦痛。人生职业，日新月异，人生苦痛亦日积月累。不知人生种种职业，都为的是要增进快乐。人之快乐与否，则不在职业的大小高低，也不在乎薪给的多寡，而在乎这一份工作之是否合乎自己的性向。

四

我们生活一辈子，第一自为要谋生，第二才要能以我们的才能贡献给社会。谋生是为我而言，属于私；贡献则为社会、为国家、为天下而言，属于公。但此两者并不相妨。只不该专顾私的一面。诸位试想：已成为一个高级知识分子，而却专为自己打算，他的心情，还只能算是自然人，或称原始人，而不够资格做“文化人”。为了谋生活而自己窒塞性灵，那是最要不得的事。旷观人类社会，真正有极高理想的大教育家，只有孔子；而他只推行一个伟大而平实的教育，即是“人性”的教育，或说“人心”的教育。而孔子也是承接先贤而来。中国民族所以能拥有这么悠久的历史，扩大为这么广大的社会，正为中国有一套人生大道、人生大义在指导在支持著。时下许多人不明白这层道理，硬要废掉自己传统，全去学外国。

孔 孟之学，是一套“心性学”。中国文化，也是一套从乎人之心性的文化。所以要讲“天人合一”，讲“尽己性”，“尽人性”，“尽物性”，而“赞天地之化育”。人人只从本心本性出发，不断向前开展。既具情感，亦得快乐。较之西方人不看重人性，太过于崇尚物质，仅营感官生活，相互间没有情感，专在斗争攫取上见长，却说要追求自由，但实不能在内心自己作主，只是向外国征服；那是多么苦痛的事！若我们未来能重把孔 孟学说作为最高的教育标准，庶乎自救救人，对世界贡献。

（一九七二年八月在暑期国学研究会讲，载于《孔孟月刊》十卷十二期）

中国近代儒学趋势

儒家思想为中国文化之骨干，此义人人知之。盖儒学本由中国文化而孕茁，自有儒学而中国文化亦遂发扬光昌而滋大。儒学原本孔子。然孔子曰：“我好古敏以求之。”又曰：“述而不作，信而好古。”孟子称之曰：“孔子之谓集大成。”故虽谓儒学为中国古文化之结晶可也。孔子殁，非儒反孔者四起，百家竞鸣，皆欲与孔子为代兴，杨、墨、庄、老其著也。当是时，儒学之为世诟病，亦既甚矣。有孟子者出，曰：“乃我所愿，则学孔子。”又曰：“杨氏为我，是无君也。墨氏兼爱，是无父也。无父无君，是禽兽也。能言距杨 墨者，皆圣人之徒也。”继孟子而起者有荀子，荀子之排击诸子，较孟子益厉。其书有《正论篇》《非十二子篇》，其排击诸子，虽子思、孟子不免。又曰“子游氏之贱儒，子夏氏之贱儒，子张氏之贱儒”，虽七十子之徒有不免。然独尊仲尼无间言。孟 荀皆一世之魁儒，其尊孔子如此。而后百家之气焰以衰，儒术之尊严以定。故儒学之推行，亦非孔子一人之力所能主。在其当身，必有七十子者扶翼之。及其后世，又必有如孟 荀者呵护之。故可谓儒学推行，乃中国文化自有之演进，乃中国人群之共业也。

战国纷争之大局既歇，而秦 汉一统之盛运方启。于斯时也，政治定于一尊，学术思想亦有调和融会以出于一之需。《吕览》《淮南》皆出其时，而莫能竟其功。求有以调和融会百家之异说，折衷而归之一是者，非推本于儒术，则莫克尽其任。于是秦皇、汉武之间，乃有儒术之新生。《易传》《戴记》所载，莫非是时之产物。上自荀卿，下迄董子，当时儒学之所以包罗吸纳诸家之异说以自广大而得达学术一尊之地位者，盖不自于汉武之创置《五经》博士，而在野之著述固已俨然有以踞其尊严而无愧矣。要言之，如《易系》《中庸》多采道家，《礼运》《孝经》兼取墨义，《春秋公羊》三统之说本诸阴阳家言，而又旁及刑名法术以为褒贬。百家精旨，苟可调和融会于儒术者，秦 汉诸儒无不兼取而并蓄之。故非孟 荀之驳辨，无以见儒学之尊。非秦 汉之和会，亦无以见儒术之大。秦 汉诸儒之与孟 荀，犹车两轮，犹鸟两翼，左之右之，而孔子之道乃得大行于后世。若谓后世有新儒学，则秦皇、汉武间之诸儒首当其选矣。

汉代一统之绪将斩未斩，而郑玄之括囊大典，遂为两京儒学殿军。魏 晋以下，诋儒讥孔者，纷纷籍籍，又不知其几何家。时则老聃之与瞿昙，遂与孔子割席分尊，若鼎足之三峙。论其风力之广被，沾染之深入，视战国百家犹多过之。虽逮隋 唐盛世，而学术分野，终未合并。则儒术之衰，抑又甚矣。韩愈愤然以孟子之拒杨 墨自负，而力有所弗胜。其友人李翱，则以和会说《中庸》。下及宋世，儒术终起，然阳法韩愈之排击，而阴师李翱之和会。盖宋 明七百年之儒学，亦犹如秦皇、汉武间诸儒，要以调和融会于道、释之间。苟其为说之可以兼取并蓄无害于我者，则无不取而蓄之。故濂溪《太极图》传自方外，程氏之门无不流入于禅。后人又谓："朱晦庵是一个道士，陆子静是一个和尚。"其语虽酷，亦非无由。迄于阳明良知之传，渐失其真；而和会融通之风，益泛滥横决而无可收拾。于是晚明诸儒起，始谋所以修藩篱而坚壁垒。如顾亭林、黄梨洲、王船山、颜习斋诸人排诋所及，程 朱有勿免，陆 王更无论。彼其正言厉色，亦犹夫孟 荀之遗意也。故苟无程 朱、陆 王之和会融通于前，将无以见儒术之大。苟无晚明诸老之剖析驳辨于后，亦无以见儒学之尊。非尊无以立，非大无以行。自有孟 荀之驳辨而来秦 汉之和会，自有朱 王之和会而来晚明之驳辨。一往一复之际，顺逆有殊；而儒学之所以立，孔子之道之所由以大行，则胥此二者之左之右之，如车之轮，如鸟之翼，不可一缺也。

窃尝论之，学术之有和会与驳辨，亦各因其时而然也。当战国衰世，儒学初兴，我势未立，我道未尊，则孟 荀之驳辨尚矣。析之有以极其细，剖之有以尽其精，凡其说之苟有异于我者，无不昌辨而力斥之。凡我说之所以卓立而见尊，则职此之由也。秦 汉一统，世运既转，而儒术亦已尊。一世之人，方务为高瞻远瞩，兼包并举，其气无前，其抱无外；则和会融通之意兴焉。盖前者忧深而虑远，后则气盛而心开。夫非时与势之为之欤！濂、洛初兴，亦值宋之一统，承百年太平无事之后，礼乐文运方起；和会融通，适以成我之大，而无患其损我之尊。南渡以还，建安集其大成，而金溪即别树壁垒，此固偏安之气局也。姚江起于明代，亦包罗兼容为多。及于晚明，宗邦覆矣，民生瘁矣，衣冠文物扫地尽矣。使于此时，不曒然有所自表异，不确然有所自持守，将沦胥丧亡之无日，又何有乎和会以自大！则晚明诸老之所为穷剖而极辨者，亦岂得已而不已哉！

故北宋如前汉，晚明似先秦。凡儒术之所以确立而大行者，乃此两翼之互为而共成之，而不可或缺焉。而其间之异同离合，则犹有可得而略论者。孟 荀之时，虽亦高论王霸，推极于国家天下；要之其立说所偏重，则个人之心性学养为主，而大群之政教功利为辅。迄于先汉，其风斯变。时则政出一统，世运方新，学者之所想望，于大群之政教功利者尤急，而小己之心性学养转疏焉。此畸轻畸重之异也。北宋诸儒，其和会融通似前汉，而其偏重于个人之心性学养则转似先秦。晚明之剖析驳辨似先秦，而其偏重在大群之政教功利则又似前汉。此其间亦有说。盖前汉当盛运初启，学者莫不踊跃蕲向于大同太平之治，各思述其道以易一世而跻于所理想；故其言政教功利，率多游神泰古，驰骋恣肆，而征实非所务。至于晚明，国覆种奴，一群方陷于鱼烂瓦解之境而不可猝救；故其神敛，其心恻，若痛定之思痛；其于一群之政教功利，多惩前而毖后。作历史之反省，而不敢轻发舒。活泼磅礴不如前汉，而敦笃就实则胜之。

满清盗憎主人，乾、嘉诸儒蠹故纸逃死而称经学，斯无足道。道、咸以往，海疆多虞，满族之钳制防遏也转弛；学者骤脱羁轭，而所以震荡其心魄者，则有似于晚明。故其言率偏于一群之政教功利，而个人之心性学养有不遑。适其时欧风东渐，凡彼之所以为政教功利者，又与我相悬绝。富强慑其神智，既不得为韩愈之排击，乃又相趋于李翱之和会。故一时学风，转有类于前汉。斯则以衰世之人心，而强慕盛世之学业，晚清 道、咸以下之大体则然也。

辛亥鼎革，政体丕变。一时人心，若久缚而乍解，若长蛰之思苏。而又东西接触既频，士大夫揖让周旋于多邦群族之间者既久，若将披心胸，豁肝胆，以怀纳诸新而融之为一大；秦 汉和会之风进而益奋。《公羊》之变法，《礼运》之大同，可以参是中消息矣。然而国步之艰难依旧，群体之隳颓日甚。秦皇、汉武之丰功伟烈既不可以骤冀，而晚明诸老之所惊心而动魄者，亦复如梦魇著人，不得遽醒。则迟徊瞻顾，凡其创巨而痛深者，皆孤孽操危虑深之资也。于是和会之不足，而驳辨之风随起。是则前汉、晚明，儒学两翼，所凭以左右夹辅扶摇直上者，当今之世，乃有齐头并进之观。斯非希觏之一奇欤！故挽近学者称引儒书，乐为援据而加以阐发者，非《易传》《戴记》，则往往在晚明。此辛亥前后五六十年中风气，盖有不知其然而然者矣。

抑学术之事，能立然后能行，有我而后有同。否则，不立何行？无我何同？苟非孟 荀之强立，亦无以来秦 汉之广负。而今日者，在我则至愚至弱，至乱至困，既昧昧然不信我之犹有可以自立之地，而失心强颜以游神于群强众富之列，曰：“我将为和会而融通焉，我将为兼举而并包焉。”甘受和，白受采，先既无以为之受，更何期乎黼黻文章之观，酸咸五味之调乎？故凡苟有异于我者，必辨之晰而争之明，斯所以尊我使有立也。凡苟有同于我者，必会其通而和其趣，斯所以大我使有行也。而今日之我，求其能尊而有立也尤亟。大心深识之君子，其将有体于斯文。

（民国三十三年四月《思想与时代》三十三期）

日译本《孔子传》序

一

孔子不仅是中国一大圣人，孔子乃是我们东方民族中、日、韩、越诸邦所展出的文化大体系中一共同主要的渊源。

孔子生在中国 春秋时代之晚期，距今已逾两千五百年以上。时代屡经变革，人生情况迥异。然由孔子思想所推衍而出的孔子之道，则日益发皇，绵延愈久推扩愈大，乃至弥漫充盈于我东方民族中、日、韩、越诸邦之人心。渗透日细，沉浸日深，具体实现于此诸邦之人生理想、家庭组织、社会风气，乃及政治体制之诸方面。分而愈歧，合而愈整，成为诸民族一共同的文化精神，而不摇不拔，有其无穷永远之将来。

今试问：孔子之道，何以有此力量？有此影响？要言之，孔子之道，则只是一种人道。而孔子之言人道，则一本于人心。原本人心，以为一切人道之出发点。究极人心，以为一切人道之归宿点。此心，孔子则称之曰“仁心”。此道，孔子则称之曰“仁道”。人之有生，必各具一躯体。此躯体乃属物质，各别扞格，互不相通。一饭不能两人同饱，一衣不能两人同暖，于是而有争。自原始人类逐步进化而有人群之结合。人之有群，则尚通不尚争。所通则在人之心，在人心之灵明。孔子则一本于此人心之灵明以为道。

孔子之道，教人如何投入此人群中为人。教其群如何融和会合此一群之人以为群。人群实是一心体。仅从躯体物质方面之相争相夺，则不足以成此体。惟心灵方面之相通相合，乃得成此体。此心日扩日大，斯此体亦日扩日大。此体日扩日大，斯人与人间之相争亦日弭，而相通亦日密。此心此体，孔子谓之“仁”。由此心以达此体之道，孔子谓之“仁道”。故“人道”即“仁道”，其要端只在此。

人之有群，最先应为有家。一家之人，生活成为一体，其心最易相通。若一家之人心不相通，尚复互为躯体衣食相争相夺，则不得成一家。人类不能有家，亦将不能有群。一家之中，婴孩弱小，其力不能自生自养，亦不能相争相夺，必待父母长老之护助扶持。故一家之成立，其先首待父母之慈。由于父母有慈，而后子女始有孝。子女在婴孩弱小时，其躯体尚未长大成人，尚不能独立营生；然其心则已知亲近父母，不啻视父母若与己为一体；此即其心之孝，此即其心已能越出其一己之躯体而与他心相通。故父母子女之慈与孝，乃即人心相通之最先表现，人生大道即由此启端。孔子弟子，有子有曰：“孝弟也者，其为仁之本欤？”盖谓推此孝弟之心，斯即为仁心，行此孝弟之道，斯即为仁道。人固未有不孝不弟而能有合于仁道者。

人类遇利害关头，紧急需要，或心情哀乐，至诚中发，每易使心与心相通。然专惟有此，终为不可恃。惟慈孝心则不同。父母为前一世，子女为后一世。人类有慈孝心，乃使前一世人与后一世人之心相通。故慈孝之心不仅是同时间内各别躯体之心相通，乃属不同时代异世之心相通。人之一生，必包有三代，曰幼年，曰中年，曰老年。人群之中，同亦包此三代。曰幼年人，此可代表此一群之未来世。曰中年人，此正代表此一群之现在世。曰老年人，则代表此一群之过去世。其实此过去、现在、未来三世，乃紧相衔接！合成一体，不可划分。每一人之生命如此，其合为一群亦必有此一群之生命，其生命之必兼包有三时代亦如此。此则必有待于其心之相通，乃始为一种生命之自觉。故人类之心相通，不仅能通人己彼我，亦能通过去、现在、未来。于是此人生乃能贯彻通透于时间，广大无际，悠久无疆，而融通和合为一体。惟此乃为人生之大全体。人之躯体，则限于六尺，止于百年。惟心灵，乃可展演出人生之大全体。由一人而至一群，由一世而至万世。此心乃为人类之大心，此道乃为人生之大道。

二

如何由此心达此道，又有待于人与人之相互间之有教与学。父母之于婴孩必有教，婴孩之于父母必有学。一家之间之教与学，推而广之至于一群之间之教与学，则不限于父母子女，而转成为师弟子。孔子在中国，尊为“至圣先师”。因其能以此道教此人。然孔子亦因于学而始能有此道，孔子乃即以其所学为教。其弟子子贡问曰：“夫子圣矣乎？”孔子曰：“圣则我不能，我学不厌而教不倦也。”子贡曰：“如此，夫子既圣矣。”人生大道，必赖教与学。“学”者，即以此心学他心。“教”者，亦即以此心教他心。欲求心与心之相通，则主要端在教与学。

孔子何所学？孔子曰：“三人行，必有吾师焉。”此三人中，一人是己，其他两人，则见比较。此善于彼则学此，彼善于此则学彼。人生至为复杂，有大同，亦有小异。人生亦不能一步骤跻于至善。即贵在从小异中择善而从，择其不善而去，而人生乃进进不已。故孔子乃本于人以为学，就于人而为学者。故子贡曰：“夫子焉不学，而亦何常师之有。”抑孔子不仅学于现在世之今人，并亦学于已往过去世之古人。故曰：“述而不作，信而好古。”当孔子之世，中国已积累有二千年之历史文化传统。孔子称道历古之仁圣贤人，自尧 舜以下，历夏、商、周三代，禹、汤、文、武、周公以下，迄于春秋列国之贤君卿大夫，以至孔子当身，如子产、晏婴、蘧瑗之流；其名字见于《论语》者，何可胜数。故孔子之为“集大成”，乃集人道之大成。乃集自有人生历史文化以来，凡有一善可述、可师、可法之可通于人人者之大成。

人心有其“大同”，于大同之中复有其“大通”。衣食心，争夺心，此亦人心之大同，然非人心之大通。孝弟心，忠恕心，爱敬心，此亦人心之大同，而亦复是人心之大通。孔子乃本于此以为学，就于此以为学。故曰：“十室之邑，必有忠信如丘者焉，不如丘之好学也。”忠信亦人心之大同。如何使此忠信心，得以广通于人之大群，上下古今，通于千万世；此乃孔子所理想之人道，则必赖于人之学以达。故孔子之所学，乃人道，即仁道。而孔子亦即以此为教，而凡属人人，亦同可以此为学为教也。

孔子非一宗教主，如耶稣，乃本于上帝意旨以为教。如释迦，乃悲观于人生之同出于虚无又同归于寂灭以为教。孔子亦非一哲学家，各自个别创立其一套纯思辨的逻辑辨证以为教。孔子则只就日常人生以为教，就于日常人生中之可通、可达、可久、可大者以为教。故孔子之教之行于中国，日扩日大而达于日、韩、越诸邦，以成为我东方诸民族共通文化大体系之一中心基点主要本源者即在此。然此犹其初步。其将来之必当遍行于全世界，获得世界人心之共同认许，共同奉行，亦可推而知。

三

抑人生有其共通面，亦有其独特面。共通面同归合一，独特面各别万殊。而共通面则即建立于独特面之上。苟无独特面，共通面亦无可建立。然苟无共通面，独特面亦将失其存在。近世人生，专从物质经济著眼，个人自由与集体统治成为两大壁垒，共通面与独特面相割裂；种种人生大病害，胥由此起。孔子曰："为仁由己，而由人乎哉？""仁"即是人生之共通面，"己"即是人生之独特面。人生共通大道，即由发展人生中万殊各别之独特之"己"所形成。而人生中万殊各别之"己"，则胥当向此同归合一之人生共通大道而发展。惟孔子人格，乃最具独特性，亦最富共通性。故曰："仁者，己欲立而立人，己欲达而达人。"立者，立其在人群中万殊各别之独特性。达者，达其在人群中相互融会之共通性。个体群体，只是一体；个性群性，亦只是一性。身、家、国、天下，大小各体，吾道一以贯之，亦惟贯之于人心之同然而共通之处，故曾子曰："夫子之道，忠恕而已矣。"己与群，心与道，皆由此而获得其一贯之相通。

孔子生于两千五百年前中国 春秋时代之鲁邦。欲究孔子之道，当求孔子之生平。此即孔子在其时其地可有一而不可有二之独特性之表现。明夫孔子之生平，与夫孔子生平之独特性，乃反就己身，同可明夫己之当身时地与孔子之不同，而明夫己之亦自有其一番独特性；乃即就于己之独特性所在以学孔子，乃知己与孔子之间之复可有其一番共通性；此即孔子所谓"为仁由己"之义。由于孔子之后复又人人有己，而后孔子之道乃得复明复行于在我之己之当世，此即孔子所谓"人能弘道，非道弘人"也。本书作者特愿以此一编《孔子传》奉献于我东方诸民族之前者，其意即在此。

当今之世，我东方诸民族，中、日、韩、越诸邦，不仅文化大体系传统相似；即当前之处境，其所遭遇之艰难困苦，忧患拂逆，亦略相似。盖我东方诸民族，在客观上，早多有其共通面之存在。故其读孔子之书，研孔子之道，而可相悦以解者，亦多有其可能。此非孔子之道专为教我东方人而设，乃我东方人之独特性，乃更易于自尽其己以上通于孔子之道。此已成为历史显例，不容不信。于古如是，于今亦当然。一人如是，则一人可以自立自达。一家、一国如是，则一家、一国亦可以自立自达。乃至我东方诸民族中、日、韩、越诸邦各能如是，则我东方诸民族之在今世，自可有其自立自达之大道。惟在我东方诸民族之知所以自勉而已。

自立者，我东方诸民族仍能完成其东方诸民族之独特性，而屹立于斯世。自达者，还以我东方诸民族之独特性之屹立，而推以达之于并世其他诸民族，而相与同进于人类之共通大道，以达于太平大同之人类理想境界，而跻斯世于可大、可久、不息不已、无疆无极之休明。斯乃人类文化无尽将来之希望，而必于我东方大圣人孔子之生平与其言行之所启示而展现其契机；而于当前我东方诸民族邦与己之各自独特性之完成上，掌握其努力之焦点。

孔子自道其生平，有曰："吾十有五而志于学，三十而立，四十而不惑，五十而知天命，六十而耳顺，七十而从心所欲不逾矩。"今日我各自之己，又当求如何以为学？如何以有立？又如何而达于不惑而知天命？如此乃达于能自有立。又从此而达于耳顺与从心所欲不逾矩之更高境界，则举世纷扰，已在我一己内心融会合一完成一共通面。一人如此，以达于人人无不如此。一时一地如此，以达于任何时地，无不如此。其事若远而实近，若难而实易。其起点只在每一己之此一独特之心，而亦即以此独特之心为归宿。故自每一人言，则可无入而不自得，无往而不见其成功，而可不待之于人人之与无尽之将来也。

此编《孔子传》，承日方相知友人译为日文，特附加此序言于卷首。

（此文作于一九七五年春）

编后记

孔子是中国古代著名的思想家和教育家，一代“至圣先师”；《论语》则是中华民族的一部传世经典。孔子与《论语》，实乃中华民族的文化基石，中国人的文明起点。

钱穆先生毕生崇扬孔学，曾著有《论语文解》《论语新解》《孔子传》等多部著作。本书则为先生历年研孔治孔的单篇论文集结，详细记录了先生一生关于儒家文化的思考精华。

本书简体中文版由台湾联经出版事业公司授权中南博集天卷文化传媒有限公司独家出版。原书由钱宾四先生全集编辑委员会整理编辑而成，台湾联经出版事业公司印行。本次出版，对原版进行了繁体竖排转简体横排的处理，至于钱穆先生原书的内容，本版均保留原貌。

还原真实的圣人形象，消解经典的阅读壁垒，在简体中文版《孔子与论语》中，国学宗师钱穆先生将带领读者解读圣贤，重温典范，直抵中国传统文化的源头与归处。